Faits de Guerre et données historiques

LE QUESNEL
ET SAINT-MARD EN CHAUSSÉE

DU MEME AUTEUR

1. Pages d'histoire locale. *Grandcourt*. Année 1897.

2. Histoire du village de Grandcourt. Ouvrage couronné par la Société des Antiquaires de Picardie (Prix Le Prince). Année 1902.

3. Histoire de Morlancourt. Ouvrage couronné par la Société des Antiquaires de Picardie (Prix Le Prince). Année 1903.

4. Monographies paroissiales. *Guide pour les recherches paroissiales*. Année 1904.

5. Histoire des Chapelains de la Cathédrale Notre-Dame d'Amiens. Ouvrage publié dans les *Mémoires de la Société des Antiquaires de Picardie*. Année 1908.

6. Employés du Chœur et Officiers de la Cathédrale d'Amiens. Année 1913.

7. Les Papes. *Leur règne, leur devise, leur nom.* Année 1911.

8. Le canton de Moreuil, à publier dans le Dictionnaire historique et archéologique de la Picardie. (Société des Antiquaires de Picardie.)

9. Le canton de Montdidier. *id.*

10. Les Souterrains du Quesnel-en-Santerre.

En préparation :

Histoire du Chapitre de Notre-Dame (Cathédrale d'Amiens.

MONOGRAPHIE

FAITS DE GUERRE ET DONNÉES HISTORIQUES

Le Quesnel

ET

Saint-Mard en Chaussée

PAR

l'abbé Maurice LEROY

CHAPELAIN DE LA CATHÉDRALE N.-D. D'AMIENS
MEMBRE RÉSIDANT DE LA SOCIÉTÉ DES ANTIQUAIRES DE PICARDIE
CURÉ-DOYEN DE MOREUIL (SOMME)

ALBI
Imprimerie des Orphelins-Apprentis
1923

AVANT-PROPOS

Dans un récent ouvrage ayant pour titre : l'Etude de l'histoire locale, l'auteur qui n'est autre que celui tenant ici la plume écrivait :

« L'historien trouve ample matière à des écrits pleins d'intérêt, qui aime à relever les épreuves du passé. Ceux qui nous décriront les amertumes du présent auront deux fois mérité de leurs concitoyens si, relatant leurs souvenirs de guerre, ils nous apprennent en même temps ce que fut autrefois leur petite patrie.

L'intention de répondre à ce double désir m'inspira le projet de prêcher d'exemple et de reprendre en sous-œuvre l'Histoire du Quesnel dès à présent introuvable en librairie et même chez l'auteur.

Ceux qui nous feront l'honneur d'en parcourir la nouvelle édition verront qu'elle est notablement allégée de détails appréciés uniquement par les érudits. Par contre, ils y trouveront le récit de faits ayant une saveur toute particulière parce que se rapportant à la dernière guerre qui a si particulièrement éprouvé nos pays. Si mes anciens et toujours aimés paroissiens du Quesnel plus particulièrement intéressés que d'autres à cette lecture me tiennent compte de mon bon vouloir, je me croirai amplement dédommagé du sacrifice de temps et d'argent occasionné par la publication de ce nouveau travail.

PREMIÈRE PARTIE

LES ORIGINES

CHAPITRE PREMIER

Etymologie du Quesnel. — Son orthographe. — Son orientation. — Sa physionomie.

1. — Dans la direction sud-ouest des plaines du Santerre se dessine la silhouette d'un clocher dont la flèche altière émerge au-dessus des bouquets d'arbres dont elle est environnée.

C'est là qu'est situé le Quesnel, dont l'étymologie éveille l'idée du bois de chênes qui servit primitivement de séjour aux habitants du lieu.

2. — Comme celle de presque tous les noms de lieu, l'orthographe du Quesnel eut ses variantes curieuses et multipliées. Ainsi trouve-t-on, au cours des âges, les mots : Caisnetel, Kaisnoi, Kaisniax, Caisneel, Kaynel, Le Quesnel, Quesnel-en-Sangters, Chaisnel, Quesnes et Quesnel.

La mauvaise orthographe de Quesnel a pu faire croire que ce mot dérivait du latin *canis*, chien.

S'emparant de cette hypothèse, le vulgaire se mit à raconter l'anecdote suivante.

Les premiers possesseurs du sol auraient entretenu, pour la chasse importante des forêts de la région, des meutes de chiens au Quesnel. De là le nom de chiens donné aux habitants du lieu. On dit encore à leur adresse, *ché tchiens d'Tchiny, les chiens de Quesnel.*

Autre version de la raison d'être du sobriquet susdit : la fête patronale de l'église, la Saint-Léger, étant tombée un vendredi, raconte-t-on, les paroissiens s'adressèrent à leur curé pour obtenir l'autorisation d'user d'aliments gras. L'homme de Dieu refusa la permission sollicitée, disant : il n'y a que les chiens pour se permettre de manger de la viande le vendredi. Les Quesnellois mécontents auraient passé outre à cette défense et leur conduite aurait été stigmatisée par l'appellation désobligeante qui leur demeura.

On dit également à leur endroit, — autre dicton populaire tout à l'honneur de leur bon naturel :

Ché tchiens d'Tchiny aboètent, mais n'mordent point.
Les chiens du Quesnel aboient, mais ne mordent pas.

3. — Le Quesnel est, dans la direction sud-est du département de la Somme, entre les centres assez importants de Rosières, Roye, Moreuil et Montdidier. Il est situé à l'est du canton de Moreuil et à 97 mètres d'altitude à l'endroit où est édifiée l'église.

4. — Le voyageur qui arrive au Quesnel par le chemin de la gare y trouve un bourg assis en pays presque plat. Ce pays est divisé en deux parties égales, par une voie longitudinale allant, ou peu s'en faut, de l'est au nord-ouest.

Cette artère principale prend, au levant, les noms de rue de Beaufort, d'En-Haut ou Là-Haut; au centre, celui de rue de la Ville; un peu plus loin, elle s'appelait autrefois rue Jacques Moreuil, mais tend aujourd'hui à devenir celle des Quatre-Coins; elle se termine, en sa partie occidentale, par la rue de Beaucourt, autrefois rue Linet.

A droite de la rue de Beaufort prend la rue de la Chapelle, autrefois rue Tchiot-Guy. Elle aboutit au cimetière et ne comptait que deux ou trois maisons, fin du XVIIIe siècle.

Vers le milieu du village, entre la rue de la Ville et celle des Quatre-Coins, prend naissance, à l'est, la ruelle Le Moine, aujourd'hui rue des Moines. Elle se bifurque, à droite, pour former le Tour-de-Ville; à gauche pour déboucher dans la rue de Caix.

Toujours à droite de la voie principale, à l'endroit dit Les Quatre-Coins, est la rue de Caix allant du Sud-Ouest au Nord-Est. Elle donne naissance à la ruelle Boulogne ou Chemin de Cayeux.

La rue de Caix a comme prolongement inverse la rue des Buttes aboutissant à la place dite le Minaouette. Autour de ce cette place rayonnent la rue de Fresnoy, autrefois ruelle Kio-Lien et plus tard ruelle Madice; la rue Jeanneton ou de la Briqueterie; celle d'Hangest, autrefois du Plessier et du Petit-Quesnel; celle aussi des Vieux-Charrons, rue Brûlée ou des Maréchaux, qui aboutit à la rue de la Ville; elle donne naissance, en son milieu, à la rue d'Enfer qui débouche aujourd'hui sous les murs du château; là, cette dernière est reliée à la rue d'Hangest par le Tour de Ville; à la rue de la Ville par la rue Blanche dite autrefois ruelle Bordée et ruelle Daigny du nom de ces derniers.

Le long de ces rues du Quesnel sont généralement alignées les maisons. Elles étaient encore, dans la première moitié du XIX^c siècle, la plupart couvertes en chaume et bâties pignon sur la rue. Elles sont actuellement couvertes presque toutes en ardoises. Les nombreux incendies survenus dans la localité permirent de leur donner une disposition plus agréable à l'œil. Alignées comme elles sont, le long de larges et belles voies de communication; dominées en même temps par l'église et par le château qui ajoutent encore à leur relief, elles donnent, au centre du Quesnel, le coquet aspect de l'un des plus beaux pays du Santerre.

CHAPITRE DEUXIÈME

Ancienne configuration du Quesnel vers les abords du Château. — Les origines du pays.

1. — Il est actuellement impossible de se faire une image de l'ancienne physionomie du Quesnel, aux abords du château, sans la connaissance des données relatives aux transformations faites en cet endroit.

Pour la clarté de notre sujet, disons d'abord que, primitivement, l'enclos seigneurial formait un grand quadrilatère entouré d'une rue sur chacune de ses quatre faces.

En face de l'entrée principale, l'ancienne église, orientée à la façon de celles d'autrefois et entourée de maisons.

De chaque côté de l'enclos, au sud-est comme au nord-ouest, une rue en longeait les murailles. Au nord-ouest, la rue Blanche n'avait pas la longueur actuelle. Elle se terminait à l'endroit de la rue d'Enfer qui se continuait dans le parc actuel du château, lui donnant un débouché à gauche comme à droite.

Au sud-est, longeant également les murailles du château, était la rue d'Amende qui a disparu. Elle avait la même longueur que la rue Blanche, lui étant parallèle.

Derrière le château était la rue d'Enfer, traversant, comme nous l'avons dit, le parc actuel. Son nom lui venait du latin *inferi*, qui veut dire inférieur. C'était la rue *sous* ou *derrière* l'enclos. Elle se prolongeait en ligne droite jusqu'aux murailles servant aujourd'hui de clôture au parc de l'ancien château. Elle offrait une issue à la rue d'Amende à droite et à gauche, car à gauche, au sud-est, la rue d'Enfer débouchait dans la rue du Tour de Ville qui existe encore. Cette rue du Tour de ville, qui prend naissance à l'est de la rue de Beaufort, longeait autrefois les haies des jardins de la rue d'Enfer à l'endroit des grilles actuelles de l'enclos seigneurial.

Il est bon d'en faire la remarque : les trois rues susdites étaient bordées d'habitations. La rue Blanche en comptait 9, la rue d'Amende 10 et la partie de la rue d'Enfer sise derrière le château, 12, au XVIIIe siècle.

Ces habitations furent acquises par les Seigneurs du Quesnel entre les années 1570 et 1810. Aussi, dès le 14 septembre 1796, Monsieur du Quesnel obtint la suppression de la partie de la rue d'Enfer sise derrière son château, en compensation d'avantages accordés à la Commune. Il en fut de même pour la rue d'Amende le 25 mai 1816, moyennant la somme de 2000 francs donnés à la commune pour la restauration de l'église. Le châtelain de cette époque s'engageait en outre à l'entretien de la rue Blanche pendant 10 années.

Ainsi gagna en profondeur le parc de l'ancien château et put être créé celui dit du Petit Château.

2.— Le plus ancien document où figure le nom du Quesnel est, à notre connaissance, la charte de fondation de l'abbaye de saint Fuscien qui est de 1105.

Ceci ne veut point dire que le pays existe seulement depuis cette date. Si nous nous en rapportons à son orthographe actuelle, il semble en résulter qu'il remonte à l'époque germanique où paraissent les mots Quesnoy, Tilloy, Tilloloy, Fresnoy et tant d'autres.

Si nous nous arrêtons à sa phonétique, c'est-à-dire à la façon dont prononcent Quesnel les gens du pays qui disent Tchiny, il semble que le pays aurait existé avant le Ve siècle.

Cette hypothèse trouverait sa confirmation dans les monuments : la disposition du château du Quesnel affecte la forme de la villa gallo-romaine et la rue dite rue de la Ville, c'est -à-dire rue de la Villa, parle dans le même sens. Les monnaies trouvées aux abords de l'antique demeure seigneuriale en disent autant. Dès notre arrivée au Quesnel, en 1906, tombaient entre nos mains : une pièce de monnaie d'Antonin le pieux devenu empereur en 138 ; une autre pièce de Claude, dit le Gothique (268 à 270) ; une pièce de Constantin 1er (306 à 337) ; un petit bronze de Constantin avec cette devise : *Urbs Roma, Ville de Rome.* Son verso représente les deux jumeaux Romulus et Remus allaités par la louve traditionnelle. La monnaie serait donc de l'époque qui précéda celle où Constantin fit frapper d'autres bronzes avec cette inscription : Constantinopolis, c'est à-dire d'avant 330, date où il quitta Rome pour Constantinople.

Ces pièces furent trouvées dans le voisinage du château.

Mais l'existence des souterrains actuels qui semblent avoir eu pour première amorce les cavernes où vivaient et se réfugiaient les Gaulois, un fragment de bout d'épée de l'époque celtique qui y fut trouvé en 1837, nous permettent de faire remonter le Quesnel, sinon quant à sa dénomination, du moins comme centre de station gauloise, aux âges qui précédèrent ou qui accompagnèrent la conquête du pays par les Romains.

Ces données paraîtront de plus en plus admissibles au fur et à mesure que seront traitées par le détail certaines questions propres à jeter un nouveau jour en la matière.

CHAPITRE TROISIÈME

Orographie, Limites, Division, Revenus et Mesure du territoire. — Voies de Communication.

1. — Le terroir du Quesnel est, comme le village, assis en pays presque plat. A peine remarque-t-on, en sa partie centrale, quelques ondulations de terrain lui permettant de déverser l'excès des eaux pluviales par les déclivités du sol assez peu sensibles. Pour y trouver des reliefs accusés et des vallées profondes, il faut aller jusqu'à ses limites orientales et surtout à l'occident, vers les endroits plantés d'arbres.

2. — Le terroir du Quesnel, qui affecte la forme d'un triangle irrégulier, est limité par les communes de Beaufort, Folies, Arvillers, Hangest, Fresnoy, Beaucourt, Caix, et Cayeux.

3. — Il se divise en cinq sections : la section A. dite de la demi-lieue ; la section B des Grands-Champs ; la section C qui n'a pas de nom particulier ; la section D ou de Saint-Marc et le Guidon ; la section E dite du Cran.

La section A, limitée par les communes de Cayeux, Caix, Beaufort, le chemin de Corbie à Roye et celui de Saint-Mard à Lihons, est traversée par la voie blanche de Cayeux, celle de la demi-lieue de Caix et la route de Proyart à Montdidier. Elle a comme lieux-dits : au Canada, à la remise de la Solette, l'Ame de fer, au sentier de la Solette, Champ-Remise, Champ-Noël, le champ des Enfants, le Fond de la demi-lieue de Caix, au chemin de Cayeux, la Voie blanche de Cayeux et le Chemin de Corbie à Roye.

Sur cette voie, à peu de distance du chemin de la demi-lieue, se trouve le Thurleu qui mérite une mention spéciale.

En cet endroit se trouve l'emplacement d'une ancienne villa romaine. On y découvre quantité de tuiles à larges bords et la charrue y ramène les fondations de constructions assez importantes.

Autres lieux dits : La Remise de Boyard, les Champs Binon, à la Remise des Paraclets, au Chemin de Caix, au Chemin de Corbie, près de Boyard, à la Voie de la demi-lieue.

La section B, limitée à l'ouest par le village est traversée par le sentier des Grands-Champs qui part du village pour aboutir sur le chemin de Lihons, un peu au-dessus de Sainte-Lurogne, village détruit par les Jacques en 1357 ou 1358. On y trouve les Grands-Champs, le Cheminet, derrière les Portes, au sentier du chemin de Lihons.

La section C, confine à Beaufort, à Folies et au chemin d'Hangest. Elle a comme lieux dits : dessus le chemin du Fresne, sole du moulin neuf , le bois des Prés, la voie d'Arvillers, le chemin d'Hangest, la voie de Moreuil, le chemin du Petit Hangest (autrefois du Petit Quesnel), le Petit Bois, sole du bois Chaussée, derrière le bois Chaussée.

La section D, est limitée par les communes d'Hangest et de Fresnoy . Elle a comme lieux dits : le Petit Quesnel, ancien centre d'habitations situé en face du Petit Hangest, sole du bois Vallée, Carrière Jacques Moreuil, à la croix de Beaucourt (autrefois Croix-Saint-Honoré), derrière le Courtil Bleu, à la Croix du Moulin-Vieux, à la remise maître Antoine, la fosse Méon, au moulin de Fortune, à Saint-Mard, au Castel, le Guidon, dessus la Chaussée.

La section E, située au Nord-Est du village, passé le chemin de Lihons, a comme lieux dits : la Passion, champ autrefois chargé d'une redevance pour le sermon de la Passion, le Cran, la voie de Boyard, les Bois, la carrière Blondin, les bois Vallée, les Vignettes, le bois Jacquin, la voie de la demi-lieue, le chemin des Saules, les quatorze journaux et la fosse Cassel qui mérite d'arrêter notre attention. Cette fosse, encore apparente, se trouve sur le chemin de Corbie à Roye, à l'endroit où il se croise avec le chemin de Lihons. C'est l'endroit dit aussi la Croix Bécu. Dans l'angle ouest formé par la rencontre de **ces deux voies se trouve le Mont à Quesnoy, plus**

anciennement le Moutier ou Moutte-en-Quesnoy.
Là, originairement, était une villa gallo-romaine,
si nous en jugeons par les tuiles épaisses de trois
centimètres avec rebord apparent qu'on y découvre.
A quelques pas de cet endroit, et traversé par le
chemin de Lihons, se trouve le Noirien, vaste
circonférence portant la trace de bâtiments incen-
diés qui lui donnèrent son nom. La tradition rapporte que se trouvait, au Noirien, un couvent de Tem-
pliers. Nous ne saurions dire si cette opinion est fondée. Toujours est-il que le Moutier, désignant un
monastère à l'origine, devint, au moyen âge, l'é-
glise d'une localité, et dans notre cas celle du Mont-
à-Quesnoy. Le village fut détruit probablement en
même temps que Sainte-Luronne. L'église seule
demeura, mais comme elle était sans utilité, on fi-
nit par la démolir. De Léperon raconte que, de son
temps, les anciens du pays disaient avoir vu tirer
des pierres de l'ancienne église du Mont-à-Quesnoy. Près de cet emplacement fut trouvé. au XIXe
siècle, un squelette humain. Une cave voûtée s'y
trouvait aussi. L'appellation du « Mont-à-Quesnoy »
venait-elle du nom de l'ancien fief du Quesnoy
qui se trouvait aux environs ? Ou bien cet ancien
fief était-il ainsi désigné à cause du voisinage du
pays : là est le mystère que nous n'essayerons pas
de faire disparaître, faute de documents. Autres
lieux-dits ne figurant pas au cadastre : en 1732,
la Mairie du Quesnel; en 1690, les Vignes Gabriel;
aux Vignes, le chemin de la Neufville, la chapelle
de Caix, les vignes au Val, le champ perdu, l'Epine
Sainte Hélène etc.

4. — La superficie du territoire est, d'après les
évaluations cadastrales, de 1138 hectares 23 ares
06 centiares. 1109 hectares imposables donnent
un revenu cadastral imposable de 28.642 fr. 70.

5. — La mesure agraire du Quesnel, en 1619,
était la mesure de Mondtidier qui était de 13 pouces
pour pied, 22 pieds pour une verge et 100 verges
carrées pour un journal. Celle des longueurs en usage
était l'aune de Montdidier qui valait 0 m. 21. Les
autres mesures étaient la toise de 1 m. 7866 ; le

pied de 2 décimètres 978; le pouce de 2 centim. 481; la ligne de 2 millimètres 0678.

Le bois de chauffage avait comme mesure la corde qui valait 4 stères 201 à Moreuil et 4 stères 383 à Montdidier.

La mesure pour les grains n'était pas uniforme. C'était celle des pays où devaient être remises les redevances en nature.

6. — Le Quesnel a, comme voies de communication :

1º La route nationale Nº 203 d'Amiens à Noyon qui longe le territoire au sud et au sud-ouest.

2º les voies de grande communication :

    Nº 28 de Moreuil à Rosières.
    Nº 41 de Montdidier à Proyart.
    Nº 101 du Quesnel à Fonches.

3º Les chemins vicinaux :

    Nº 3 du Quesnel à Fresnoy;
    Nº 4 du Quesnel à Beaucourt;
    Nº 5 du Quesnel à Cayeux;
    Nº 6 du Quesnel à Arvillers;

4º Le chemin de fer économique avec station du Quesnel-Beaufort.

Il met le pays en communication par Rosières avec Amiens, Albert, Tergnier, et Cambrai ; par Montdidier avec Amiens, Paris, Compiégne etc...

CHAPITRE QUATRIÈME

Climat. — Nature du sol. — Géognosie et Hydrographie. — Mouvement de la population.

1. — Le climat du Quesnel, en raison de l'air vif des plaines du Santerre où le vent n'est contrarié par aucune élévation sensible de terrain, est éminemment favorable à la santé.

Il l'est aussi parce que les brouillards y sont rares, les exhalaisons putrides des endroits marécageux inconnues, nombreux les arbres des parcs, bosquets et bois environnants. Aussi la moyenne de la vie, calculée sur dix années allant de 1900 à 1910, y est-elle de 57 ans. On ne parle plus aujourd'hui comme autrefois, au Quesnel, de ces épidémies qui décimaient plus ou moins les populations. Ceci démontre que le manque d'hygiène et les privations causées par les guerres avaient leur large part de responsabilité dans la mortalité des habitants.

2. — Le sol du terroir du Quesnel qui, semblable à celui des plaines du Santerre, est constitué par un vaste plateau crétacé, recouvert de lambeaux tertiaires, est éminemment productif. Une note des archives de la Somme fait remarquer que le terroir du Quesnel a produit plus de blé que ceux des villages voisins pendant les années de disette qui précédèrent 1782.

On rencontre cependant au Quesnel quatre classes de terrain de valeur différente. La première classe, celle des Grands Champs et des environs du château, avait une valeur de 15 à 1800 fr. le journal avant les années de la guerre ! La deuxième classe, située derrière le bois Chaussée et vers Beaucourt, pouvait valoir de 8 à 1200 fr. La troisième et la quatrième, qui se rencontrent vers le bois Vallée et la Commune de Caix, valaient entre 6 et 800 fr. le journal.

3. — Bien que le Santerre soit particulièrement exposé aux ravages de la grêle, celle-ci fait rarement son apparition au Quesnel. Le public y voit l'intervention de sa protectrice, Notre-Dame-Auxiliatrice, qui détourne les orages. Celui qui veut expliquer rationnellement ce fait l'attribue aux courants atmosphériques entraînant les nuages venant de l'ouest dans le sens de la vallée de la Luce, au nord-ouest; dans celui de la vallée de l'Avre au sud-ouest. Cependant le Quesnel n'est pas toujours indemne, à ce point de vue. En 1781 « le village fut accidenté d'une grêle arrivée le 19 mai qui a grêlé plus des 3/4 du terroir et endommagé le reste. » Le même fait se reproduisit en 1788, le 13 de Juillet. En 1896, une grêle survenue à la suite d'un ouragan dévasta les pays voisins. Elle occasionna 10.000 fr. de dégâts à l'église et 2000 au presbytère. Ces 12.000 fr. furent payé par la Fabrique de l'église à laquelle M. le vicomte Blin de Bourdon prêta 6000 fr. sans intérêts.

En raison même de sa composition le sol du Quesnel est généralement perméable, aussi les puits y atteignent-ils une profondeur de 20 à 22 mètres.

Pour remédier à la difficulté de se procurer l'eau nécessaire à l'alimentation du bétail, des mares furent créées dans les fermes et dans les principales rues du pays. Elles tendent à devenir moins nombreuses, depuis qu'ont été faites des citernes. Ainsi cinq de ces mares ont-elles disparu (1).

4. — D'après les renseignements fournis par M. de Beauvillé, le Quesnel aurait compté seulement 30 feux en 1469. Il prend de l'importance à partir de cette époque. Ainsi trouvons-nous 70 maisons relevant de la seule seigneurie du Quesnel, en 1619. Dès 1768, on compte 256 maisons. Il en figure 303

---

(1) En 1922, une adduction d'eau venant de Caix fut fournie au Quesnel et pays voisins.

sur le plan cadastral de M. le Vicomte Blin de Bourdon, vers 1770. Il y a 310 feux en 1785 et 1300 individus en 1781; 1325 dans la première moitié du XIXe siècle. Par ces données embrassant les dates de 1619 à quelques années plus tard se trouve détruite la légende de l'extension considérable du Quesnel au détriment de Saint-Mard, pays détruit en 1636. Le Quesnel comptait au moins 76 feux et Saint-Mard seulement 15 ou 18, en 1619.

CHAPITRE CINQUIÈME

Ancien ressort et ressort actuel. — Situation fiscale. Assistance. — Mutualité. — Industrie, Commerce, Développement économique. — Foires et Marchés.

1. — *Au point de vue de la division territoriale ou géographique*, sous la *période gauloise*, le Quesnel fit partie du Belgium ou Gaule Chevelue et du Haut-Santerre qui avait comme villes principales Roye et Montdidier.

Le Bas-Santerre avait comme villes principales Bray, Chaulnes et Péronne, chef-lieu général.

Le Santerre, pays compris entre Péronne, Albert, Moreuil, Montdidier, est situé dans la partie sud-est du département de la Somme. Il formait primitivement le *pagus Sancteriensis*, le *pays du Santerre*. (1)

Il correspondit, au cours des âges, à une simple division territoriale. Au point de vue administratif, il fut, comme le Vimeu dominé par le Ponthieu, absorbé par l'Amiénois et par le Vermandois. (2)

Sous la *période romaine* et sous la *période franque*, le Quesnel fit partie de la seconde Belgique ou métropole de Reims et selon toute probabilité, avec Montdidier, de la *civitas Ambianensium* ou cité des Ambiens. Il semble avoir passé avec Montdidier dans le Vermandois, lors de l'union au Vermandois du comté de Montdidier dit aussi, au XIe siècle, Comté du Santerre.

Sous le *régime féodal*, le Quesnel fait partie du

(1) Les anciens pagi ou pays compris dans les limites du département de la Somme sont les suivants : Pagus Ambianensis (Amiénois); Pagus Sancteriensis (Pays du Santerre); Pagus Pontivus.(Pays de Ponthieu); Pagus Vinemacus ou Vinaus (Pays du Vimeu); une partie du Pagus Viromandensis (Pays de Vermandois);

(2) GUÉRARD. *Annuaire de la Société d'Histoire de France*, année 1837. — CHÉRUEL. *Dict.* au mot pagi. — *Dict.* de Mgr Paul Guérin, au mot Santerre.

comté de Corbie, et avant son érection en châtellenie, rélève en fief, par Beaufort, de la châtellenie de Boves.

Le Quesnel est ainsi compris dans la *Haute-Picardie* qui enveloppe l'Amiénois, le Santerre, le Vermandois et la Thiérache. (1)

Au *point de vue administratif*, le Quesnel fit d'abord partie, dans *l'ordre militaire*, du bailliage de Vermandois, après avoir échappé à celui d'Amiens; puis du bailliage et du gouvernement de Montdidier et du parlement de Paris.

Dans *l'ordre judiciaire*, il appartint d'abord au bailliage de Vermandois puis à celui de Montdidier, à la prévôté du même nom, au parlement de Paris et au présidial d'Amiens.

Dans l'ordre des contributions, il releva de l'intendance de Picardie ou d'Amiens, de la généralité d'Amiens, de l'élection, du grenier à sel et de l'entrepôt de tabac de Montdidier.

Au point de vue des *coutumes locales*, il était régi par la coutume du gouvernement, bailliage et prévôté de Montdidier.

Au point de vue religieux, il relevait du doyenné de Fouilloy, de l'archiprêtré de Montdidier, de l'archidiaconé et du diocèse d'Amiens et de la province ecclésiastique de Reims.

Sous la Révolution, Le Quesnel fit partie du département de la Somme, du district de Montdidier et du canton d'Hangest-en-Santerre. (2)

Le Quesnel fait à présent partie du département de la Somme et il est à 28 kilomètres d'Amiens son chef-lieu; il appartient à l'arrondissement de Montdidier dont il est à 17 kilomètres; au canton et au doyenné de Moreuil distant de 11 kilomètres; il fait partie de la perception d'Hangest dont il est à 4 kilomètres. Il dépendit également du bureau de poste de cette commune jusqu'au 1er février 1910.

---

(1) La Basse-Picardie comprenait le pays reconquis (Boulonnais et Calaisis), Le Ponthieu et le Vimeu.

(2) L'abbé EXPILLY. *Diction. géog. et hist. des Gaules et de France.* T. V. 1768. — G. DE WITASSE. *Géographie historique du départem. de la Somme.*

A cette date fut ouvert au Quesnel un bureau de facteur-receveur (poste, télégraphe et téléphone.)

2. — Comme tous les pays possédés par les seigneurs hauts justiciers, le Quesnel eut, au moyen âge, sa maladrerie qui dégénéra en maison de bienfaisance. Cet établissement existait encore en 1549 comme en fait foi un aveu de Colart de Guisy. Il était dit appartenir au Seigneur du Quesnel et tenir d'un bout à la grande rue du village. Nous avons ainsi lieu de croire qu'il était assis au bout de la rue de Beaucourt, près de la Croix-Saint-Honoré, endroit d'où rayonnent jusqu'à sept chemins, sur l'ancien cadastre.

Par arrêt du Conseil du 13 juillet 1695 et lettres patentes du Roi du 3 mars 1696, les biens de la maladrerie furent réunis à l'Hôtel-Dieu de Montdidier à charge par le dit établissement de satisfaire aux prières et fondations dont elle était chargée. L'Hôtel-Dieu devait en outre tenir 3 ou 4 lits à la disposition des pauvres et des malades du Quesnel. Il en arriva que pour des raisons plus ou moins valables, les lits étaient toujours occupés quand il s'agissait d'en faire profiter les gens du pays. Cette situation fit naître dans l'esprit de M. le Vicomte Blin de Bourdon la pensée de réclamer, en faveur du Bureau de bienfaisance du Quesnel, les anciens biens de la maladrerie. La chose tourna en longueur jusqu'au moment où il fut acquis, par une série de refus, que l'Hôtel-Dieu manquait à ses engagements. Mais alors la commune recouvra les biens de l'ancienne maladrerie qui furent vendus. Le produit de cette vente constitua le principal fonds du bureau de bienfaisance.

D'après les données de « Moreuil et son canton » par Alcius Ledieu, le Bureau de bienfaisance possédait 1286 fr. de revenus en 1889. Il en avait 902 avant la guerre de 1914, comptait 28 assistés, 117 inscrits pour le service médical gratuit et 43 vieillards ayant droit à la retraite. Il était alloué à ces derniers une somme de 5160 fr, dont 1/4 payé par la Commune.

En 1909, sur l'initiative de M. l'abbé Leroy, curé du Quesnel, et avec le généreux concours de

M. Le Vicomte Blin de Bourdon, a été créée une Société de secours mutuels qui clôtura ses comptes de première année par un excédent de recettes de 828 fr. 55 centimes. Au 31 décembre 1919 son fonds de retraite s'élevait à la somme de 2449 fr. 10 et celui de roulement à une somme suffisante pour faire face à des dépenses imprévues.

3. — A peu près tous les corps de métiers existant à la campagne étaient représentés au Quesnel, par quelques individus, sur la fin de l'ancien régime. Il y avait en outre plusieurs faiseurs de briques occupés à la briqueterie de M. du Quesnel. Cette briqueterie se trouvait située derrière la rue d'Amende. Un autre établissement du même genre exista en 1889.

D'après ces indications, on peut trouver exagérée une note des archives de la Somme de la fin du XVIIIe siècle. Il y est question « du peu de commerce qui se fait au Quesnel, pays où plus des trois quarts des habitants ne font que filer la laine, métier où l'on gagne très peu depuis longtemps. »

Deux raisons ont pu donner lieu à cette note : les épreuves d'assez longue durée dues à l'intempérie des saisons et les impôts dont les habitants étaient écrasés. Ils s'en plaignent amèrement et font valoir leurs réclamations « en restitution des doubles emplois et des surcharges figurant en beaucoup d'articles du rôle. »

Une vérification accompagnée d'enquête s'ensuivit Il fut constaté que les 1300 individus constituant les 310 feux du Quesnel étaient soumis à la taille et payaient rien que de ce fait 2021 livres.

En 1785 le Quesnel était chargé de plus de 5400 livres de tailles, impositions et capitations. Ce pays devait en outre 4922 livres 11 sols de vingtièmes sur lesquelles le seigneur du lieu et autres propriétaires externes payaient 2901 livres 3 sols . Total 10.322. liv. 11. s.

En 1789, le principal de la taille s'élève à 2673 liv. 3 s. A cette somme il convient d'ajouter la répartition des juxtapositions accessoires montant à 1637 liv. 17 s. Puis la capitation ou impôt personnel de 1572 liv. 14 s. Enfin les mêmes droits perçus sur les privilégiés pour les dix derniers mois de 1789 et s'élevant à 2014 liv. 17 s. Soit un total de 7808 liv. 11 s. (1)

Il n'est pas sans intérêt d'en faire ici la remarque : le Quesnel avait droit à deux foires chaque année et à un marché chaque semaine. Ce privilège lui fut accordé par décret de Louis XIII de Janvier 1637. Ces deux foires devaient avoir lieu le jour de Saint-Mard (saint Médard) et le jour de la Saint-Martin d'hiver. Le marché fut fixé au mercredi de chaque semaine. Défense fut faite de tenir, ces jours-là, foires ou marchés à quatre lieues à la ronde et droit fut accordé de faire construire halles, bancs et autres objets nécessaires à la protection des marchandises. (2) Il est assurément regrettable que les quenellois n'aient jamais su tirer parti de ces privilèges.

(1) *Arch. de la Somme.* C. 2193[10].
(2) *Archives du château du Quesnel.* Charte d'érection de la seigneurie en Châtellenie.

CHAPITRE SIXIÈME

**Les moulins du Quesnel. — Le moulin à Waide. —
Le moulin de Saint-Mard. — Le moulin de Fortune.
Le moulin Neuf. — Le moulin du Vivier.**

1. — L'usage des moulins à vent, en nos régions
occidentales, parait remonter seulement au XIe
siècle.

Ils y furent importés d'Orient à la suite des croi-
sades et surtout utilisés dans les pays de plaines.

Le premier dont nous trouvons trace, au Quesnel,
est le moulin à guède, qu'on appelait moulin à Waide,
Woède et Watte dans le langage populaire.

Celui-ci servait, comme son nom l'indique, non
pas à moudre le blé, mais à la préparation de la guède.

La guède ou pastel, matière colorante bleue, était
extraite de l'*isatis tinctoria*, plante dont la culture
était très répandue aux environs d'Amiens, avant
la découverte de l'indigo (1).

La tige de cette plante, broyée et réduite en pâte
sous la meule des moulins à vent, produisait les beaux
bleus pers dont la renommée fut plus qu'européenne.
Elle s'expédiait en tourteaux et en tonneaux dans les
entrepôts de l'Angleterre et de l'Ecosse, de l'Allemagne et des Flandres.

Les moulins à guède ne pouvaient être établis
sans congé du seigneur qui se réservait une part de
leurs bénéfices.

Aux environs de Péronne, cette part était de 3
deniers du millier de tourteaux, quand la guède
était vendue au cent. (2) Dans le cas contraire, elle
s'élevait à 50 livres, tous droits déduits, et ces pro-
fits étaient perçus par les prévôts, échevins et sergents des seigneuries dans la circonscription desquelles les moulins étaient établis.

(1) Baron de Calonne. *Histoire de la ville d'Amiens*. t. I, p. 207.
(2) *Arch. Nat.* P, 135, n° 112.

Celui du Quesnel appartenait au seigneur du lieu. Il était assis à l'endroit de la place publique. C'est même à son existence que se rattache la dénomination de *minaouelle* donnée à cet endroit du village. La place où demeurait le *minotier* qui moulait, non pas du blé mais de la guède ou wouette, a pris, par corruption de langage, le nom de place du Min-à-Wouette ; de là *Minaouelle*.

Sur un ancien plan cadastral on lit : place du moulin à Watte. Autour du moulin sont venues naturellement se grouper des habitations, comme il arrive fréquemment dans les centres plus ou moins importants d'un commerce quelconque.

Le moulin à Waide du Quesnel existait en 1389. Dans un dénombrement de Colart de Guisy, fait à cette époque, on lit : « Item, à cause de mon dit fief j'ai un molin à waide en me ditte ville. »

Deux siècles plus tard, le moulin n'est plus. Dans un aveu de 1533, n° 18, on voit qu'il est dû redevance pour le lieu où « souilloit », c'est-à-dire où l'on avait coutume de voir « le molin aux waides. »

Dans le terrier ou livre de détail des droits seigneuriaux de 1617, le seigneur revendique la propriété des chemins et en particulier de celui allant du lieu « où estoit le molin à Wuoid jusqu'à la Chaussée où conduit le chemin de la Neuville. » (1)

2. — Le seigneur du Quesnel avait comme deuxième moulin celui dit *Moulin Vieux* ou *Moulin de Saint Mard*.

Il était situé entre ce village et le Quesnel, assis sur une pièce de terre de 2 journaux 30 verges, bordé par le chemin de Mézières au Quesnel et par un sentier partant de la ruelle Madice pour aboutir à la susdite voie.

Le moulin de Saint-Mard, construit tout en bois, était un moulin à farine.

A l'intérieur était gravé au poinçon, sur une planche de chêne provenant sans doute de l'ancien moulin assis en cet endroit, la date de 1464. Sur le blutoir, on lisait : « Je combats pour l'honneur et la

____

(1) *Archives du château.* Terriers de 1570 p p. 25 et 26.

LE MOULIN DE SAINT-MARD

gloire avec mon moulin au vaent. » *Poidevin* 1866.

Un dénombrement de 1618 nous apprend que le moulin de Saint-Mard était moulin banal. Ceci revient à dire que le seigneur du Quesnel l'ayant fait construire pour la commodité des habitants de sa seigneurie, il n'était loisible à aucun d'entre eux d'aller faire moudre ailleurs son grain, quel qu'il ait été.

Il était même interdit à tout meunier ou chasse-mannée de venir chercher aucun grain au Quesnel, d'y apporter aucune farine sous peine de 60 sols parisis d'amende, de confiscation de son blé, autres grains ou farine, chevaux, autres bestiaux, chariots et charrettes servant au transport. Ainsi le voulait la coutume de Montdidier.

Les habitants du Quesnel contestèrent, devant le bailli du lieu, ce droit de banalité, le 9 janvier 1618.

Le moulin de Saint-Mard menaçait ruine en 1911. Les soldats stationnés dans le pays en 1914 et années suivantes lui donnèrent le coup de grâce. Ils s'en servirent comme bois à brûler.

3. — Le *Moulin de Fortune* ou *Moulin Dobel* avait même destination que le précédent et existait avant 1570. Il relevait en fief de Guerbigny et dépendait de la seigneurie du Quesnel. Il était bâti sur 3 journaux 48 verges de terrain situé dans l'angle formé par la Chaussée et le chemin conduisant à la Neuville.

Dans un aveu de 1570, Adrien de Formé, seigneur du Quesnel, revendique la propriété de 3 journaux de terre « en l'un desquels et sur celui du milieu est assis ung moslin à vent qui était anciennement mazuré » c'est-à-dire entouré de bâtiments. Il était dû, à cause de lui, « chaque année, de trois mois en trois mois, 13 setiers pour le moulin et 6 setiers de blé pour les 3 journaux de terre, soit annuellement : 13 muids et 6 setiers. »

Le moulin de Fortune incendié fut, en 1768, rebâti à frais communs entre M. du Quesnel qui paya la somme de 4.600 livres et un nommé Dobel qui lui donna son nom.

4. — Le *Moulin du Vivier* se trouvait au sortir de

la rue de Fresnoy, à l'endroit où se déverse le trop plein de l'eau des mares du Quesnel, non loin du fief du Vivier appartenant au seigneur de Mézières.

5. — *Le Moulin neuf* était situé au sortir du village, dans l'angle formé par la route conduisant à Beaufort et le sentier menant à Folies. Bâti en 1761, il fut incendié le 17 janvier 1776. Sur le même emplacement fut édifié le moulin Duflot, au XIXe siècle.

CHAPITRE SEPTIÈME

Bois et bosquets du Quesnel.

I. — Bois encore existants

Dans la section A. du plan cadastral :

1. La remise de Boyard de 43 a. ou 100 verges 19.
2. La remise de la ½ lieue de Caix ou remise neuve de 46 a. 78 c.
3. La remise des Paraclets de 67 a. 28 c.
4. Les Rideaux plantés de 19 a. 28 c.
5. La remise de la Solette de 42 a. 06.

Dans la section B., dite des Grands Champs, est la remise des Grands Champs de 49 a. 80.

Dans la section C :

1. La remise dite Au-dessus du chemin du Fresne ou remise de 24 journaux. Elle a 91 a. 71 c.
2. Le bois des Prés, autrefois Guy-des-Prés, de 4 hect. 60. Il contenait 17 journaux en plusieurs pièces tenant l'une à l'autre, en 1389. Il avait encore 17 journaux en 1570. Il en contenait 22 et 92 verges, y compris les fossés et les hayures, d'après l'arpentage de 1619. Sept quartiers étaient tenus en fief de la châtellenie d'Hangest par Louis Lemaître de Belle-jamme, seigneur du Quesnel, en 1636. Il les céda avec le droit de chasse à Jacques de Cavoye, seigneur de Beaufort, en 1636. Trois journaux 3/4 nommés le bois Southieu relevaient de Beaufort. Le reste relevait de la seigneurie d'Arvillers.
3. Le bois Chaussée de 11 hectares 66 a. 95.
4. Le Petit Bois divisé en 4 parties : la partie longeant la route d'Hangest, de 5 hect. 46 a. 40 c. Celle longeant les pâtures, de 5 hect. 96 a. 80. La Grande-Allée de 1 hect. 65 a. 5 et le bosquet de l'ancien Petit-Quesnel de 5 a. 84 où fut créée une voie carossable donnant sur la grand'route en 1914 et années suivantes.

Dans la section D :

1. Le Guidon de 42 a. 91 ou 100 verges.

2. La remise du Moulin Vieux de 43 a. 55 ou 101 verges 47.

3. La remise du Castel ou Vieux-Caty de 81 a. 33 ou 189 v. 50.

4. La remise Mathentoîne (Maître Antoine) dite près du bois Antoine, en deux pièces : la première de 104 verges, la deuxième de 96 verges, de l'ancien domaine de Saint-Mard.

5. La remise de la fosse Méon de 32 a. 74.

6. La remise du chemin de Beaucourt de 41 a. 70 ou 97 verges 16.

A signaler le bois Couvelle, dit bois à sorciers, sur le territoire d'Hangest. Il appartenait au seigneur du Quesnel.

Dans la section E :

1. Le bois Vallée de 28 hect. 88 a. 20 c. ou 6729 verges 51. Dix-sept journaux de ce bois appartenaient au domaine de Saint-Mard. Trois journaux 23 verges portaient le nom de Boyard dit bois Vallée. Douze journaux 26 verges dites également Boyard avaient été plantés en 1763. Sept journaux portaient le nom de bois Là-Haut. Quinze journaux étaient dits bois Daigny.

2. Le bois Jacquin de 3 h. 20 a. 745 ou verges 60.

Il contenait, compris les « treux et estocqs d'épines blanches et hayures, » 6 journaux 80 verges et relevait de Beaufort.

3. La remise du Cran de 42 a. 91 c. ou 100 verges.

4. Sur le terroir de Caix est le bois Forêt contenant 15 hect. 98 a. 72 c. ou 3725 verges 03. Il fait présentement partie du domaine du château.

De 1763 à 1772, le seigneur du Quesnel ne dépensa pas moins de 3000 francs en plantations forestières.

II. — Bois défrichés

1. Le bois Saultiaux tenant au chemin du Fresne et contenant 3 journaux 90 verges. Il était tenu de Beaufort et il fut cédé, avec son droit de chasse, à

Jacques de Cavoye, seigneur du lieu, par Louis Lemaître de Bellejamme.

2. Le bois Lanoye, d'un journal, loué à cinq habitants du Quesnel, en 1619.

3. Le bois Rabache, au chemin du Quesnel à Cayeux.

4. Trois journaux 14 verges « de bos tenans aux gardins et basse-cour du château, » d'après l'aveu de 1389. Ce bois aurait été situé entre l'ancien enclos du château à l'est et la rue d'Amende. La grande grange actuelle a été bâtie sur une partie de ce bois défriché.

5. Un journal 1/2 au lieu dit la Chavatte.

6. Le bois Cornehotte relevant de Saint-Mard et planté en 1768. Il avait 4 journaux 63 verges.

7. Un journal de remise tenant au chemin de Corbie à Roye, près de la fosse Casset et le village de Quesnoy qui a disparu.

8. Le fief du bois Guy-des-Prés consistant en 7 quartiers et tenu d'Hangest.

9. La deuxième remise de la Solette de 44 a. 92.

10. Le bois de Saint-Mard, de 8 journaux, nommé bois des femmes en 1701.

CHAPITRE HUITIÈME

Les souterrains du Quesnel. — Certitudes, Hypothèses et Probabilités les concernant.

I. — Certitudes

Il a été souvent parlé des souterrains du Quesnel désignés sous le nom de cryptes, carrières, refuges, caves de guerre, muches, selon l'idée qu'on se fait de l'usage auquel ils furent destinés.

Récemment encore, des journaux de la région, répondant à un entrefilet de la *Tribune de la Somme*, s'exprimaient ainsi : « Il y aurait beaucoup à dire et beaucoup à redresser sur ce qui fut jusqu'à présent écrit au sujet de ces souterrains considérés, à juste titre, comme le type le plus parfait des monuments de ce genre, dans la Picardie ».

Il appartient à l'historien du Quesnel d'éclairer cette question d'un nouveau jour. Après avoir fait une étude sérieuse de l'état des lieux, il dira ce qu'il sait être vrai, ce qu'il croit être faux, et ce qui, chez lui, est supposition.

I. *Données générales.* — 1) *Entrée des souterrains.* La descente y donnant accès se trouve dans le potager du château, à six mètres du mur de clôture longeant la rue de la Ville.

Cette descente ne fait point partie de celles par lesquelles on y parvenait autrefois. Celles ci sont comblées par des éboulis; celle-là fut formée par un affaissement de terrain remontant à la date de 1801 ou de 1802. On put, à partir de cette époque, descendre dans les souterrains, mais par le moyen d'une échelle.

La Révolution de février 1848, ayant réduit les ouvriers à la plus extrême misère, M. le Vicomte Blin de Bourdon en occupa une trentaine à d'assez importants travaux de déblaiement.

LES SOUTERRAINS

Il fit en même temps consolider ou voûter les endroits dangereux, revêtir d'une chemise de maçonnerie le puits de descente, y apposer enfin un escalier en spirale offrant toute garantie de solidité et de sécurité. Ce premier escalier fut plus tard remplacé par celui en fer qui s'y trouve actuellement. L'escalier compte 56 marches de 0 m. 19 chacune, ce qui donne au souterrain une profondeur de 10 m 64.

L'orifice du puits a 3 mètres de diamètre. Il est surmonté d'une rotonde assez élégante qui le met à l'abri de l'intempérie des saisons.

II. *Configuration des souterrains.* — A. *Nature du Sol.* — Le sol dans lequel sont creusés les souterrains n'est pas la pierre meulière ou tout autre pierre à bâtir, assez fréquente en Picardie. Il consiste en un mélange d'argile et de calcaire réunis à d'autres substances accessoires constituant la marne mise en usage pour rendre les terrains plus meubles.

Par endroits, cependant, particulièrement là où se sont produits des vides lors de la formation de la croûte terrestre, vous trouvez les débris du sol extérieur autrefois apportés par les eaux pluviales.

Ces débris, composés généralement d'humus argileux, rendent les parois et la voûte des souterrains moins résistantes. Ils offrent conséquemment moins de sécurité que la pierre.

B. — *Formation des souterrains.* — En raison du peu de résistance du sol des terrains marneux, il est à croire que les souterrains du Quesnel ont été créés sans puissants efforts et à l'aide de communs instruments de travail. En maints endroits on remarque des coups de pics encore très visibles. Ailleurs, des entailles terminées à angle aigu semblent indiquer l'emploi d'instruments en silex. Partout, les rugosités des parois montrent que la pioche y fut peu ou point utilisée. Là seulement ces aspérités disparaissent où la pierre fut polie et arrondie par le long frottement de l'homme allant et venant en ces sombres demeures.

Observation digne d'intérêt et maintes fois constatée par nous : les eaux pluviales ne pénètrent même pas goutte à goutte dans les souterrains du Quesnel. A peine en trouve-t-on la trace en certains endroits argileux. Cette préservation les tient à l'abri d'une trop grande humidité et fait qu'ils ne courent aucun danger de détérioration venant de là.

C. — *Corridors ou galeries.* — Il est actuellement un fait acquis, au sujet de la disposition des souterrains du Quesnel. C'est qu'ils comptent, dans leur partie jusqu'à présent explorée, cinq principaux corridors, comme nous l'indiquons du reste sur le plan très exact que nous en avons tracé.

L'un de ces corridors ou galeries principales se dirige vers le château d'abord, dans la direction sud-est, puis dans la direction sud-ouest. C'est le couloir de la Cour d'honneur.

Un autre va de l'ouest à l'est et aboutit à l'emplacement de l'ancienne église, après avoir passé sous la rue de la Ville.

Un troisième va de l'est à l'ouest, se dirigeant vers le Petit Bois.

Un quatrième va du sud au nord, et après avoir traversé la rue Blanche aboutit sous la maison Cardon qui forme angle sur cette rue et sur la rue de la Ville.

Le cinquième enfin, passant comme le deuxième sous la rue de la Ville, aboutit, en suivant la direction nord-est, à l'ancien puits Pierre Marthe, actuellement puits Daigny.

D. — *Chambres ou Cubicula.* — Elles sont encore au nombre de 62, s'échelonnant le long des corridors et ayant presque toutes la forme rectangulaire. La moindre de ces chambres mesure quatre mètres carrés. Les plus spacieuses ont trois mètres de large sur neuf mètres de long. La voûte des unes a la forme de cintre surbaissé; celle des autres est en ogive; leur entrée est à plein cintre et taillée avec un art qu'on ne trouve nulle part ailleurs. Dans les pieds droits on voit encore les rainures autrefois pratiquées pour l'encadrement des huis.

A signaler en certaines chambres, des *arcosolia*, des *rotondes demi-circulaires*, des *silos*, des *étagères*, des *encoignures* à *ratelier*, des *encoches* pour les lampes en terre cuite, des *trous* percés dans les parois enfin.

Par *arcosolia* nous entendons désigner des niches en forme d'arc. Ces niches sont creusées à la hauteur d'un mètre au-dessus du sol et parfois même à une plus grande élévation. Elles ont plus ou moins de profondeur. Les détails se rattachant à chacune d'elles seront donnés au moment venu.

Les archéologues ont prétendu qu'en maints refuges les *arcosolia* auraient servi d'autel pour la célébration de la messe, mais aucun document ne nous permet de soutenir ici cette opinion.

On compte six *arcosolia* dans les chambres de la galerie de la Cour d'honneur, une dans une chambre de la galerie Daigny ; deux dans celles de la galerie Cardon. On n'en remarque pas dans les chambres de la galerie de l'Eglise.

Les rotondes demi-circulaires sont des enfoncements pratiqués dans les parois et se continuant dans le sol sous forme de silos. Il en existe huit dans l'étendue des souterrains.

Les *silos* sont des puits ayant la forme, non pas de cônes tronqués comme il fut écrit, mais de véritables carafes. Le diamètre de leur orifice peut être de deux pieds. Quelques uns ont jusqu'à 7 mètres de profondeur sur deux ou trois mètres de diamètre.

Ils servaient évidemment à y déposer des denrées et les produits du pays.

En 1837 on trouva du blé noirci par le temps et par l'humidité dans plusieurs silos. Tous sont confectionnés de façon à faire croire que des morceaux de bois mis en croix et recouverts de craie en bouchaient l'orifice, les dissimulant aux regards. En 1848 les chassis étaient tellement vermoulus qu'ils offraient de réels dangers. Ainsi, une personne ayant voulu visiter les souterrains récemment rendus à la circulation, faillit être victime de sa très légitime curiosité. Le sol s'affaissa sous elle et il ne fallut rien moins que l'intervention de son cicerone pour l'arracher au péril d'être précipitée dans un silo. Il y avait généralement deux silos en chaque chambre. Plusieurs d'entre eux furent comblés avec les débris du sol obstruant les corridors. Il en restait 29 qui auraient offert du danger, si l'on avait circulé à l'aide d'une lumière insuffisante dans les souterrains. Presque tous ont été comblés par les soldats du Génie et autres en 1914 et au cours des autres années de guerre.

Les *étagères* sont des espèces d'armoires ou rayons taillés dans la pierre. Elles paraissent avoir été destinées à recevoir des objets quelconques. Plusieurs ont une assez longue dimension; d'autres sont de dimension très modeste. On compte 15 étagères.

Les *encoignures*, peu nombreuses d'ailleurs, consistent en des entailles faites dans les parois à la rencontre de deux murs. Elles étaient destinées à recevoir l'extrémité des rateliers servant à contenir le foin fourni aux animaux domestiques mis à l'abri de la rapacité des hommes de guerre. Il en est 6 ayant servi à 3 auges ou rateliers. Deux seulement sont à une hauteur de 0m. 75 du sol; les 4 autres sont pratiquées à une élévation un peu plus accusée.

Les *entailles* destinées à recevoir les lampes en terre cuite propres à éclairer le souterrain sont très nombreuses. Il faut se garder de croire qu'elles remontent toutes à une haute antiquité, Plusieurs ont comme date le XIXe siècle. On les creusa lors des travaux exécutés sous la direction de M. le Vicomte Blin de Bourdon, en 1846, en 1848 et en 1886.

Les trous percés dans les parois ont été faits au XVIIIe siècle par les peigneurs de laine. C'était à l'époque où l'on se retirait dans une partie des souterrains pour y passer, à l'abri des grands froids, les soirées d'hiver. Dans ces trous l'on enfonçait une pièce de bois; dans cette pièce de bois on vissait une armature de fer nommée patte; sur cette patte on fixait un peigne; le reste se devine.

Soupiraux. — Ces luminaires ou cheminées d'aération ne sont point la partie la moins intéressante des souterrains. Ils étaient destinés à projeter un peu de lumière et surtout beaucoup d'air dans ces sombres régions. On les trouve surtout au bout et à la naissance des couloirs.

Nous en mentionnons 9 sur le parcours du souterrain; 8 ont été depuis longtemps comblés par crainte d'accidents ou par nécessité. Un seul, par suite de l'éboulement des terres qu'il contenait, fut ramené à son état primitif. Le malheur a voulu qu'il soit transformé pendant la guerre au point de faire oublier ce qu'il était à l'origine.

Dans les souterrains du Quesnel on ne trouve pas une seule inscription de date ancienne. On lisait seulement sur une pierre qui a disparu celle de 1658, avec cette mention : Martinot.

Martinot était un nom connu dans la région, particulièrement à Montdidier, au XVIIIe siècle. Un Martinot de cette ville entretenait des relations d'amitié avec les de Bains, du Quesnel, à cette époque. (1) A côté du nom Martinot on voit la figure de deux ou trois arbalètes dessinées sur la pierre.

II. — *Données particulières.* — 1. *Galerie de la Cour d'honneur.* — Cette galerie (N° 1) compte 18 m. 20 de corridor; 1 m. 10 de large et 2 m. de haut. Son élévation, ainsi que celle des chambres s'ouvrant sur son passage, était moindre de 0 m. 30 ou environ autrefois. Elle fut augmentée par l'extraction de la craie qui a servi à empierrer la cour d'honneur, en 1868. Elle semble s'être autrefois prolongée en pente assez raide jusque dans les fossés, ou plus probablement jusque dans la tour nord de l'antique maison seigneuriale. Cette rampe est aujourd'hui murée à son point de départ.

Les chambres de la galerie n° 1 ont une hauteur moyenne de 2 m. 17; leurs entrées mesurent 1 m. 70 de haut et 1 m. de large. Pour en connaître la profondeur, il suffit de se reporter à notre plan des souterrains fait à l'échelle de 1/200. On le comprend, il est bien inutile de faire figurer ici les détails qu'il comporte.

Remarques qui ont leur importance : la chambre n° 73 a été prolongée de moitié en 1868. Celles portant les n°s 74, 1, 2, 3 et 4 sont à un niveau beaucoup plus élevé que les précédentes. Dans la chambre 72 se trouve un *arcosolium* ayant 2 m. 25 de long. 0 m. 35 de flèche et 0 m. 50 de large. Dans la chambre 4, double étagère ayant comme longueur 0 m. 80 et comme largeur 0 m. 20.

Cette chambre est doublement en communication

(1) Archives de la famille Cardon-Thory.

avec un couloir qui devait donner dans la tour occidentale du château. La chambre n° 5 a une étagère longue de 2 m. 40 sur 0 m. 45 de profondeur et sur 0 m. 40 de flèche. Elle est placée à 1 m. 45 au-dessus du sol. A noter encore un très bel *arcosolium* dans la chambre 6. Enfin la chambre 7, qui communique avec celle n° 16 par un corridor passant à travers la galerie n° 7, donne naissance à deux autres chambres. Dans celle du milieu, n° 8, est un amas de débris arrivés là par une cheminée d'aération.

Le couloir qui la sépare de la suivante, chambre n° 9, sonne creux et paraît indiquer l'existence de souterrains placés à un plan inférieur à celui que nous étudions. Il aurait son entrée, actuellement maçonnée, dans la rotonde terminant la chambre n° 7. Dans la chambre 16, deux étagères : la première, longue de 2 m. haute de 0 m. 40 et profonde de 0 m. 40 ; la deuxième, haute de 0 m. 40, longue de 1 m. 20 et profonde de 0 m. 30. Elles sont l'une et l'autre à 1 m. 40 du sol.

2. — *Galerie de l'ancienne église.* — Cette galerie (n° 2 du plan) a 20 m. de long sur 1 m. 80 de haut et 1 m. de large. L'élévation des chambres est la même que celle des corridors. La rampe assez abrupte qui la termine existe encore. Elle se prolongeait sur une longueur de 10 m. en 1911. Plus loin, elle était impraticable parce que, creusée dans l'argile, celle-ci se détache de la voûte et rend impossible la circulation. Précédemment, on remarquait encore les fondations de l'ancien clocher. Au cours des années de guerre cette galerie ramenée à son état primitif donnait accès sur la place de l'ancienne église.

A mentionner, dans cette galerie, la chambre 57e qui n'est qu'une ébauche de cellule, ayant la forme circulaire, et celle du n° 61 où se trouve une rotonde demi-circulaire, de 0 m. 40 de large, de 1 m. 50 de haut, donnant naissance à une cave d'une largeur d'un mètre environ. Du côté opposé, entre les n°s 62 et 63, est l'amorce d'une cellule au percement de laquelle il n'a pas été donné suite.

La hauteur moyenne des entrées des chambres, en cette galerie, est d'environ 1 m. 30.

3. — *Galerie* n° 3. — Cette galerie a seulement 11 m.

de long. Elle est le prolongement de celle de la Cour d'honneur. Avant les années de guerre, elle était murée à son point de départ actuel et on y accédait par une ouverture des chambres contigües portant les n°s 17 et 18. Elle débouche dans une salle commune où prend naissance le corridor n° 5 et la galerie n° 4.

L'élévation de cette galerie est de 2 m. 50 et celle des portes de 2.m. 05. Signalons au passage, dans la chambre 55, une étagère large de 1 m., haute de 0 m. 45 et profonde de 1 m. 50. On a tiré 0 m. 50 de craie, dans cette chambre et dans cette galerie. Dans la chambre 53, on trouve également une étagère large de 0 m. 60, haute de 0 m. 40 et profonde de 0 m. 45. Elle est creusée à 1 m. 60 du sol.

4. — *Galerie du puits Daigny.* — Elle mesure 24 m. de long sur une largeur de 1 m. et sur 2 m. de haut, mais il convient d'en faire la remarque : on y a extrait 0 m. 30 de craie.

A gauche en y pénétrant, une cellule carrée obstruée depuis quelques mois seulement par des débris de toute nature communique avec une rotonde en forme de chapelle ayant au fond un *arcosolium* qui aurait pu servir d'autel. En face, est un retrait du mur profond de 0 m. 40, haut et long de 2 mètres. Elévation des chambres, 2 m. Hauteur des portes d'entrée, 1 m. 40.

Cette galerie, semblablement à celle de l'Eglise, n'a pas été terminée. Il y manque plusieurs cellules. Un puits ayant son orifice dans la cour de la maison Daigny la termine à gauche. Un ouvrier, chargé de le curer, y trouva la mort, au commencement du XIXe siècle. Il y fut asphyxié par l'acide carbonique qui, par suite d'un long repos de l'air, s'y trouvait fort dense. «L'Ernu» était au fond du puits, dirent les gens du Quesnel. Nous inclinerions à croire que le puits Daigny est de date beaucoup plus récente que les souterrains. Il aurait été mis en communication avec eux accidentellement et muré aussitôt que fait, du côté y donnant accès. En 1870 des Allemands croyant y trouver une cave à vin percèrent le mur et faillirent être précipités dans le vide. En 1918 ils comblèrent le puits jusqu'à la naissance du sol des souterrains et y créèrent une descente.

5. — *Galerie Cardon, n° 6.* — En 1911 et années suivantes, elle était reliée à la galerie n° 3 et à la galerie n° 4 par un corridor de date récente. Ce corridor fut creusé dans les décombres d'une chambre qui s'effondra. On voit encore l'ogive de cette chambre à son extrémité occidentale.

En 1916 ou l'année suivante, l'infiltration des eaux provenant d'abreuvoirs établis le long du mur du château formant angle sur les rues Blanche et de la Ville amena un affaissement du terrain et provoqua la chute d'une partie du mur. Le corridor conséquemment fut obstrué. A partir de cette époque une porte pratiquée dans l'épaisseur des parois des chambres 40 et 58 donna seule accès dans la galerie Cardon.

Cette galerie n° 6 est, sans contredit, la plus belle et la plus intéressante de celles des souterrains.Elle a 1 m. 70 de haut sur 1 mètre de large. Les chambres qui s'ouvrent sur son passage sont toutes spacieuses, doubles pour la plupart et terminées en ogive. Dans celle portant le n° 26 se trouve une cavité en forme de carré, large de 0 m. 50, haute de 0 m. 70 et profonde de 0 m. 40.

Dans celle portant le n° 28 se trouve un trou rond fait dans le mur. Là aussi était la date, faite au poinçon, de 1658. Cette date offrait le caractère des chiffres du XVIIe siècle; elle était par conséquent authentique.

Dans la chambre portant le n° 31 se trouvent, à 0 m. 75 du sol, les encoignures des rateliers dont nous avons parlé.

Dans la chambre suivante, n° 32, sont également deux encoignures de rateliers semblables aux précédentes.

Du côté opposé, dans la chambre n° 29, est un éboulis considérable occasionné par le déversement du trop plein d'un réservoir d'eau des couches supérieures du sol. Cette chambre, dont celle portant le n° 40 est le prolongement, communique par cette dernière avec celle du couloir n° 5 portant le n° 41. Un éboulis survenu dans la cloison commune de ces deux chambres permet d'y pénétrer et de se rendre compte de l'état des lieux.

Dans la chambre 37 se trouve, au fond, juste au-dessus de l'ouverture d'un silo depuis quelque temps comblé, un *arcosolium* long de 0 m. 25, large de 0 m.40 et haut de 0 m. 45. Il est creusé à 0 m. 80 au-dessus du sol. Un peu à gauche, sur le cintre formé par lui, est un trou noirci par la fumée des lampes.

Dans la chambre 36, on trouve une étagère haute de 0 m.60, large de 1m. 10 et profonde de 0 m.50. Cette chambre a, comme la suivante, une prise d'air dans la luminaire qui leur est contigu. Ce luminaire avait 1 m. de diamètre et 10 mètres d'élévation avant que le Génie militaire lui ait fait subir une transformation en 1916.

Il donne sous l'âtre de la cuisine de l'habitation Cardon-Thory, maison formant angle sur la rue Blanche et sur la rue de la Ville.

Avant la construction de cette maison sur la rue, il aboutissait sur le côté droit de l'ancienne grand' porte qui formait coin sur la rue Blanche. C'est donc par l'effet du hasard qu'il donne sous une cheminée.

Dans la chambre 35, on remarque quatre encoignures à rateliers à une élévation de 0 m. 75 et de 1 m.50 du sol.

6. — *Galerie n⁰ 7.* — Cette galerie était murée à son point de départ quand nous fîmes le plan des souterrains en 1911. Nous savions que l'éboulement de terres apportées du dehors la rendait impraticable. Nous aurons postérieurement à nous occuper d'elle.

II. — Hypothèses concernant les souterrains

1. — *Exposition du sujet.* — Vers le milieu du XVIIᵉ siècle, les souterrains du Quesnel étaient encore fréquentés par les habitants du lieu. La preuve en est dans l'inscription déjà citée de 1658.

Cent ans plus tard, on gardait encore le souvenir de leur existence et de certains détails les concernant, mais impossible d'y pénétrer. Les entrées des couloirs, creusées dans l'argile, étaient obstruées par la terre qui se détachait des voûtes. Peut-être aussi celles donnant dans la cour d'honneur et dans l'église étaient-elles devenues impraticables par suite de l'écroulement du clocher, de la démolition des tours de l'ancien château et du remblai des fossés les entourant. Toujours est-il que, à cette époque, on ne descendait plus dans les souterrains et qu'il ne fallut rien moins qu'une circonstance fortuite pour donner à ceux-ci tout un regain de popularité. Voici ce qui arriva :

Quelque temps avant l'année 1747, les débris remplissant l'une des cheminées d'aération, celle placée dans l'angle des rues Blanche et de la Ville, s'affaissèrent et laissèrent béant l'orifice d'une cavité qui ne fut pas sans intriguer la curiosité populaire.

Quelques travaux de déblaiement permirent de descendre, à l'aide d'une échelle, dans cette cavité. On s'y trouva dans une galerie dite actuellement galerie Cardon.

C'était encore le temps où l'on se réunissait dans les caves pour passer, à l'abri du froid, les longues soirées d'hiver. On utilisa cette partie des souterrains et « les femmes et les filles du village aimèrent à s'y retirer » afin d'y travailler en commun (1).

Le bruit de la découverte et de cette utilisation improvisée se répandit non seulement au Quesnel mais aussi aux environs.

En 1749, M. Baillet, curé de Bayonvillers-en-Santerre, homme érudit et ami de l'étude, informa l'Académie des Inscriptions et Belles-Lettres, dont il faisait partie, qu'on venait de trouver dans un village, voisin de sa paroisse, nommé le Quesnel, un souterrain beaucoup plus considérable que ceux connus jusqu'à cette époque.

Immédiatement l'Académie s'adressa à M. Chauvelin, alors intendant de Picardie, demeurant à Amiens, pour s'en procurer une exacte connaissance.

Ce magistrat zélé pour le progrès des lettres, qu'il avait lui-même cultivées, envoya sur les lieux M. Barbie, inspecteur des ponts et chaussées de la Généralité d'Amiens, avec charge d'en lever le plan.

2. — *Rapport de M. Barbie* — M. Barbie dressa le

(1) Relation de l'Académie des Inscriptions et Belles-Lettres.

plan des souterrains et l'accompagna d'un commentaire. Il fut aidé dans cette tâche par M. le Comte de Caylus, grand seigneur artiste qui donnait, au XVIIIe siècle, une puissante impulsion aux études archéologiques et s'occupait d'antiquités gauloises.

Ce dernier fit éditer le plan, mais le malheur fut que, pour en faire le dessin, M. Barbie dut s'en rapporter aux renseignements erronés de la tradition locale. Il ne restait plus d'apparents, à cette époque, que trente pieds des souterrains, avoue-t-il lui-même. Il construisit donc tout son système sur des hypothèses. Ces données hypothétiques et le plan de l'ingénieur furent communiqués à l'Académie des Inscriptions et Belles-Lettres.Celle-ci fit, à leur sujet,une relation qui fut imprimée dans le tome XXVIIIe de ses Mémoires. pp. 179-184. Nous en relatons la partie qui nous intéresse.

3. — *Relation de l'Académie.* — « Ces retraites, dit la relation, étaient distribuées sous forme de croix de Saint André ; les deux rameaux ou allées se croisaient à l'endroit d'un puits, autour duquel on tournait ; l'un des rameaux avait 40 toises et l'autre 38 de longueur, sur 7 pieds de largeur et 7 de hauteur ; ils étaient creusés et voûtés à plein cintre dans le tuf et dans le crayon, à 30 pieds au-dessous du rez-de chaussée du terrain naturel.

Le puits qui partage ces rameaux, creusé pareillement dans le tuf, avait 9 pieds de diamètre et servait à un double usage ; il donnait de l'air à tout le souterrain par 4 ouvertures et il fournissait de l'eau à ceux qui étaient renfermés dans le souterrain ; ce puits, à présent comblé, s'ouvrait sur la surface du terrain, et dans les temps de tranquillité, il servait aux usages de la paroisse. Ce souterrain avait 3 issues ou entrées : l'une au midi, l'autre au couchant et la troisième dans l'église du lieu ; les deux premières entrées se bouchaient par des terres que l'on jetait devant ; elles étaient d'autant moins remarquables qu'elles donnaient dans des trous à marne auprès desquels on voyait toujours des terres nouvellement remuées. La troisième se voyait dans l'église et était défendue par une grosse tour carrée flanquée de 4 tourelles fort

élevées, qui servait également à découvrir l'approche
de l'ennemi et à le repousser ; cette tour, qui fermait
le portail et le clocher de l'église, est tombée depuis
plusieurs années, et il n'en reste plus de vestiges.

Les deux rameaux étaient garnis à droite et à gauche de 40 cellules ou retraites particulières ; les 4 plus
grandes autour du puits servaient, selon la tradition
du pays, à renfermer les bestiaux et les 36 autres à retirer les habitants. Les entrées des 4 grandes cellules
avaient 3 ou 4 pieds d'ouverture, et celles des autres
2 pieds ½ : chacune de ces dernières avait 12 pieds de
longueur sur 10 ½ de profondeur ; elles étaient creusées
et voûtées dans le tuf en forme de demi-cul de four ;
elles avaient chacune une cave creusée dans un des
coins, en forme de cône tronqué, dont le sommet pouvait avoir 2 pieds à 2 pieds ½ de diamètre ; la base
était de 6 à 7 pieds, sur autant de hauteur perpendi-
culaire. C'était dans ces caves qu'on renfermait les
grains battus ou les autres denrées. »

4. — *Inexactitudes et omissions de la relation.* — La
relation de l'Académie eut tout un succès et passa pour
parole d'évangile jusqu'en 1837.

Le 29 août de cette année 1837, M. Bouthors, secrétaire perpétuel de la Société d'Archéologie du département de la Somme (1), vint visiter et étudier les souterrains. Il les parcourut, écrivit-il, « grâce à la complaisance de M. le Vicomte Blin de Bourdon qui a
voulu lui-même lui servir de guide dans cette exploration (2) ».

Trois jours après, le 1er septembre, il écrivait ses
impressions à M. le Vicomte et lui disait : « Le plan
ne paraît pas avoir relevé toutes les circonstances
qu'il devait signaler. Par exemple, les ouvertures en
forme de soupiraux, dont nous avons remarqué plusieurs vestiges, n'y sont pas figurés. Les souterrains
du Quesnel sont généralement regardés comme le
type des monuments de ce genre. Il importerait donc
qu'ils fussent explorés avec le plus grand soin et
décrits avec la plus grande exactitude et surtout que

(1) Aujourd'hui Société des Antiquaires de Picardie.
(2) *Mémoires*. T. I. p. 306.

les erreurs qui ont échappé à l'auteur qui les a décrits fussent constatées. »

Le 3 septembre M. le Vicomte Blin de Bourdon
lui répondait : « Quant au plan, je me permettrai
d'émettre l'opinion que M. l'Ingénieur ne l'a pas levé
avec toute l'exactitude désirable. Au reste je ferai
une visite exacte des lieux et me livrerai à une exploration plus complète dont le résultat pourra intéresser la Société d'Archéologie et son Secrétaire perpétuel. »

Il est donc constaté, à la date de septembre 1837,
que le plan de M. Barbie est inexact et incomplet.
Mais voici ce qui vient en préciser davantage les dé-
siderata.

Sous ce titre : *«Carrières non décrites. Santerre. Nouvelles observations sur les souterrains du Quesnel »* M.
Bouthors fit paraître, dans le tome 1er des Mémoires
de la Société d'archéologie du département de la Somme p. 306, un article concernant les souterrains. Il reproche au plan de M. Barbie « de n'avoir pas assez
d'exactitude, » et il dit « avoir constaté plusieurs circonstances non mentionnées dans le plan de l'ingénieur. »

Il fait particulièrement remarquer que les allées
n'ont ni 7 pieds de haut ni 7 pieds de large, mais sont
de dimension moins considérable en hauteur comme
en largeur.

Il n'y trouve point la direction rectiligne et les formes compassées du plan. Les chambres ne sont pas
aussi régulières, dans leur distribution, que celles précédemment décrites. On y trouve la trace de la fumée
des lampes, ce qui n'est pas relaté, etc.

Toutefois, en rectifiant le plan de l'ingénieur Barbie,
le Secrétaire perpétuel, M. Bouthors, tombe lui-même dans la plus grande erreur.

Il écrit : « J'ai pu me convaincre que la carrière était
en effet distribuée sous forme de croix de Saint
André. »

C'est la réédition du dire de M. Barbie, vingt fois renouvelée par tous auteurs qui se copient sans se donner la peine de visiter les lieux. Rien n'est pourtant
plus faux que cette donnée, et pour s'en convaincre,

il suffit de se reporter au plan tracé par nous des souterrains. On y rencontre 5 artères très irrégulières, se coupant, ou peu s'en faut, à angles droits et formant rues et corridors de ce qui en est actuellement connu.

Les autres dires de M. Barbie, concernant les trous à marne où aboutissaient les corridors, les 40 cellules que l'on y trouvait.. Leur dimension en longueur et en largeur, leur forme en demi cul de four, les voûtes dont il parle et qui n'ont jamais existé etc... tombent aussi dans le faux. Ils se rectifient par la seule inspection de ces sombres retraites et l'examen du plan que nous en avons fait.

5. — *Rectifications sur les souterrains.* — Ces rectifications concernent : 1. Le point de départ des galeries 2. L'existence, la destination et l'emplacement du puits décrit par l'Académie des Inscriptions et Belles-Lettres; 3. La direction et l'étendue des corridors portant le n° 6 et le n° 7.

1. — Dans sa lettre du 1er septembre, M. Bouthors écrit à M. le Vicomte Blin de Bourdon :

« Je crois que le puits qui formait le rond-point de cette carrière existait précisément à l'endroit de l'excavation qui s'est faite dans votre propriété et par laquelle on y descend aujourd'hui. La largeur et la profondeur de l'enfoncement me fortifient dans cette opinion. Si on déblayait les terres en cet endroit, jusqu'au niveau du sol des galeries, on en aurait sans doute une preuve certaine. C'est en effet le point de départ de 4 galeries. »

N'en déplaise à M. Bouthors et à l'auteur de la relation de l'Académie, le puits de l'excavation de 1802 et de l'escalier actuel n'est pas le point de départ de 4 galeries. Ce puits de descente se trouve au contraire juste au milieu du corridor allant de la cour d'honneur à la chambre commune portant le n° 20 du plan. Il n'y avait, avant les travaux effectués en 1846, aucun point de départ de galeries en cet endroit. Celle portant le n° 7 prenait naissance dans le couloir reliant la 7e cellule à la 16e. Le corridor partant aujourd'hui du point E. pour y aboutir n'existait pas primitivement. Il donnait place à la cellule n° 68 qui s'est effondrée en même temps que celle ayant la forme circulaire située en face. Ces détails nous sont fournis par un croquis de cet endroit dû à la plume de M. le Vicomte Blin de Bourdon. Ce croquis nécessairement postérieur aux déblaiements effectués en 1846 et répondant aux désirs exprimés par M. Bouthors, en 1837, offre toute garantie de véracité.

2. — L'affirmation de l'existence d'un ancien puits à ciel ouvert à l'endroit de la descente actuelle des souterrains est, à notre humble avis, une erreur qui s'ajoute aux précédentes. Si ce puits, en effet, avait été comblé dès 1749, selon la relation de l'Académie, il n'aurait pu donner lieu à l'important affaissement du sol de 1802. Mais voici ce qui est de nature à nous faire trancher négativement la question.

Avant de prendre la plume pour écrire à ce sujet nos impressions, nous nous sommes transporté sur les lieux et avons fait ouvrir le sol à l'endroit présumé de l'emplacement du puits. Nous avons fait effectuer le même travail dans le couloir conduisant à la galerie désignée sous le n° 7 du plan. Ici et là, nulle trace de remblai, mais le pur crayon indiquant un sol qui n'a jamais été remué.

Autre observation ayant trait à l'utilisation du puits « pour les usages de la paroisse dans le temps de tranquillité». Comment aurait-on pu facilement user de l'eau du puits, quand, d'une part, on nous le dit situé dans l'enclos du château; quand nous voyons, d'autre part, l'enclos seigneurial entouré de très hautes murailles dès avant le XIVe siècle.

En résumé, si un puits existait réellement aux abords de l'escalier de descente actuelle des souterrains et si l'on tournait autour de lui, selon les indications du plan de M. Barbie, ce puits n'était pas à ciel ouvert et l'on ne pourrait en trouver la trace que dans la chambre actuellement comblée portant le n° 67 sur le plan qui nous est particulier. Mais nous ne l'y faisons figurer qu'à titre de simple curiosité ou plutôt de problème à résoudre.

3. — Il serait intéressant de savoir, écrivions-nous en 1911, dans quelle direction se prolongent les galeries portant les n°s 6 et 7. La galerie dite galerie Cardon doit avoir nécessairement une issue dans l'une des

demeures de la rue Blanche ou de la rue d'Enfer se continuant autrefois dans le parc du château. C'est la seule direction par laquelle pouvaient y pénétrer les animaux domestiques qui ont séjourné dans les deux ou trois chambres qui les terminent. Peut-être un affaissement de terrain qui s'est produit au bout du parc, il y a de cela 60 ans , serait-il une indication dans ce sens. Des perches mises bout à bout pour en mesurer la profondeur accusèrent celle de 10 mètres ou environ.

Depuis l'époque où nous écrivions ces lignes, le mur du château s'est affaissé à la naissance de la galerie Cardon, par suite d'une infiltration d'eau provenant d'un abreuvoir y contigu. Le mouvement de terrain qui s'y produisit fit constater que cette galerie n° 6 se prolonge effectivement dans le sens de nos prévisions.

La galerie n° 7 dite du potager était depuis longtemps murée à son point de départ. On fit effectuer ce travail pour éviter d'en déblayer le parcours depuis longtemps obstrué par toutes sortes de débris amenés là par les cheminées d'aération ou autrement. Cette galerie qui doit se croiser à peu de distance de son point de départ avec la précédente est réputée se diriger sous le Petit-Bois. En 1916, les soldats du Génie essayèrent de la déblayer pour s'en servir, en cas de besoin, comme sortie de sûreté. Ils commencèrent à en étayer la voûte sur une assez grande distance, mais appelés à des travaux plus pressants, ils abandonnèrent leur entreprise. Il est aujourd'hui constaté que cette galerie ayant au moins 1 m. 50 de large sur 2 m. de haut devait être la principale descente dans le souterrain; celle par où les animaux domestiques auraient pu passer. On a parfois pensé qu'elle avait une ramification sous la place du Quesnel et voici ce qui a donné lieu à cette supposition En 1897, vers les deux heures du matin fut entendu, en cet endroit, un bruit inaccoutumé qui fit croire à l'effondrement d'une habitation voisine.

Le lendemain on vit une excavation de grande profondeur produite juste en face de la maison Rouge-Dive actuelle. Détail assez curieux : le dernier arbre de la dernière rangée qui s'y trouve avait disparu dans le gouffre béant. Il n'en passait au-dessus du sol que les derniers rameaux.

Ces rameaux furent coupés et le gouffre comblé. Même affaissement en face du même endroit, sous le chemin de ronde qui entoure la place. Les murs d'une maison voisine ont nécessité d'assez importantes réparations à cause des continuelles crevasses qui s'y produisent. A signaler un important affaissement du sol en la rue d'Enfer, en face de la ferme de M. Wasse, au XIXe siècle; un autre provoqué dans la rue Blanche, près du bois, par les camions automobiles de l'armée en 1914; un autre presque en même temps, occasionné, à droite de la porte d'entrée de la basse-cour du château, par le stationnement de caissons chargés d'obus.

M. Bouthors se faisait l'écho de la tradition locale, en 1837, en écrivant que les souterrains du Quesnel pourraient bien communiquer avec ceux de Saint-Mard. Un très grand affaissement de terrain qui s'est produit sous le poids des camions automobiles de l'armée, en plein chemin de Quesnel à Fresnoy, en 1915, rendrait vraisemblable cette hypothèse. On en pourrait dire autant pour la même raison au sujet de Beaufort. Dans son histoire de cette localité, M. l'abbé Houin fait communiquer ces souterrains avec ceux du Quesnel. A Démuin l'on prétend aussi que les souterrains communiquent avec ceux du Quesnel. (1) Nous donnons ces traditions pour ce qu'elles valent, sans nous trouver à même de les rectifier.

III. — Probabilités concernant les souterrains

1 — *Données générales sur les souterrains.* — Nous abordons sous ce titre une question qui a rendu perplexes maints spéléologues.

La preuve en est dans les solutions opposées données par eux sur l'origine et la destination des souterrains.

Quoiqu'il puisse être de leurs opinions, dans leur

____

(1) Alcius Ledieu. Les souterrains du Quesnel en Santerre.

application à tel cas particulier, il est un fait général qui les domine toutes. Ce fait le voici : c'est qu'à leurs origines, tous les peuples habitèrent des cavernes; des souterrains.

Ces souterrains furent, suivant la disposition des lieux, des grottes naturelles, des refuges creusés dans le flanc des montagnes, au pied des collines boisées, des falaises, du talus des rideaux, au sein des forêts et jusque dans les profondeurs du sol.

Il en était ainsi avant la conquête de leur pays par les Romains, chez les peuplades de la Gaule toujours en guerre les unes contre les autres.

En cas de défaite, le vaincu se réfugiait dans ses « oppida », places fortifiées et environnées de remparts de terre. Il se retirait surtout en des cachettes souterraines perdues dans les bois et dont il savait habilement dissimuler l'entrée.

En temps de paix, le Gaulois usait de ces abris contre les rudes hivers des pays septentrionnaux. Il en faisait aussi des magasins pour la sauvegarde de ses provisions de bouche.

Ces données ont comme garants tous les historiens romains et grecs qui, dans l'antiquité, traitèrent des mœurs des Gaulois.

Le mieux renseigné d'entre eux est assurément Jules César qui fit la conquête de leur pays.

Il raconte que, marchant contre les Morins (1) et les Ménapiens (2) pour les soumettre, ceux-ci, au lieu de l'attendre de pied ferme, se retirèrent dans les bois et les marais avoisinant leur pays. Le général romain, parvenu à l'entrée de leurs forêts, commençait à s'y retrancher sans qu'un seul ennemi eût paru, lorsque, tout à coup, les barbares, comme il les appelle, fondirent sur son armée, de toutes parts à la fois. (3)

César ne savait comment expliquer cette irruption subite et imprévue. Les écrivains venus après

(1) Peuples maritimes du Sud-Ouest du Pas-de-Calais. (Boulonnais actuel).

(2) Peuples limitrophes du Pas-de-Calais qui depuis Cassel, au sud, occupaient les marais et les côtes de l'Océan.

(3) César. *De Bello Gallico*. Lib. 21 cap. 28.

lui en donnent l'explication. Les Ménapiens et les Morins, disent-ils, étaient sortis à l'improviste de leurs souterrains où ils cachaient leurs provisions d'hiver, où ils se réfugiaient à l'occasion, d'où ils sortaient inopinément pour surprendre l'ennemi.

Autre témoignage dans le même ordre d'idées : parlant des refuges des habitants du pays de Liège (1), César dit qu'ils se cachaient dans les endroits les plus sauvages et dans les cavernes connues de tous ceux du même canton. (2) J'ajoute que cet usage n'était point particulier aux Liégeois ou Eburons. Il l'était à tous les Celtes.

Tacite dit, en effet, au sujet des Germains : « Ils ont l'habitude de se creuser des souterrains qu'ils couvrent de fumier. C'est leur asile d'hiver. C'est le dépôt où ils conservent leurs fruits. Dans ces lieux, ils sentent moins la rigueur du froid et si l'ennemi vient, il pille ce qui est à découvert. Ce qui est caché lui échappe ou exige des recherches qui trompent ses espérances ».

Tacite est du premier siècle de notre ère. Au second Dion Cassius parlant des Morins et des Ménapiens dit qu'ils n'ont ni villes ni bourgs, mais qu'ils habitent en des cavernes et des tugurions ou misérables huttes. (3)

L'usage des souterrains, au moins comme lieu de refuge, persista après la conquête. Ainsi, à l'époque des grandes invasions du Ve siècle, voit-on les prêtres célébrer les saints mystères dans le fond des cavernes où ils étaient parfois saisis et mis à mort. (4)

A l'époque carolingienne, en 451 ou en 500, temps des prédications de saint Vast, les Morins et les Atrébates (5) vivaient encore épars au milieu des forêts, (6) conséquemment dans leurs cavernes. Les souterrains restèrent utilisés même en plein régime

(1) César., *De Bello Gallico*, appelle les Liégeois les Eburons.
(2) *De Bello Gallico*. Lib. VI.
(3) Bergier, Hist. des grands chemins de l'Empire romain. T. III, XLIII, p. 90.
(4) Baldéric, Chroniq. d'Arras et de Cambrai. Edit. Leglay. C. V, 12.
(5) Habitants d'Arras et des environs.
(6) Vita sancti Vedasti apud Bolland. 6 février.

de civilisation. Ainsi, quand, en 852, les **Normands** saccagent, auprès de Tours, l'abbaye de Marmoutiers et massacrent les moines, vingt-quatre de ceux-ci échappent à la mort, réfugiés dans les souterrains.

En 861, surprennent-ils, à Paris, le monastère de Saint-Germain-des-Prés pendant le chant des matines, les moines font aussitôt fermer les portes et disparaissent dans leurs souterrains.

Ceci n'est pas de nature à nous étonner. De nos jours encore, de nombreuses populations, en France, se plaisent dans les caves creusées au flanc des rochers. On pourrait, à ce sujet, multiplier les exemples, mais c'en est assez pour faire conclure à l'usage des souterrains parmi les peuples primitifs et même chez les nations policées.

2.— *Notre opinion sur l'origine, la destination et l'utilisation des souterrains du Quesnel.* — En l'an 1749, lors de leur exploration partielle par M. Barbie, on ne croyait pas généralement qu'ils fussent de date assez récente. La preuve en est dans la relation du délégué de l'Académie des Inscriptions et Belles-Lettres chargé d'en parler.

« On est persuadé dans le pays, écrivait-il, que les souterrains du Quesnel ont servi à retirer les habitants et leurs effets pendant les ravages des guerres, mais les uns croient qu'ils ont été pratiqués au commencement du VIIe siècle, à l'occasion d'une prétendue invasion des Huns; les autres ne leur donnent pas plus d'ancienneté que le temps des guerres des Anglais et des Calvinistes; il y en a même qui prétendent que ces retraites n'ont été creusées que sous le régime de Louis XIV. »

Il n'y a guère à tenir compte de ces dernières données. Si les souterrains du Quesnel avaient été de date aussi récente que certains le supposaient, les anciens du pays n'auraient pas manqué de se faire l'écho de traditions qui n'auraient pu périr au cours de cent, de deux cents, de trois cents ans. Le bisaïeul n'aurait pas manqué de s'en dire l'auteur à ses petits enfants et ceux-ci l'eussent à leur tour, répété à leurs enfants.

Six ans après les doutes émis par l'auteur de la

relation susindiquée en 1755, le savant abbé Lebeuf s'occupa, lui aussi, des souterrains du Quesnel, mais rien qu'au point de vue de leur origine. Il écrivit, à ce sujet, un long mémoire que nous trouvons superflu de reproduire ici. Nous le résumons en disant qu'il les fait remonter à l'époque de l'invasion des Normands en nos pays. Ils auraient de la sorte existé dès le IXe siècle. Il donne comme raison principale de son assertion ce qui se rattache à la dénomination du village de Marcelcave, pays non éloigné du Quesnel.

Marcelcave désigné dans un titre du Xe siècle sous le nom de Saint-Marchel-Cave n'aurait pris cette addition de cave à son nom primitif, Saint-Marchel, qu'à cause des caves ou souterrains dont est sillonné tout le sous-sol du pays.

Cette considération trouve évidemment ici sa raison d'être, mais il convient cependant d'y ajouter, pour qu'elle soit juste, le correctif que voici :

Si le mot cave ajouté à la dénomination de Saint-Marchel établit l'existence des caves ou souterrains de ce pays au Xe siècle, rien ne prouve qu'ils n'avaient pas été créés précédemment; qu'ils n'aient pas eu l'origine gauloise attribuée par nous à ceux du Quesnel.

Voici du reste nos raisons en faveur de la haute antiquité de ces derniers.

1. Les souterrains du Quesnel ne sont pas, nous l'avons déjà fait pressentir, comme tant d'autres, une carrière. En vain y chercherait-on des pierres de gros appareil, il n'en existe pas. Creusés comme ils le sont dans la marne et dans le sol crayeux, ils indiquent assez leur destination première. Ils ont été faits pour l'habitation de l'homme. Première raison de leur haute antiquité.

2. La deuxième raison en est dans les silos qui leur sont particuliers.

C'était l'usage chez les Celtes de déposer en des silos les grains battus et provenus de leurs récoltes. Les Gallo-Romains qui leur succédèrent firent comme eux. La preuve en est dans les *putei* trouvés à Grattepanche, en 1907. On découvrit, en ces puits à provisions, des monnaies de bronze à l'éffigie d'Antonin-le-Pieux qui règnait en 150 de notre ère. Il y avait également des vases en terre et deux styles en ivoire de la même époque.

Dans les *putei* ou *silos* du Quesnel, on trouva, en 1837, des grains noircis par le temps, un bout d'épée de l'époque celtique et des étriers qu'on croit être des X, XI, ou XIIe siècles. Ceux-ci comme ceux-là ont absolument la même forme : la forme de carafes enflées au milieu et s'arrondissant à la base. La seule différence entre les uns et les autres est que ceux de Grattepanche sont à fleur de terre et ceux du Quesnel dans des chambres ou cubicula. A cela près, il y a tout lieu de les croire de la même époque. (1)

3. — Troisième et dernière raison en faveur de la haute antiquité des souterrains du Quesnel : l'existence et l'emplacement de leurs cheminées d'aération.

Ces cheminées, nous les trouvons au nombre de neuf, dans la partie jusqu'à présent explorée de nos souterrains. Elles sont généralement placées à l'origine des couloirs et aux endroits où ils se croisent pour y apporter l'air et la lumière. Or, si nous considérons l'endroit où ces luminaires aboutissent à la surface du sol, il devient de toute évidence qu'ils n'ont pu être faits que précédemment à l'établissement du village. Créés après lui, ils eussent été inutiles, dangereux et de réalisation impossible.

Inutiles : deux d'entre eux donnent sous des maisons et ont perdu leur raison d'être depuis l'établissement du village ; un autre se dirige sous l'un des murs de clôture du château ; il nécessita, lors de sa construction, l'établissement d'une voûte depuis quelque temps devenue visible de l'intérieur du souterrain.

Dangereux et de réalisation impossible : quatre donnent dans l'enclos seigneurial, dans celui d'une habitation voisine ou dans la cour d'honneur du château lui-même. Ils eussent, en ces endroits, constitué un danger permanent pour hommes et ani-

(1) Relation de M. l'abbé Moy, curé-doyen de Sanis-en-Amiénois, du 6 mai 1909.

maux domestiques. Deux autres luminaires aboutissent dans les rues du village : un dans la rue Blanche et un dans la rue de la Ville. Ils n'ont donc pu être créés depuis l'existence de ces dernières, mais ils durent être comblés avant qu'elles fussent devenues viables.

Ces puits d'aération disparus, les souterrains du Quesnel ne furent plus en mesure de servir que de retraite momentanée même au moment des guerres qui ravagèrent sans cesse nos contrées. C'est ce qui parle en faveur de leur origine celtique ou tout au moins gallo-romaine.

D'autres refuges existent encore qui furent creusés comme retraites particulières : l'une dans la rue de la Ville en la demeure Daigny-Hacot, une autre dans la même rue, à l'angle droit formé par les murs de clôture de la ferme Thory-Manchuette; une autre encore sous la grange située vis-à-vis le portail de l'église actuelle, une enfin dans la maison Fiquet, demeure actuelle Tourbier-Daigny formant angle sur les rues des Maréchaux et des Quatre-Coins.

3. *Réfutation de quelques objections soulevées à propos de la haute antiquité des souterrains du Quesnel.*

(a) — L'une de ces objections se prévaut de l'imperfection des outils dont pouvaient disposer les Gaulois. Ils ignoraient, dit-on, du moins en nos pays du Nord, la trempe de l'acier. Réduits dès lors à l'emploi d'instruments de travail tout-à-fait rudimentaires, ils étaient impuissants à réaliser les travaux nécessités par la création des souterrains.

Nous répondons ici par un argument qui conclut du fait au possible. Puisque les peuples limitrophes de notre pays, les Morins, par exemple, vivaient dans des repaires creusés par eux-mêmes, comment les Ambiens, les Santois et les Viromanduens n'auraient-ils pu suivre, au même point de vue, leurs exemples ? Il est reconnu que chez les Morins et les Ménapiens les souterrains existaient. Donc que nous importent, au sujet de l'admissibilité de cette existence les moyens dont ils disposaient pour arriver à les creuser ?

Du reste, s'il restait un moindre doute sur la possibilité de cette création, un mot de Pline l'Ancien suffirait à le faire disparaître. Il nous dit que l'usage de marner les champs était général dans les Gaules; que les Gaulois creusaient, pour en extraire les engrais nécessaires à l'amendement de leurs terres, des puits qui avaient quelquefois 100 mètres de profondeur. (1) Donc, ils avaient le moyen facile et prompt de pratiquer des excavations souterraines. Ils possédaient en outre celui d'éviter qu'en soit révélée l'existence, par l'emploi immédiat de la matière qui en provenait.

(b) — *Deuxième objection.* — Les souterrains du Quesnel sont le type le plus réussi du genre. Donc ils doivent avoir comme origine une époque assez rapprochée de nous.

Comme s'il n'avait pas été loisible aux habitants du lieu de les améliorer au fur et à mesure des progrès d'une civilisation plus avancée! C'est ce qui arrive journellement, au sujet de la transformation de nos habitations particulières. Tel juge insuffisantes, au XXe siècle, celles regardées comme très confortables au siècle précédent. Quant aux souterrains du Quesnel, il suffit de les examiner par le détail pour n'y point rencontrer partout le même degré de perfection; pour se convaincre que plusieurs *cubicula* sont d'époques diverses.

(c) — On s'est aussi souvent demandé pourquoi l'on y découvre des silos qu'on ne rencontre pas ailleurs; qu'on ne trouve point dans ceux très importants de Naours, par exemple.

Ceci tient précisément encore à leur haute antiquité. Chacun sait qu'on cessa d'avoir recours aux services rendus par ces puits d'approvisionnement dès le VIIIe siècle. Un capitulaire de Charlemagne de l'année 800 défendit « de cacher les céréales dans les silos et dans des fosses souterraines. »

La crainte du monarque était de voir diminuer le revenu du domaine des rois et celui des seigneurs locaux par la fraude qu'ils favorisaient.

(1) Hist. Nat. Lit. XVII. cap. IV.

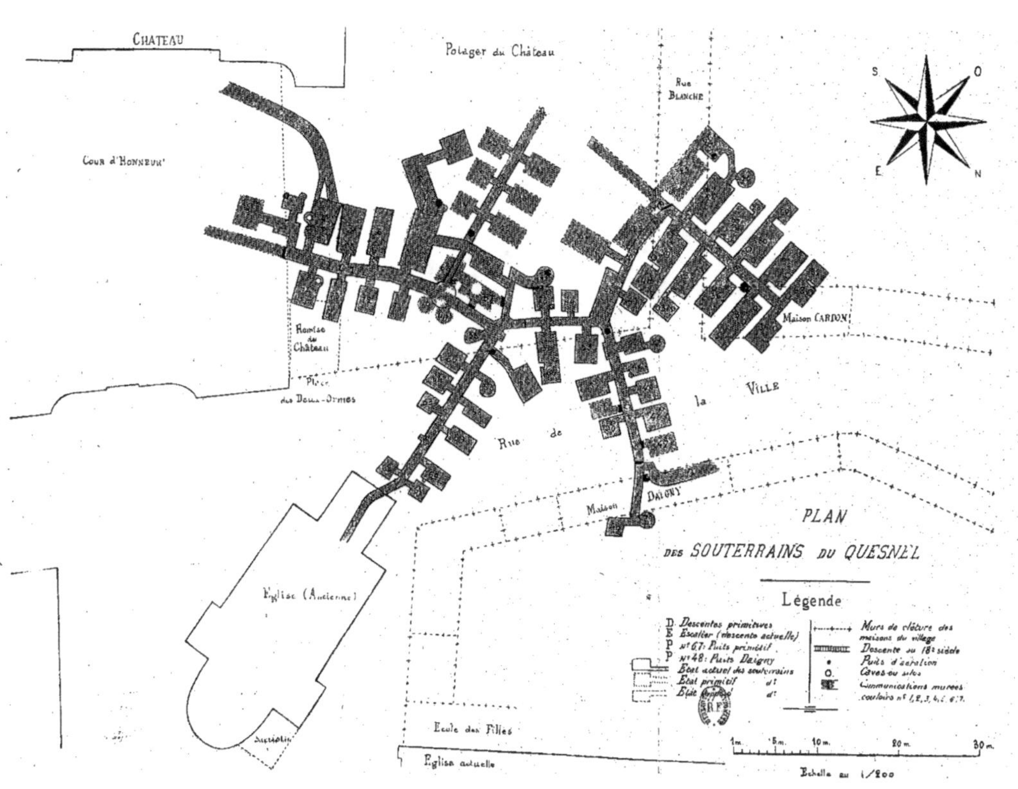

CHÂTEAU
Potager du Château
Rue Blanche
Cour d'Honneur
Maison CARDON
Remise du Château
la VILLE
Place des Deux-Ormes
Rue de
Maison DAIGNY
Église (Ancienne)
PLAN
DES SOUTERRAINS DU QUESNEL
Légende
D. Descentes primitives
E. Escalier (descente actuelle)
P. n° 67: Puits primitif
P. n° 48: Puits Daigny
État actuel des souterrains
État primitif d°
État projeté d°
Murs de clôture des maisons du village
Descente au 18e siècle
Puits d'aération
Caves ou silos
Communications murées couloirs n° 1, 2, 3, 4, 5, 6, 7.
Sacristie
École des Filles
Église actuelle
1 m.   5 m.   10 m.   20 m.   30 m.
Échelle au 1/200
S   O
E   N
R.F.

(d) — Que dire de l'opinion souvent émise sur l'impossibilité de vivre dans les souterrains, à défaut d'air respirable et de lumière ? Nous répondons que l'emploi des lampes suppléait, au besoin, au manque de lumière diffuse fournie par les luminaires. La preuve en est dans les traces de noirceurs déposées sur le plafond des voûtes. Quant à la provision d'air indispensable à la vie, elle était sans cesse renouvelée par les cheminées d'aération. Il en résulte que ceux y demeurant n'étaient pas plus à plaindre que l'ouvrier de certaines chaumières ou que les domestiques relégués dans les mansardes et les arrière-cuisines de nos grandes villes.

Si l'on objecte encore que, sous l'invasion espagnole, les habitants de Maison-Roland, pour s'être créé des souterrains et y avoir vécu, ont perdu nombre de leurs chevaux, nous répondons : ceci arriva précisément faute d'y avoir creusé des cheminées d'aération qui eussent révélé à l'ennemi l'endroit de leur retraite.

Nous nous résumons en disant : tout prouve que les souterrains du Quesnel ont une origine gauloise. A l'endroit de la station gauloise s'est maintenue la station gallo-romaine. A côté de celle-ci s'est naturellement établie la villa. A l'endroit de la villa romaine s'est dressé le château féodal. Près du château, l'église, qui, étant devenue lieu de refuge au moyen-âge, fut, comme le château féodal et le village, mise en communication, par des voies secrètes, avec les souterrains.

CHAPITRE NEUVIÈME

Saint-Mard et ses origines. — Situation. — Etymologie. — Orthographe.

I. Sur la route nationale d'Amiens à Noyon, à peu près à égale distance du Petit-Hangest et de la Maison-Blanche, se trouvaient groupées autour et aux environs de ce qui constitue la « Remise du Catet », les habitations formant, au XVIIe siècle, le village de Saint-Mard dit Saint-Mard-en-Chaussée.

Saint-Mard avait ainsi son territoire borné, à l'Est, par ceux d'Hangest et du Quesnel. Il l'était, au Sud, par ceux d'Hangest et de Fresnoy ; à l'Ouest, par ceux de Mézières et de Beaucourt ; au Nord, par ceux de Beaucourt et du Quesnel.

Lors de la formation du cadastre, le territoire de Saint-Mard fut partagé entre les communes limitrophes, mais en majeure partie entre le Quesnel et Fresnoy.

II. Saint-Mard fut, à l'égal des grands centres de population gauloise, l'une des rares localités qui changea plusieurs fois de nom.

Primitivement, les Xantois ou Santois, (1) peuples d'émigration celtique, (2) ayant fixé là leur ville principale, la désignèrent par une appellation que les Romains traduisirent ainsi : *Seeviæ*, (3) abréviation de *Septem viæ*, les Sept-voies.

---

(1) Ce sont vraisemblablement les Santois qui donnèrent leur nom au Santerre. La majorité des archéologues reconnaissent que le Santerre est devenu la terre des Santois au même titre que l'Angleterre la terre des Anglois. Donc abandonnées sont les opinions de ceux qui prétendaient faire dériver Santerre de *Sana terra*, terre fertile ; de *terra terso sanguine*, terre abreuvée de sang ; de *terra sanctæ liberationis*, terre de la sainte délivrance ; de *Sangus* ou *Sancus* enfin, divinité italique dont le culte fut apporté chez nous par une colonie de Sabins.

(2) Ils venaient des montagnes de l'Europe centrale où ils s'étaient primitivement fixés après avoir quitté les Indes.

(3) Ce nom figure sur une borne milliaire, c'est-à-dire sur une borne placée tous les 1000 pas le long des voies romaines. Le monument

Ce nom était merveilleusement approprié à la topographie du lieu. De Saint-Mard, en effet, partent sept chemins ayant aujourd'hui plus ou moins d'importance, mais allant dans les directions d'Amiens, Moreuil, Noyon, Corbie, Harbonnières, Lihons et Montdidier.

Au IVe siècle, alors que les principales villes gauloises abandonnent le nom qui leur est particulier pour prendre celui de l'ancienne cité ou du peuple dont elles sont le chef-lieu, *Seeviæ* devient *Setuci*, la ville des Santois, de la même façon que *Samarabriva* devient *Amiens*, la métropole des Ambiens; *Durocorter*, *Reims*, la métropole des Rémois; *Lutetia*, *Paris*, la métropole des Parisiens; *Nemetacum*, *Arras*, la métropole des Atrébates; *Autricum*, *Chartres*, la métropole des Carnutes, etc. (1)

C'est sous cette dénomination de Setuci que le centre de population qui occupait, à l'origine de l'ère chrétienne, l'emplacement de l'ancien village de Saint-Mard, figure sur la table ou carte dite de Peutinger; carte dont la première ébauche remonte au temps d'Auguste, et qui fut complétée à diverses époques (2).

auquel il est ici fait allusion est un fragment de marbre bleu trouvé en 1817, à Tongres, sur le chemin de Saint-Trond (Belgique). Il est conservé au musée de la Porte-de-Hal, à Bruxelles. C'est le fragment d'un prisme droit à base octogonale qui daterait du règne de Dioclétien (245 à 305). Il n'offre plus actuellement que trois faces qui portent l'indication d'une route de la Gaule, avec ses diverses stations et les distances qui les séparent, comptées en lieues gauloises. Cette borne milliaire est probablement le poteau d'une étoile de 7 routes (une face étant supposée consacrée à l'énoncé du titre) et Tongres aurait été le point de départ de ce qu'on appelait chez les Romains un *Septemvium*, un endroit d'où partaient 7 voies. Les inscriptions de la borne milliaire reproduisent en quelque sorte une partie de l'Itinéraire d'Antonin et de la table de Peutinger, deux autres documents donnant les indications des voies romaines. Toutefois la borne les corrige : d'où son importance.

(1) Dans sa *Géographie Historique et Administrative de la Gaule*, Ernest Desjardins émet l'idée d'une faute de copiste de la Table de Peutinger qui, au lieu de *Seviis* donnerait *Setucis*. T. II. p. 541.

(2) Ce qu'on appelle Table de Peutinger est une carte des voies romaines conservée dans une copie de 1264. Cette copie fut trouvée à Worms, par Conrad Celtes, qui la donna à Peutinger. L'original de cette carte est à la bibliothèque de Vienne. La carte dite de Peutinger, copiée machinalement, est pleine de fautes d'orthographe et

Ainsi se trouverait confirmée l'opinion de Dom Grenier, célèbre bénédictin de Saint-Germain-des-Prés, natif de Corbie, qui fait de *Setuci* la capitale d'un *pagus*, du pays du Santerre, jusqu'au moment ou Lihons d'abord, puis Roye sont venues supplanter cette localité. (1)

Ainsi également confirmée son opinion sur son importance quand, après avoir pris la peine de visiter l'emplacement de Saint-Mard, il crut devoir conclure, des nombreux plis de terrain relevés par lui, à son étendue vraiment considérable.

Ainsi la tradition qui veut qu'Hangest, le Quesnel et autres pays circonvoisins n'aient été primitivement que des écarts de Setuci, de Seeviæ.

Setuci, Seeviæ, ville métropolitaine des Santois — s'il est permis de donner ce nom de ville à une agglomération de huttes couvertes en chaume — devenue, au moment de la conquête, station gallo-romaine, puis pays mérovingien, changea de nouveau son nom en une appellation chrétienne, vers le milieu du VIe siècle.

Ce fut à l'époque où mourut l'illustre apôtre du Vermandois et du Noyonnais, Saint Médard. Comme le bruit des miracles faits à son tombeau avait contribué à propager son culte jusqu'en Angleterre, les *Setuci*, placés sur l'une des voies souvent parcourues par lui, élevèrent une église sous son vocable et donnèrent à leur pays son nom qui, par abréviation, devint Saint-Mard. De même en arriva-t-il pour Saint-Mard-les-Triot, dit Saint-Mard-les-Roye, pour Saint-Mard-en-Vimeu, pour Domart-sur-la-Luce qui n'est qu'une abréviation de Médard : *domus Medardi*, le pays de Médard. (2)

Si maintenant l'on nous demande comment Saint-Mard du VIe siècle est devenu le Saint-Mard des siècles postérieurs, nous répondrons que cette

d'inexactitudes. On croit qu'elle est la reproduction de l' « Orbis pictus » d'Agrippa qui donnait, sous le portique de son palais, le dessin graphique du monde. De là sa forme disproportionnée, mesurant 6 m. 82 de long sur 0 m. 34 de haut.

(1) C'est aussi l'opinion de Danville.

(2) ABBÉ LEBEUF. Hist. de la Ville et du diocèse de Paris. T. IV. p. 331.

substitution, dans le même mot, d'une consonne à une autre, tient aux lois de la phonétique.

Il en fut ainsi, pour nous borner à ce seul exemple, au sujet du nom de la célèbre famille de Saint Marc, originaire de Saint-Mard, canton de Dammartin-en-Goële (Seine-et-Marne). Cette famille est devenue de « Saint-Marc » parce que les formes Mars, Marcy et Marc employées au lieu de Mard prévalurent dans les noms de lieux, vers le XVe siècle. (1)

(1) La famille est les Seigneurs de Saint-Mard. *La Revue Archéologique du Vicomte de Mazières Mauléon*, 25 Juin 1907 p. 358.

CHAPITRE DIXIEME

Saint-Mard et ses voies de communication

Avant la Conquête romaine. — Après la Conquête. — Saint-Mard et le Chemin de Barbarie

I. — AVANT LA CONQUÊTE ROMAINE

Comme tous les peuples qui ont joui d'une civilisation même rudimentaire, les Gaulois ont eu des chemins, des voies, des communications régulières, actives, suivant des directions fixes, entre les différents centres de peuple, de « cités » pour parler le langage usité par eux.

Leurs routes toutefois n'étaient pas construites comme le seront celles que les Romains utiliseront plus tard.

Contrairement à ces dernières, elles évitaient les difficultés de terrains, et, semblables aux voies de nos chemins de fer économiques, ne les affrontaient pas.

Encore aujourd'hui, elles se révèlent aux regards par leurs fréquentes ondulations, leur caractère de chemins encaissés; offrant, en rase campagne, une largeur suffisante au passage de deux véhicules; se rétrécissant de moitié quand l'encaissement est profond.

Evitant avec adresse les cours d'eau, les Gaulois connaissaient cependant l'art de faire des ponts. Ils les formaient avec des lignes de pieux reliés par des traverses de bois. Le plus souvent, toutefois, ils choisissaient, pour le passage des rivières, les endroits guéables et construisaient, près de ces points, des bacs dont ils usaient ingénieusement, au moment des grandes eaux. Tel, l'un de leurs chemins connu sous le nom de *Chemin de Barba-*

rie. Il traverse, du sud-est au nord-ouest, la *civitas Remorum, le pays des Rémois* et la *civitas Suessionum*, le pays *Soissonnais*, sous le nom actuel de *Chemin des Dames* qui fut si chaleureusement disputé par les troupes au cours de la guerre de 1914 et années suivantes.

De ce *chemin de Barbarie* se projetaient des irradiations à l'est et au sud, dans la contrée depuis désignée sous le nom de Champagne.

Il n'y a pas de doute qu'il en existât vers le pays de Laon et celui de Vermandois pour mettre en communication les peuples de la Germanie, par la Gaule, avec ceux de la Grande-Bretagne.

Le *Chemin des Dames* traverse l'Oise à Bairi. Au-dessus du Mont-Noyon (le Noviodunum des Suessions), il se partage. La branche gauche continue vers l'ouest, allant à Bratuspantium, principal oppidum ou place forte des Bellovaques, que cet oppidum ait été Beauvais ou Vendeuil-Caply, près Breteuil. La branche droite se contourne vers le nord, par Lassigny; gagne Roiglise, (l'ancien Roudium), lieu de réunion des chemins conduisant à Samarabrive (Amiens). Elle traversait ainsi vraisemblablement Seeviæ ou Setuci devenue Saint-Mard.

C'est donc la voie de Saint-Mard qui dut être suivie par les Belges confédérés après leur défaite par César auprès de Bibrax. Poursuivis avec vigueur, chacun dut tirer au plus près de son pays. Ceux de la partie limitrophe des Ardennes se séparèrent immédiatement du gros de l'armée. Puis les Nerviens, les Atrébates, les Morins, les Calètes suivirent leur direction vers le nord. César s'attache à la poursuite des Suessions et des Bellovaques, ses principaux adversaires. Il ne fait que mentionner les Ambiens, dont le faible contingent dénote une moindre importance. Ce qu'il nous importe de relever ici, c'est que, de Roiglise, ils durent également suivre dans leur retraite la direction de l'occident et passer conséquemment à Saint-Mard.

II. — Après la conquête

1. Saint-Mard et la voie Romaine. — Raison d'être de la voie passant à Saint-Mard.

Aussitôt après la conquête des Gaules, les Romains s'appliquèrent à consolider leurs possessions. Mais, pour le faire avec succès, ils établirent généralement des camps permanents dans lés positions fortes et élevées. De là, ils pouvaient, à l'abri d'un coup de main, surveiller et dominer la contrée environnante. Les *oppides* ou endroits fortifiés réunissaient ces conditions. Toutefois, pour conserver leurs conquêtes, les étendre, entretenir avec les peuples vaincus des rapports constants et nécessaires, il fallut créer des routes. César le fit en modifiant les chemins gaulois d'après les besoins de sa politique ou suivant que les évènements l'appelaient sur tel ou tel point de la Gaule. Ses successeurs nous donnèrent conséquemment ces voies magistrales dont nous pouvons admirer la parfaite exécution en la chaussée traversant Saint-Mard dit à cause d'elle Saint-Mard-en-chaussée.

2. — Division des voies romaines. — Importance de celle passant à Saint-Mard.

Les Romains divisaient leurs chaussées en *voies militaires* et en *voies de traverse*. D'après Bergier, (1) les premières, surtout dans les endroits où elles étaient élevées en terrasse, avaient 60 pieds de large, dont 30 pour le pavé et autant pour les talus. Les voies de traverse, comme les branches partant d'un tronc commun, étaient moins larges et n'avaient que 8 pieds.

La voie de Lyon à Boulogne, passant à Saint-Mard, est, sans contredit, l'une des plus importantes par son étendue, mesurant 457 lieues françaises de Milan, son point de départ, à son point d'arrivée sur les bords de la mer. Elle est l'une des chaussées de première classe en sa qualité de *voie militaire*, de *via solemnis*, de *voie solennelle*, selon Ammien Mar-

(1) **Hist. des grands chemins de l'empire romain par Nicolas Bergier, avocat au siège présidial de Reims, 1736.**

cellin (1) ; de *via Cæsarea*, de *voie de César*, d'après le Testament de Saint-Remy. C'est en effet César qui en conçut le projet aussitôt après la conquête des Gaules, pour relier la Belgique à l'Italie, nous apprend Strabon. La conquête de l'Angleterre qui suivit de près celle des Gaules en appela la réalisation immédiate. Auguste, successeur de César, la conduisit de Rome à Lyon, par Milan et elle fut étendue de là jusqu'à Gessoriacum ou Boulogne : *ad Oceanum* et *Bellovacos* et *Ambianos*. Elle allait à l'Océan et chez les Bellovaques et chez les Ambiens, dit à son sujet Strabon. (2)

III. — St-Mard et la chaussée faite par Agrippa

Ici se pose la question de savoir si la voie romaine passant à Saint-Mard est l'une des quatre voies projetées par César et faite par Agrippa, gendre de son successeur Auguste. On peut également se demander si la chaussée passant par Beauvais et Amiens ne serait pas cette voie d'Agrippa de Lyon à Boulogne, avec, comme annexe, la chaussée de Saint-Mard. Pour répondre à cette question, il convient de la considérer au triple point de vue suivant.

A). — *Chaussée d'Agrippa de Lyon à Auxerre*. La grande artère faite par Agrippa pour la traversée des Gaules dans le sens du Sud au Nord-ouest ou de Lyon à Boulogne, a son tracé parfaitement connu à partir de son point de départ jusqu'à Auxerre. Elle parvient à cette ville après avoir traversé Mâcon, Tournus, Chalons-sur-Saône, Autun, Saulieu et Avallon. Ainsi l'a reconnu la célèbre « Commission de topographie des Gaules » composée de sommités intellectuelles mieux que personne aptes à préciser les questions de lieux pouvant donner matière à controverse. Elle se trouve du reste, à ce sujet, d'accord avec la Table de Peutinger et avec le fameux Itinéraire d'Antonin qui concordent par-

(1) Ammien Marcellin. L. 20. C. 4.
(2) Strabon. Géograph. L. IV, in fine.

faitement sur le chemin suivi jusqu'à présent par la voie de Boulogne. (1)

B). — *Chaussée d'Agrippa d'Auxerre à Boulogne par Reims et Soissons*. — A partir d'Auxerre, s'offre une double voie. L'une d'elles se dirige, selon les données de la carte de Peutinger, sur Meaux, Senlis et Beauvais; l'autre va, selon le tracé de l'Itinéraire d'Antonin, dans la direction de Troyes, Reims et Soissons. (2) Or, la voie d'Agrippa, première des voies romaines en ce pays, passait-elle par Sens, Meaux, Senlis et Beauvais ? Suivait-elle, au contraire le parcours par Troyes, Reims et Soissons ? Sans prétendre imposer son sentiment en la matière, la Commission de topographie des Gaules est, avec l'Itinéraire, pour la voie par Soissons qui traverse des centres importants et donne la voie de Beauvais comme annexe de la première. C'est aussi notre avis et nous le motivons de la façon suivante :

Dès le début de la conquête, Jules César entretint les meilleures relations avec les Rèmes qui se livrèrent à lui sans combat et lui gardèrent toujours fidélité. Aussi le voyons-nous leur procurer des secours, leur attribuer le second rang parmi les cités de la Gaule, — les Eduens occupant le premier — les tenir en estime toute particulière et envoyer ses légions hiverner chez eux. Il paraît assez vraisemblable, dans ces conditions, que César, en ses allées et venues au pays des Rèmes, en ait arrangé, pour son usage personnel, les chemins gaulois; les ait entretenus et rendus praticables aux voitures de ses légions. Dès lors il est naturel que, la conquête terminée, on ait utilisé ces tronçons de voies romaines du pays rémois pour se rendre directement et

(1) Par itinéraire d'Antonin, on entend un important travail géographique du IIme siècle qui aurait été retouché pendant le cours des deux siècles suivants. C'est une sorte de livret de poste analogue à nos indicateurs de chemin de fer. Cette aride énumération de noms de lieux et de distances s'étend sur tout l'empire romain, embrasse les grandes routes et indique sur chacune d'elles les diverses stations et distances intermédiaires.

(2) La carte de Peutinger donne aussi ce tracé de l'Itinéraire, mais avec une interruption entre Troyes et Mont-Aimé, l'ancienne *Bibe* des Romains.

par le plus court chemin jusqu'en Angleterre pour la conquérir. Donc, la voie primitive, la voie d'Agrippa aurait passé, non par Sens, Meaux, Senlis et Beauvais, mais par Reims et conséquemment par Soissons.

C). — *Chaussée d'Agrippa de Soissons à Amiens.* — Deux opinions furent émises au sujet de ce parcours. La première, basée sur le texte mal interprété de Strabon cité plus haut, veut que la première voie romaine de nos pays ait passé par Beauvais et Amiens pour aboutir à Boulogne-sur-Mer.

C'est l'avis du célèbre géographe, disent les partisans de cette opinion, car il déclare que la voie d'Agrippa passait par le pays des Bellovaques et par celui des Ambiens pour arriver à l'Océan.

Traduction fautive du texte précité, leur répondons-nous ! Et en effet, l'auteur du texte ne dit pas que la voie d'Agrippa passait *per Bellovacos et per Ambianos.* Il dit seulement qu'elle menait à l'océan, *chez les Bellovaques* et *chez les Ambiens : ad Oceanum et (ad) Bellovacos et (ad) Ambianos.* Comment cela ? Elle conduisait chez les Ambiens en suivant naturellement et directement son cours par Noyon, Roiglise et Saint-Mard. Elle aboutissait chez les Bellovaques par une artère ou annexe qui s'en détachait à Soissons. Cette artère n'était autre que le chemin gaulois romanisé qui allait des Ardennes à Bratuspanse (Beauvais et ses environs). Reste donc la deuxième opinion qui veut que la voie d'Agrippa, de Lyon à Boulogne, ait passé à Noyon, Roiglise, Saint-Mard, Amiens, Ponches et autres lieux. C'est le tracé de l'Itinéraire qui indique cette section comme faisant partie de la voie militaire de Lyon à Boulogne. (1) Contre ces données si précises ne saurait prévaloir le texte plus ou moins nuageux de Strabon. C'est l'opinion de Bergier, dans son *Histoire des grands chemins de l'Empire romain.* C'est celle adoptée par la Commission de topographie des Gaules. (2) C'est aussi le sentiment

(1) L'Itinéraire indique aussi le tracé de Soissons à Amiens par Senlis et Beauvais, bien moins direct que celui-ci.
(2) Revue Archéologique. T. VIII, p. 406.

de M. Graves, dont la compétence est incontestable quand il s'agit de trancher les difficultés relatives à l'archéologie du département de l'Oise. C'est aussi la nôtre.

Conclusion : La chaussée passant à Saint-Mard est vraisemblablement l'une des quatre voies faites par Agrippa et l'une des plus anciennes de tout le pays des Gaules.

CHAPITRE ONZIÈME

Identification de Saint-Mard avec Seeviæ d'après le calcul des lieues gauloises.

I. — *Documents qui servent à établir l'emplacement de Seeviæ.* — L'Itinéraire d'Antonin, pièce documentaire de premier ordre, doit être ici nécesssairement écarté. Il ne donne entre Soissons et Amiens que la seule station de Noyon, Noviomagus. Il ne nous reste donc que le Milliaire de Tongres et la Table de Peutinger pour arriver à l'identification de Saint-Mard avec Setuci ou Seeviæ.

1. — Le Milliaire de Tongres est une pièce à indications officielles et conséquemment d'une valeur incontestable. Il donne comme stations, entre Soissons et Amiens, Isara, Roudium et Seeviæ. Il place Isara à 16 lieues gauloises de Soissons; Roudium à 9 lieues plus loin et Seeviæ à 8 lieues de Roudium, dans la direction d'Amiens.

Entre Seeviæ et Amiens, la distance manque, la borne milliaire étant fragmentée à l'endroit où se trouvait l'indication. (1)

Il est bon d'en faire dès à présent la remarque : Roudium n'est pas la ville de Roye qui, sous les Romains, se nommait Rodrina, mais Roiglise, village situé à 3 kilomètres en arrière, vers le département de l'Oise, et traversé par la voie de Beauvais à Vermand.

2. — Le second document, la Table de Peutinger, est loin d'avoir l'autorité du Milliaire de Tongres. Les fautes de copistes y fourmillent, en la désignation du nom des villes et en l'évaluation des distances d'un point à un autre. Quoi qu'il en soit, elle nous aide à préciser le point en litige en plaçant

(1) La lieue gauloise valait 1 mille ½ romain; le mille romain valait 1481 m. 50. La lieue gauloise équivalait donc à 2222 m. 25.

Setuci, plus anciennement Seeviæ, à 10 lieues gauloises d'Amiens; Roudium à 10 lieues de Setuci; Isara, qu'elle nomme arbitrairement Lura, à 9 lieues de Roudium; Soissons enfin à 16 lieues d'Isara.

D'après ces données, c'est-à-dire d'après la Table et d'après le Milliaire de Tongres, nous trouvons, ce qui est exact, 25 lieues gauloises entre Soissons et Roudium d'une part; d'autre part, entre Amiens et Roudium 20 lieues gauloises données par la Table. C'est à ce résultat qu'est arrivé Danville en ses études sur la distance d'Amiens à Roiglise. Ayant pris comme point de départ le centre d'Amiens, il aboutit en face de l'église de Roiglise, endroit où l'on a découvert, le long de la chaussée, sur une superficie de 2 hectares, des tombeaux portant l'indication d'une haute antiquité.

Il nous fallait trouver l'emplacement de Roudium pour arriver à établir celui de Seeviæ. Nous ne le ferons qu'après avoir dit la façon dont les documents sur lesquels nous établirons nos calculs furent interprétés. (1)

II. — *Interprétation des documents qui précèdent.* — Dans sa notice de la Gaule (2), Danville, mesurant 10 lieues du centre d'Amiens, et répétant la même opération en partant de Roiglise, arrivait, sur la voie romaine, en face de Cayeux qu'il regardait comme devant répondre à Setuci, quoique Cayeux soit écarté de 4 kilomètres de la voie militaire. Il basait son opinion sur la ressemblance — ressem-

(1) On admet généralement qu'il existait deux routes entre Soissons et Amiens. La plus courte est celle de la Table de Peutinger et du Milliaire de Tongres. Isara, c'est-à-dire passage de l'Oise, serait à Bairi, à 16 kilomètres au sud de Noyon. De la sorte, les distances indiquées par la Table et le Milliaire sont exactes : Bairi est bien à 16 lieues gauloises de Soissons et à 9 lieues de Roiglise. La seconde route, plus longue, est celle de l'Itinéraire, par Noyon. Elle devait traverser l'Oise au-dessus de Pont-l'Evêque et du Petit-Pontoise. De la sorte, Noyon se trouve bien à 18 lieues de Soissons, comme l'indique l'Itinéraire, à cause du coude que fait cette route. Mais la distance marquée entre Noyon et Amiens (23 lieues ou 51 kilomètres) est trop courte, il y a 61 kilomètres à vol d'oiseau. (Voir PEIGNÉ-DELACOURT. *Recherches sur l'emplacement de Noviodunum Suessionum*, et E. DESJARDINS. *La Table de Peutinger.*

(2) Page 602.

blance combien imparfaite — entre Cayeux et Setuci qu'il croyait devoir orthographier Cetuci.

Uker et Forbiger, auteurs allemands qui se sont occupés de cette question, placent cette station à Beaucourt qui est moins éloigné que Cayeux de la voie Romaine.

Walkenaer la place à l'intersection de la route entre Beaucourt et Mézières (1).

La Commission des Gaules, entre le Quesnel et Fresnoy-en-Chaussée.

Katancsich à Moreuil (2). Lapie, à Thennes-Berteaucourt ; (3) Stanislas Prioux, à Saint-Mard (4). C'est aussi l'opinion de Dom Grenier.

M. Rigollot, mesurant les 8 lieues gauloises indiquées par le Milliaire de Tongres, de Roiglise à Seeviæ, tombe à la hauteur du Petit-Hangest (5).

M. Buteux, lui, place la ville des Setuci ou Santois à Saint-Mard, à cause des nombreux tessons de tuiles romaines et des médailles trouvées en cet endroit, quoique le Milliaire et la Table, dit-il, le conduisent, l'un au delà, l'autre en deçà de Saint-Mard. (6)

Ceci dit, afin de mettre bien à point la question, il nous reste à fixer la situation de Seeviæ-Setuci. Mais une double observation s'impose auparavant.

III. — *Remarques sur le calcul des lieues gauloises.* — Avant de déterminer la situation exacte de Seeviæ et de lui assigner comme emplacement l'endroit de l'ancien Saint-Mard, deux remarques s'imposent à notre attention. Elles s'imposent à ce point que, faute d'en avoir tenu compte, les érudits en s'occupant de cette question se sont, pour la plupart, involontairement égarés dans leurs calculs.

Première remarque d'une extrême importance, dans la fixation de l'endroit des stations gallo-ro-

---

(1) *Géogr. des Gaules.* III, 76.
(2) Edition de la Table de Peutinger. I, p. 63
(3) *Recueil des Itinéraires anciens*, p. 228.
(4) *Civitas Suess.*, p. 43.
(5) *Mémoires des Antiq. de Pic.* T. I.
(6) Même tome des Mémoires.

maines : les Romains n'admettaient pas de fraction
de lieue dans leurs indications milliaires. (1) S'en
trouvait-il une, elle était ajoutée par eux à la mesure suivante qui, par le fait même, avait la longueur de son parcours réel diminué de cette fraction.

Deuxième remarque ayant également son importance : La Table de Peutinger et le Milliaire de Tongres, dans la détermination des lieues gauloises de
la voie de Lyon à Boulogne ou de Soissons à Amiens,
vont en sens inverse. La première donne ses distances dans le sens de Boulogne à Lyon, ou relativement à la partie de la route concernant nos recherches, d'Amiens à Soissons. Le Milliaire, au contraire,
les compte dans le sens de Reims ou de Soissons à
Amiens. Ceci explique, surtout à cause des fractions
de lieues négligées en certains points et reportées
sur d'autres, les contradictions qui semblent exister
entre l'une et l'autre. Ces contradictions parfois
motivées par les erreurs de copistes de la Table
sont cependant assez souvent plus apparentes que
réelles.

Ce simple exposé nous permet d'entrer dans le vif
de la question avec espoir d'arriver à une solution
répondant à la réalité des faits.

IV. — *Situation de Seeviæ* — 1. *D'après les données du Milliaires de Tongres.* — Le Milliaire indique
8 lieues gauloises, c'est-à-dire 8 lieues de 2222 m.
25 chacune, soit 17 kilomètres 778 m. entre Roudium et Seeviæ. Partant donc de Roudium ou Roiglise dans la direction d'Amiens, nous aboutissons
ainsi à 278 m. au-dessus du Petit-Hangest, comme
au point extrême de cette 8e lieue. Or, la 9e lieue
tombant 2222 m. plus loin, soit à 68 m. avant le chemin conduisant de l'ancien Saint-Mard à Caix, c'est
entre ces deux points extrêmes que se trouvait Seeviæ.

Si nous attribuons à cette station romaine l'emplacement de Saint-Mard, nous trouvons :

1. De Roudium au point extrême de la 8e lieue,
17.778 mètres.

(1) Labourt. *Essai sur l'origine des villes de Picardie* . Mém. des
Antiq. T. IV, p. 66.

2. De ce point extrême à Saint-Mard, comme distance à reporter sur la mesure suivante allant de Saint-Mard à Amiens, 1.722 m.

La distance réelle entre Saint-Mard et Amiens étant de 25.000 m. se trouve ainsi portée à 26.722 m. divisés par 2.222 m. 25 ou lieues gauloises, ce qui constitue 12 lieues gauloises avec un excédent de 54 m. à reporter sur la mesure comprise entre Amiens et Boulogne.

Ainsi le Milliaire est exact en indiquant 8 lieues de Roiglise à Saint-Mard. Ainsi devrait-il donner 12 lieues gauloises de Saint Mard à Amiens, s'il n'était mutilé en cet endroit. Nous trouverions de la sorte, entre Roudium et Samarabriva, 20 lieues gauloises faisant 44 kilomètres $\frac{1}{2}$, ce qui répond à la réalité. Ainsi nous est-il permis de conclure que Seeviæ se trouvait sur la distance séparant la huitième lieue gauloise de la neuvième, soit sur l'emplacement ou tout à proximité de l'ancien Saint-Mard.

V. — *Situation de Seeviæ ou Seluci d'après la Table de Peutinger.* — De même que le Milliaire de Tongres, la Table met la distance de 20 lieues gauloises entre Samarabriva et Roudium (Amiens et Roiglise). Elle en diffère seulement en ce qu'elle place la station intermédiaire, qu'elle appelle Setuci au lieu de Seeviæ, à égale distance de l'une et de l'autre station.

Dix lieues gauloises prises à partir du centre d'Amiens (puisque la Table va en sens inverse du Milliaire) nous conduiraient à 600 m. au dessus de la Maison Blanche. Onze nous mèneraient à 160 m. avant le chemin de Saint-Mard à Caix. Douze aboutiraient à 330 m. avant le Petit-Hangest. En faisant subir à la Table, trop souvent fautive, la petite correction qu'elle nécessite en cet endroit, et en lui demandant d'indiquer 11 lieues au lieu de 10, d'Amiens à Seeviæ-Setuci, nous la trouvons d'accord avec le Milliaire. Elle nous donne ainsi, d'Amiens à Seeviæ, 24.445 mètres, plus une fraction de 555 mètres à reporter sur la mesure suivante : Seeviæ, Roudium. La distance réelle entre ces deux stations qui est de 19.500 mètres est ainsi portée à 20.055 mètres, ce qui donne 9 lieues ou 20 kilomètres avec un excédent de 55 mètres à reporter sur la mesure comprise entre Roiglise et Noyon.

Donc, moyennant cette minime correction, accord complet des documents entre eux; accord aussi de ces documents avec les bornes kilométriques actuelle, pour placer Setuci-Seeviæ, soit sur l'emplacement, soit à proximité de l'ancien Saint-Mard.

CHAPITRE DOUZIÈME

Identification de Saint-Mard avec Seeviæ par le point d'aboutissement des anciennes voies de communication.

La station Seeviæ devait, avons-nous dit, nécessairement se trouver sur la distance comprise entre les 278 mètres pris en deçà du Petit-Hangest, par rapport à elle, et les 70 mètres qui précèdent le chemin de l'ancien Saint-Mard à Caix. Jusqu'à présent, le point précis de la station n'a pas été déterminé. Il doit l'être, cela va sans dire, par l'aboutissement des diverses voies de communication y conduisant ou s'en éloignant. Or, chacune de ces voies converge vers Saint-Mard. C'est donc à Saint-Mard qu'était autrefois Seeviæ. Reste à prouver la mineure de notre argumentation.

Nous trouvons, comme anciennes voies aboutissant à Saint-Mard :

1. La grande voie romaine venant de Soissons et le traversant.

2. La même voie venant d'Amiens.

3. Une autre voie romaine partant de Venette près Compiègne, ou même du camp romain de Champlieu, sur la Chaussée conduisant de Senlis à Soissons. Elle passait au Frestoy et arrivait à Montdidier où une autre voie venant de Meaux et Nanteuil-le-Haudouin se réunissait à elle, après avoir passé par Tricot. Toutes deux confondues en une seule et unique voie, à partir de Montdidier, traversaient Fignières, Davenescourt, Hangest, pour aboutir à Saint-Mard, autrefois Seeviæ-Setuci.

4. Une autre voie se branchait sur la voie d'Amiens à Beauvais, à Tillé, près Beauvais. Elle traversait Noyers-Saint-Martin et aboutissait à Paillart où elle rencontrait la voie de Senlis à Amiens qui la contournait, au Nord. Vers l'Est, sous le nom de

Chaussée de Moreuil, par Folleville, Sourdon, Raineval, elle aboutissait à Moreuil. Elle se continue entre Mézières et Fresnoy dit à cause d'elle Fresnoy-en-Chaussée, pour gagner la capitale des Setuci ou Saint-Mard.

5. Une voie secondaire prenait naissance à Saint-Mard sous le nom actuel de chemin de Lihons et se dirigeait de Lihons vers la voie de Vermand.

6. Une semblable voie ayant également Saint-Mard comme point d'origine se bifurque d'un côté sur Beaucourt, Ignaucourt, Happeglène, Villers-Bretonneux, pour se continuer au-delà de Corbie vers la voie d'Amiens à Bapaume; d'un autre côté sur le Bois-Vallée, qu'elle traverse, Caix, Harbonnières et la voie de Vermand.

Ainsi l'ancienne capitale de Setuci se trouvait à Saint-Mard, méritant bien son nom de Seeviæ, *septem viæ*, les sept voies.

CHAPITRE TREIZIÈME

Identification de Saint-Mard avec Seeviæ d'après les découvertes archéologiques.

Ces découvertes sont nombreuses qui remontent à des époques différentes. Parmi celles que nous connaissons se trouvent :

1. Un tesson de poterie d'un rouge lisse à grain fin, dite poterie Samienne, avec dessins en bosse, particulière aux Romains qui seuls en fabriquaient de cette nature. Sur ce fragment de poterie, qui provient d'un vase fait au moule, figure un esclave ayant la main gauche passée par dessus sa tête; à côté, un cheval lancé au galop et son cavalier armé paraissent s'élancer contre l'ennemi. Au dire des connaisseurs, ce fragment de poterie date du IIe siècle.

2. Une monnaie de la même époque portant le nom d'Ælius-Cœsar. Cet Ælius, adopté par Adrien, l'an de Rome 888 ou 889, conséquemment de Jésus-Christ 135 ou 136, fut déclaré dès lors César et prit le nom de Lucius-Ælius-Verus. Il mourut l'an de Rome 891; de l'ère chrétienne 138.

3. Deux vases noirs avec dessins visibles à la loupe; vases mérovingiens de la fin du Ve et VIe siècles.

4. Un vase d'eau bénite et un vase thuriféraire du XIe ou du XIIe siècle.

5. Deux autres vases thuriféraires ou vases à encens du bas moyen-âge, probablement du XIVe siècle.

6. Deux autres vases thuriféraires du bas moyen-âge, comme les précédents, percés de trous. Ils furent trouvés le 11 février 1910 sur le bas-côté de la route, en face du Câtet, dans trois trous successifs creusés à 0 m. 60 de profondeur et distants l'un de l'autre de 20 mètres. Ces excavations furent faites pour la plantation des pommiers communaux. Les

vases, placés entre les jambes de personnages là inhumés, contenaient encore du charbon de bois.

7. Un plat à dessins verdâtres et jaunâtres, puis une petite lampe vernissée à l'intérieur, tous deux du bas moyen-âge.

8. Un vase plat évasé, avec un léger rebord fait en pâte fine, dure, dense et sonore, nommée grès cérame. On peut assigner à ce vase la date du XVe siècle.

9. Une quantité de tuiles à large bord, comme savaient les fabriquer et les utiliser les Romains. Il y a cinquante ans, on les trouvait nombreuses sur le terroir de Fresnoy et dans les fonds de Beaucourt. On leur assignait comme provenance l'ancienne capitale des Santois.

Un nombre considérable d'autres objets furent trouvés à l'emplacement de l'ancien Saint-Mard, lors de fouilles exécutées en 1837 et en 1838 sur le désir de la Société d'Archéologie de la Somme et sous la direction de M. le Vicomte Blin de Bourdon (1).

Ces objets furent déposés au Musée de Picardie, le 24 mai 1839.

(1) Mém. de la Soc. des Antiquaires de Picardie T. III. p. 249

CHAPITRE QUATORZIÈME

Saint-Mard et le Service des Postes. Sous les Romains. Fin de l'ancien Régime. — Au XIXᵉ siècle.

Utilité des voies. — Sous les Romains, les voies militaires étaient un des éléments de leur domination. La route romaine, où les légions et leurs machines circulaient aisément, avait la même importance que nos chemins de fer d'occupation en pays conquis. Elle empêchait les soulèvements en permettant aux troupes de se porter rapidement aux points menacés. C'était une innovation dans le monde ancien, car les Grecs n'avaient que des sentiers et les Gaulois des pistes. Peu à peu tous les peuples de l'empire furent reliés entre eux par des voies ou ni la pluie, ni les hivers n'arrêtaient les convois qui, systématiquement, se dirigiaient de Rome aux frontières les plus reculées de l'empire.

Cursus publicus. — Ces routes furent sans doute un instrument de domination, mais elles facilitèrent aussi le commerce. Elles servaient en outre à l'administration, car c'est sur ces chemins que le *Cursus publicus*, (le Courrier public) avait été organisé pour transporter à la fois les messages et les agents impériaux; pour assurer en même temps, partout, l'unité administrative et militaire.

Origine du Cursus publicus et ses réserves. — Connue sous la République, la poste romaine ne fonctionna bien que sous l'Empire. Elle était réservée, en principe, au transport des fonctionnaires et des objets appartenant à l'Etat. Le *Cursus publicus* fut donc, dès sa première organisation, un des plus puissants auxiliaires du gouvernement impérial. C'était aussi un moyen de police et de recouvrement des impôts.

Stations. — Pour assurer le fonctionnement régulier du service postal sur les grands chemins, des stations pour les dépôts, l'échange et la réception des dépêches étaient nécessaires.

La *Civitas* comportait un local servant d'abri aux courriers, un magasin à fourrages et une écurie contenant 40 chevaux.

Les *Mutationes* (de *mutare*, changer) étaient des lieux de relais. On y trouvait des écuries, des voitures et un grenier à fourrages pour les chevaux. Ils étaient établis à peu de distance les uns des autres et dans le voisinage des villes et des bourgs. Généralement ces relais étaient distants de 5 et quelquefois de 8 à 9 milles, ce qui fait de 12 à 22 kilomètres environ. Chaque *mutatio* renfermait 20 chevaux. Sur ce nombre, on ne pouvait en faire sortir que 5 chaque jour, pour les nécessités ordinaires du service.

Les *Mansiones* (de *manere*, demeurer) étaient des stations d'étape ou lieux de coucher. Ces sortes de relais étaient beaucoup plus vastes que les *mutationes*. Outre des écuries spacieuses, ils contenaient des greniers publics, où l'on renfermait le fourrage nécessaire aux chevaux. C'est dans des magasins attenant aux *mansiones* qu'on gardait les vivres destinés aux troupes en campagne, aux fonctionnaires ou militaires transportés aux frais de l'Etat. Les *mansiones* comportaient également des logements pour les gouverneurs qui, en été, parcouraient la province, et pour les voyageurs dûment autorisés à voyager en poste *(comeantes)*. Souvent à côté des *mansiones* s'élevaient des palais où descendaient les empereurs. Nous donnons ces détails pour bien faire juger de l'importance de Seeviæ devenue Saint-Mard. Labourt, dans son Essai sur l'origine des villes de Picardie, range en effet ce centre parmi les *mansiones*. Par une fatalité singulière, dit-il, la plupart des *mansiones* établies aux stations militaires pour servir de gîte et de lieu d'étape, sont restées ou redevenues à l'état de village, en Picardie.

A la fin de l'ancien régime, Saint-Mard, d'après Cassini, était redevenu le lieu d'un relai pour le service des postes. Il en fut de même au cours de la première moitié du XIXe siècle et ce relai ne fut guère supprimé que vers 1850. Il avait été créé en la seule habitation-ferme assez importante qui restait de Saint-Mard, à cette même époque.

CHAPITRE QUINZIÈME

Saint-Mard. — Le village chrétien

Son ancien ressort. — Son importance. — Mouvement de la population. — Mesure de Saint-Mard. — Hôtel-Dieu. — Maladrerie.

La paroisse de Saint-Mard, au point de vue religieux, dépendait du doyenné de Fouilloy, de l'archidiaconé et du diocèse d'Amiens. Elle payait 23 livres de décimes, en 1524 (1). Son église, bâtie le long de la route d'Amiens à Roye, dans le sens de l'Ouest à l'Est, était sous le vocable de Saint-Mard ou Médard. Elle fut détruite par les ennemis de l'Etat, en 1658. En 1712, du temps de M. Léperon, président de l'Election de Montdidier, il ne restait plus d'elle qu'un méchant pignon de pierre blanche (2).

En 1721, elle n'avait plus de paroissiens et le curé de cette église était sans fonctions (3).

Au point de vue civil, Saint-Mard était régi par la coutume du Gouvernement, Bailliage et Prévôté de Montdidier. Il dépendait de l'élection et du grenier à sel de cette ville et ressortissait à l'Intendance de Picardie (4).

2. Placé sur une grand'route, le village eut plus d'une fois à endurer les déprédations des hommes de guerre. Conséquemment le mouvement de sa population s'en ressentit. M. de Beauvillé lui attribue seulement 6 feux, en 1469. D'autres lui donnent 115 habitants et Dom Grenier 118, en 1698. Mais voici ce qui nous permet de préciser davantage. D'après l'aveu de 1533, nous trouvons 19 maisons à Saint-

---

(1) *Rôle des décimes levés sur le clergé du diocèse d'*Amiens *le 26 mars 1522.* De Beauvillé. *Documents inédits.* T. III, p. 361.

(2) Mss. de Léperon. d'après dom Grenier. — *Invent. des Titres de l'église d'Amiens.* T. V. p. 387. *Archives de la Somme.*

(3) *Archives de la Somme. Inventaire des Titres de l'église d'Amiens.* T. V, p. 390.

(4) *Commentaire sur les coutumes du Gouvernement de Péronne,* Montdidier *et Roye* par M. Claude Le Caron T. II. p. 127.

Mard, 5 au Quesnel et 1 à Moreuil, de la censive de la seigneurie. Dans celui de 1635, 13 maisons à Saint-Mard, 9 au Quesnel et 1 à Moreuil. Au dénombrement de 1701, nous trouvons 9 maisons à Saint-Mard et 2 à Moreuil.

3. Sans prétendre attacher plus de valeur qu'il ne faut aux termes de l'aveu de 1533 où l'on parle de terrains « séant en la ville de Saint-Marcq », nous sommes pourtant portés à croire qu'en plein Moyen-Age, comme sous l'ère gallo-romaine, cette localité dut avoir une certaine importance. En voici les raisons : elle avait, dans les transactions et surtout quand il s'agissait de l'acquisition et de la vente des terrains, sa mesure spéciale. Par ailleurs, on racontait, dit Léperon, « que l'abbaye de Moreuil, fondée par les Bénédictins de Breteuil, avait eu ses débuts à Saint-Mard ». Toujours est-il que, par le passé, Saint-Mard eut, comme les centres importants, son Hôtel-Dieu et sa maladrerie. Les aveux de la seigneurie en font foi. Les biens de l'Hôtel-Dieu de Saint-Mard furent réunis à l'Hospice de Montdidier. Au dire de Léperon, ceux de la Maladrerie échurent à l'Hôpital de Saint-Charles d'Amiens, par arrêts du 22 juin 1697 et du 20 juin 1698.

CHAPITRE SEIZIÈME

Destruction de Saint-Mard

Ce fut sous l'invasion espagnole de 1636 et par le fait des soldats français que fut détruit et incendié le village.

Ils le firent sur l'ordre du gouverneur d'Ardres, leur maréchal de camp, François Jussac d'Embreville de Saint-Preuil, surnommé la Tête de fer par les ennemis. Celui-ci trouva dans ce triste exploit le moyen de se venger du seigneur de Saint-Mard, M. Le Maistre de Bellejamme, intendant de Picardie, qui avait fait exécuter son frère (1).

Les habitants de Saint-Mard prévenus du danger s'étaient retirés au Quesnel, où la plupart demeurèrent. C'était au commencement d'août 1636. Ceci se trouve confirmé par une note de l'inventaire des titres de l'Eglise du Quesnel, en 1771.

L'église de Saint-Mard se releva pourtant de ses ruines, car Léperon dit, en ses manuscrits, qu'elle disparut seulement en 1658, complètement ruinée par les ennemis de l'Etat. C'est ce que confirme une note de l'Inventaire des Titres de l'Eglise d'Amiens.

Grande fut la misère de ces années terribles selon le récit qui en est fait dans les Mémoires de la Société des Antiquaires de Picardie, (t. 1. p. 406) et d'après les *Verbaux* des archives du Bailliage d'Amiens de 1636 (2).

Une série de faits en sont la garantie. Particulièrement, au Quesnel, en 1636, il y eut 163 décès et en 1637, 43 décès contre 10 naissances.

(1) Mss. de Léperon. cité par Dom Grenier.
(2) Arch. de la Somme. *Invent. des Titres de l'Eglise d'Amiens.* T. v. p. 387. et suiv. n° 9.

C'en était fait de Saint-Mard, considéré du moins comme village. La plupart de ses habitants se fixèrent au Quesnel. Le pays n'exista plus qu'à l'état de maisons isolées. L'aveu de 1701 mentionne l'existence de 7 maisons. En 1770, il y avait encore quelques habitants à Saint-Mard. La dernière ferme de la localité était habitée par un seul individu, en 1889. Elle a depuis disparu.

DEUXIÈME PARTIE

LA CHATELLENIE

CHAPITRE PREMIER

Seigneuries du Quesnel et de Saint-Mard. — Leur tenure. — Siège des Seigneuries. — Leur érection en châtellenie.

I. — Seigneurie du Quesnel.

La Seigneurie du Quesnel consistait en deux fiefs (1) l'un dit du Quesnel, l'autre de Guerbigny.

1. *Fief du Quesnel.*

I. *Sa tenure.* — Le fief du *Quesnel* était tenu noblement (2) de la seigneurie de Beaufort qui relevait elle-même de la châtellenie de Boves, laquelle dépendait à son tour, au moins partiellement, du comté de Corbie. Il l'était en plein hommage (3) par 60 sols de relief (4) et 30 de chambellage (5), .

---

(1) Terre concédée par un seigneur à son vassal.
(2) Elle conférait la noblesse à son possesseur.
(3) Hommage ou serment qui se prêtait debout, l'épée au côté et la main sur les évangiles.
(4) Droit dû pour la transmission du fief, lors de la mort du Suzerain ou de celle du vassal .
(5) Droit dû au chambellan qui enregistre l'acte de transmission.

service de plaids (1) et autres us et coutumes de la châtellenie de Boves. (2)

2. — *Siége du fief.* — Le siège du fief était le château féodal construit à l'endroit de celui actuel. Ce château s'élevait, à l'origine, sur une énorme motte de terre entourée de fossés profonds et devait consister, semblablement à ceux du moyen âge, en quatre grosses tours reliées entre elles par des corps de logis.

Dans un aveu de 1389, il est question, « tant de le motte, comme la basse-cour et les gardins qui sont enclos dedans les murs, ainsi que tout s'étend et se comporte entre les bournes. » On y lit aussi que tiennent au jardin du manoir, « 3 journaux 18 verges ½ de terre environ, où jadis eubt vinsgne. » On y parle encore de « 3 journaux 14 verges de bos ou environ, tenant aux gardins de la basse-cour. »

L'aveu de 1614 donne à l'enclos la contenance de 6 à 7 journaux placés vis-à-vis de l'église et tenant des deux côtés et des deux bouts à rues.

Enfin, dans le terrier de 1617 on lit :

« Le château du Quesnel situé au devant de l'église, basty sur une motte, se consiste en un pavillon où il y a deux tours regardant sur la basse-cour et d'une chambres haultes, des montées pour y aller, le tout faict en briques ; les dictes tours et pavillons sont couverts d'ardoises. Plus, sur la dicte Motte se trouve ung autre corps de logis de bois où il y a 2 pignons et ung puits proche l'un des dits pignons. Pour aller auquel pavillon y a ung parvis de massonnerie et ung dormant de bois (3) ; les pillots pour le soutenir faicts en massonnerie de bricques. Icelle motte entourée de fossés, fermée en la plus grande et saine parti de murailles. Plus une basse-cour grande et spacieuse où sont bastis pour entrer en icelle une grande porte de massonnerie. Une cave aussy faicte de massonnerie à l'entrée (4) ; une maison,

---

(1) Service de présence dû au Seigneur le jour où était rendue la justice en la châtellenie.

(2) Abbé Houin. Beaufort et ses Seigneurs pp. 433. etc.

(3) Sorte de pont fixe, par opposition à pont-levis.

(4) Les caves du Quesnel, comme celles de Saint-Mard, étaient généralement creusées dans l'argile et non maçonnées.

chambre et lieux pour la demourance d'un fermier;
le nombre de 11 étables joignant la dite maison, le
tout sur le grand ruc. Une grande grange, une grande porte auprès pour aller auprès des estables appelées bergeries. Une escurie avecq ung aultre grand
bastiment répondant dessus le jardin, vulgairement
appelées grandes escuries, au milieu de laquelle cour
osi basty un grand pigeonnier (1) le bas osi de
pierre et le hault de charpentes, couvert en thuilles
et au long de la muraille du jardin y a ung puits.

Item, derrière les grandes escuries et murailles de
briques fermant la dicte cour est un jardin, partie
fermé de murailles, partie de hayes vives. Au coing
duquel jardin y a ung pavillon faict sur murailles
couvert d'ardoises et derrière y celui y a ung grand
pré fermé de hayes vives dans lequel sont plusieurs
arbres fruitiers et dans les dictes hayes plusieurs ormes et autres bois. Tous les dicts chasteau, fossés,
basse-cour, jardin et pré et héritage de tous côtés
répondant sur rue ont 6 journaux et 29 verges (2) ».

En 1415, après la bataille d'Azincourt, Ferry de
Mailly, partisan du duc de Bourgogne, prit le Quesnel et s'empara de sa forteresse l'année suivante. (3)

En 1472, Antoine Picquet, seigneur du Quesnel,
assista au pillage de son château, dont les Bourguignons s'emparèrent.

En 1653, le village, sinon le château, fut particulièrement incendié par les Espagnols. (4)

Le château actuel fut bâti par J. B. François Barthélemy Le Fort du Quesnel, en 1753. Il fut exhaussé et complété par M. le Vicomte Blin de Bourdon, en
1853. Il fut, à cette occasion, chanté en même temps

(1) Le colombier existe encore en son rez-de-chaussée qui est voûté
en ogives. Il est à huit pans et sert aujourd'hui de fruitier. Au milieu
du XIXe siècle, il avait deux étages, et, à chaque angle sortaient
des poutres sculptées représentant des chimères et soutenant le
plancher. Au premier étage était le poulailler. Au deuxième le colombier où il y avait place pour cent paires de pigeons. Un escalier
tournant au milieu permettait d'inspecter, en montant, les nids ou
manottes.

(2) *Archives du château du Quesnel.* Terrier de 1617.

(3) DE BEAUVILLÉ. *Hist. de Montdidier*, T. I, p. 1415. — *Géog.
hist. et statistiq. de l'arrond. de Montdidier*, par JULES MOLLET.

(4) DE BEAUVILLÉ. *Hist. de Montdidier*, T. I. p. 299.

que la nouvelle église, par M. L. J. P. Grévin en 44 vers où la prose trouve sa large part. (1)

ii. *Fief de Guerbigny.*

Il relevait de la seigneurie de Guerbigny, près Montdidier. Le seigneur du Quesnel était, à cause de lui, tenu à rendre foi et hommage au seigneur de cette localité, à assister à ses plaids quand il y était dûment convoqué, à lui payer, le cas échéant, les droits de relief selon la coutume de Montdidier.

Le fief de Guerbigny avait son chef-lieu, consistant en maison et ferme bâties sur 59 verges, en la grand'rue du Quesnel. (2)

II. — Seigneurie de Saint-Mard.

Elle était, comme celle du Quesnel, composée de deux fiefs. Le premier était le fief de Saint-Mard-en-Chaussée; le second, celui de la Chaussée Brunehaut.

i. *Fief de Saint-Mard.*

1. *Sa tenure.* — Le fief de Saint-Mard était tenu noblement de la châtellenie de Moreuil qui relevait de Boves, elle-même en partie dépendante de la châtellenie de Coucy tenue du Roi à cause de sa grosse tour de Laon (3).

Il dépendait de Moreuil par « 60 sols parisis de relief, 30 de chambellage d'hoirs (ou héritiers) à aultre, service de plaids de quinzaine en quinzaine en la cour de Moreuil, sous peine de 10 sols parisis pour chaque défaut, droit d'aide, en cas de besoin, ou de 60 sols parisis » pour y équivaloir.

2. *Siège de la Seigneurie.* C'était le château de Saint-Mard dont il reste seulement des vestiges. On se perd en conjectures sur ses origines. Y eut-il, en cet endroit, comme tout semble l'indiquer, un pe-

(1) *Variétés pittoresques* en vers par M. L. J. P. Grévin, ancien professeur de littérature. Montdidier, *typographie Mérot*, 1874.

(2) *Arch. du château. Aveux de* 1570, 1631 *et* 1768.

(3) De Beauvillé. *Doc. inédits.* t. IV. pp. 580. à 603. t. III. p. 601. — Mss. De Léperon. — Dom Grenier, t. 16, f° 326 r°. Selon Léperon, elle relevaiten partie de celle Hamel-les-Pierrepont (Contoire) tenue de la Châtellenie de Boves en partie.

tit camp romain ? Son existence remonte-t-elle seulement aux âges de la féodalité ? On ne saurait le dire. En 1533, il avait cessé d'être d'après un aveu de cette année-là. Sa disparition était donc de 103 ans antérieure à la destruction du village, L'aveu dit à son sujet : « Le chef-lieu du fief de Saint-Marcq-en-la Cauchie est séant au dit Saint-Marcq, derrière l'église ou soulloit (1) avoir anciennement ung chasteau enclos de fossés qui contient deux journals environ; il y a au dit chasteau une voirie qui conduit à l'église et aussi pour aller à l'entour de la cymetière du dict Saint-Marcq » (2).

Il reste, du château, au Sud-Est et au Sud-Ouest, les fossés encore très apparents. Ceux du Nord-Ouest et du Nord-Est ont été partiellement ou complètement comblés par l'apport des terres dû aux eaux pluviales. L'emplacement occupé par le corps de logis a été, depuis longtemps, planté en bois. On voit encore l'endroit des murailles bien accusé par leur relief au-dessus du sol. Celui des quatre tours du quadrilatère est à plus forte raison rendu visible. En cet endroit, les terrains sont exhaussés de 4 à 5 mètres au moins.

Lors de l'évacuation du Quesnel, en mars 1918, les Allemands se fortifièrent dans les fossés du château de Saint-Mard. Les Canadiens qui les en chassèrent y perdirent 25 des leurs qui furent inhumés à peu de distance du lieu où ils tombèrent. Ils furent, en 1920, transportés de là aux cimetières militaires anglais de Caix et de Fouquescourt.

ii. *Fief de la Chaussée Brunehaut.*

Sa tenure. — Siège du fief. — Ses avantages.— Difficultés survenues à son sujet. — Le fief de la Chaussée Brunehaut relevait de la Couronne à cause de la *Salle du Roi*, à Montdidier. Il avait cette particularité de se trouver assis sur la grande chaussée passant à Saint-Mard. Son point de départ était le chemin d'Arvillers à Folies, croisant la dite voie au lieu nommé le Moulin-aux-Blancs-Poulets; ce-

(1) C'est à dire où l'on était accoutumé de voir.
(2) *Archives du château du Quesnel. Aveu de* 1533.

lui où il n'existait plus, cet autre chemin croisant aussi la chaussée et conduisant de Démuin à Moreuil. Tout le long du parcours, la route devait avoir 40, aliàs 60 pieds de large. Personne n'y pouvait rien entreprendre sous peine de 60 sols d'amende. Le seigneur de Saint-Mard avait droit de bornage sur les terres attenantes à la dite chaussée, droit d'amende à cause du dit bornage. On trouve en outre, au sujet des droits et avantages du seigneur, ce passage intéressant : Item appartient au dit seigneur de Saint-Marcq un droit tel que les poissonniers et chasseurs de poissons de mer et d'eau douce en passant par le dit Saint-Marcq sont tenus d'avertir le dit sieur dans sa maison, son commis et officiers, en son absence; leur offrir du poisson par ouverture de leurs paniers, et en peut le dit sieur, son commis et officier, pour luy, en prendre telle quantité qu'il lui plaît pour le prix que les dits poissonniers et chasseurs de poisson en auront payé sur le bord de la mer ou rivière d'eau douce, et à faute de ce faire, les dits poissonniers et chasseurs de poisson estre arrestez par saisie et confiscation de leurs charrettes et poisson » Il est dit ensuite que le seigneur a un droit de passage et péage sur toutes sortes de marchandises « mesme jusque aux singes et guenons », sous peine de saisie et d'amende; puis d'autres « beaux droits » qu'il ne peut énumérer, faute d'avoir retrouvé les aveux de ses prédécesseurs (1). Ceci était écrit en 1702.

Bien avant cette époque, des difficultés assez sérieuses avaient surgi relativement au maintien des droits et avantages que s'était réservé le Roi sur cette partie de la Chaussée dont-il ne paraît pas encore avoir disposé en faveur des seigneurs de Saint-Mard. C'est à la date de 1261 et nous nous trouvons en face de cinq personnages, jouant dans la circonstance un rôle bien déterminé.

Le plus en vue des personnages est le bailli de Vermandois, Mathieu de Benne, ayant autorité sur

(1) *Arch. Nat.* p. 253, nº 125. — DE BEAUVILLÉ. *Hist. de Mont-didier*, 1re édit. T. I. p. 194 et 2me édit. p. 406. — DOM GRENIER *Introd. à l'Hist. de Pic.* publiée par la Soc. des Antiq. de Pic.

le prévôt de Montdidier, chargé de surveiller sa conduite et d'éclairer ses décisions.

Quand il venait remplir les devoirs de sa charge, on lui offrait ce qu'on nommait le *vin d'honneur*. On lui faisait parfois d'autres présents capables d'influer sur ses décisions, d'où une accusation et une enquête très curieuse sur une plainte en corruption. Relativement à ce qui se rattache aux droits de la Couronne sur la haute justice à rendre en la Chaussée de Saint-Mard, on l'accuse de les avoir sacrifiés dans son intérêt personnel.

Le deuxième personnage mis en scène est le Maire de Chaulnes chargé de l'instruction du procès. De nombreux témoins entendus par lui parlèrent en faveur de Mathieu de Benne. Tous déclarèrent qu'il soutenait les intérêts du Roi. Mais arrive un troisième individu, Guarin dit Pigous, prévôt de Montdidier. Grâce à son intervention les langues commencèrent à se délier.

Lui-même déclare que, dans une première déposition, sa mémoire l'a bien mal servi. Il s'est depuis souvenu que « de même que les droits de haute justice du roi sont violés sur la partie de la Chaussée passant au Quesnel, de même le sont-ils sur celle traversant Hourges. Plus d'une fois, il les fit valoir relativement à la chaussée de Hourges et en établit la légitimité. Peine perdue ! Aussitôt le seigneur de Hourges les revendiqua comme siens, grâce à la complaisance de Mathieu de Benne.

Celui-ci ordonnait la remise provisoire de ce qui avait été saisi sur la chaussée. Il donnait comme raison de ses procédés que le cas en question serait examiné aux assises suivantes, mais voici ce qui en résultait : l'affaire étant remise d'assises en assises, le seigneur Jehan de Hourges jouissait de tous les droits et avantages de la chaussée passant à Hourges au détriment de ceux du roi devenus illusoires.

Arrive le tour d'Aubert Geront. Celui-ci déclare ne savoir qu'une chose et voici ce qu'il sait : le prévôt de Montdidier ayant un jour appris qu'un cheval avait donné la mort à un enfant sur la chaussée du Quesnel fit saisir le cheval en vertu du droit de justice du roi sur la chaussée. Ce que contesta Mathieu du Quesnel, seigneur du lieu, réclamant l'animal. Bref, une enquête fut faite. Elle dura deux années, le bailli de Vermandois donna raison à Mathieu du Quesnel, lui fit rendre le cheval, donnant comme motif de sa conduite l'abandon par la cour de ses droits sur la chaussée de Saint-Mard.

Enfin, la déposition d'un cinquième personnage vînt clore cette enquête. Il s'agit de Jean de Hangest, chevalier, *homme du roi*, son seigneur, qui avait fréquemment assisté aux plaids de la prévôté. Il fit serment et déclara se souvenir que le seigneur de Raineval et lui furent présents, 14 ans plus tôt, à une enquête faite dans le but de savoir à qui appartenait l'exercice du droit de justice sur la chaussée. Le doute fut résolu en faveur du roi dont il avait défendu les intérêts. Ce ne serait donc que depuis cette époque et pendant l'exercice des pouvoirs du bailli de Vermandois que le droit de justice en question aurait été concédé par le roi à Mathieu du Quesnel, selon que Mathieu de Benne le prétend du reste. On ne dit pas en faveur de qui le différend fut tranché. Le fait certain est le suivant : les seigneurs du Quesnel devenus seigneurs de Saint-Mard, dans le bas moyen-âge, possédaient, comme nous l'avons dit, le fief de la chaussée Brunchaut (1).

§ III. — Erection en Chatellenie
des deux seigneuries : St-Mard et le Quesnel

De temps immémorial, les deux seigneuries de Saint-Mard et du Quesnel étaient réunies dans la même main : celle du seigneur du Quesnel. Par lettres patentes de janvier 1637, le roi Louis XIII les érigea en châtellenie en faveur du seigneur du Quesnel, Louis Lemaître de Bellejamme, intendant de police, justice et finances en la province de Picardie.

Dans la lettre de cette érection, le roi fait valoir les droits à cette faveur de son « ami et féal Con-

______

(1) De Beauvillé. *Hist. de Montdidier*. T. III, pp. 114, 115 et 116 et p. 409 pour la justification latine.

seiller » qu'il veut récompenser même en la personne de ses enfants et de ses successeurs. Il mentionne le lieu où sont situées les seigneuries de Saint-Marcq et du Quesnel, rappelle leur importance, s'étend sur les avantages dont elles jouissent, énumère les baronies et nombreux fiefs qui en dépendent, veut que le sieur de Beaufort dont relève la seigneurie du Quesnel soit dédommagé des pertes qu'il va subir par suite de cette érection. Il maintient la châtellenie dans tous les droits et avantages des deux seigneuries qui la constituent, autorise en sa faveur, comme de droit, l'érection de piliers et de fourches patibulaires, autorise, dans le bourg du Quesnel, la tenue de deux foires annuelles, l'une en la fête de Saint Médard, l'autre en celle de la Saint-Martin d'hiver, décide qu'un jour de marché aura lieu au Quesnel le mercredi de chaque semaine et fait mandement à « ses amez et féaux conseillers de sa cour de Parlement et Chambre des comptes, à Paris, d'enregistrer ces lettres parce que tel est son bon plaisir. »

CHAPITRE DEUXIÈME

Droits particuliers aux seigneuries du Quesnel et de Saint-Mard-en-Chaussée.

§ I. — Droits de la Seigneurie du Quesnel selon les us et coutumes qui la régissent.

Ces droits et avantages se trouvent clairement exprimés dans une déclaration du procureur d'office de la terre et seigneurie du Quesnel du 12 décembre 1617. Il est dit, en premier lieu, que le seigneur du lieu est le seul seigneur voyer du dit endroit. En raison de cela lui appartiennent les droits ci-après énumérés :

I. *Droits honorifiques* consistant en l'honneur de la recommandation, par le Curé, au prône du dimanche, en l'avantage de faire les publications, défenses et actes publiés pour le bien de la communauté et le sien, d'accorder congé et permissions pour la danse publique dans les rues du village.

2. *Droits de voirie.* En vertu de ce droit appartenaient au Seigneur toutes les mares et voyeries du Quesnel. Ces voies et chemins devaient avoir 40 pieds de large. Ceux qui empiétaient sur les dites voies étaient condamnés à 60 sols parisis d'amende.

3. *Droits de justice.* Ils consistaient en l'exercice de la haute, moyenne et basse justice et requéraient comme agents le bailli, le lieutenant du bailli, le procureur d'office, le greffier et le sergent.

4. *Droit de mouture.* En raison de ce droit, le seigneur du Quesnel possédait un moulin banal situé entre le Quesnel et Saint-Mard. Tous les habitants du lieu, en faveur desquels il avait été construit, devaient y faire moudre leurs grains. Il était interdit à tout meunier du dehors d'opérer au Quesnel sous peine de 60 sols d'amende, de confiscation de

son blé et autres grains, farine, chevaux, chariot et charrettes.

5. *Droit de forage.* Il consistait dans un dédommagement en nature fourni pour toute boisson destinée à la consommation publique. Les contrevenants à ce droit étaient punis de 60 sols d'amende.

6. *Droit de corvée.* C'était le dédommagement fourni pour l'entretien des routes, sous peine de 60 sols d'amende, par quiconque possédait, au Quesnel, masures et chevaux.

7. *Droit d'aide et de cour.* Ce droit obligeait les habitants du lieu à prêter au seigneur ou à mettre à sa disposition lits, draps et couvertures quand il y avait grand concours de monde à son château.

8. *Droits de lods et de vente.* Pour les biens tenus en roture, il était dû le 13e denier du prix de vente par le vendeur comme par l'acheteur ; il y était ajouté par l'un et par l'autre deux sols d'issue, c'est-à-dire d'abandon et de prise de possession ou d'entrée.

9. *Droit de relief.* Il s'agit ici de biens nobles. Quand leur propriétaire venait à disparaître, ses héritiers devaient payer deux sols par maisons, masures, héritages et autres terrains.

10. *Droit de préférence.* Quand les tenanciers du Seigneur vendaient leurs fumiers, ce dernier pouvait les revendiquer comme siens, pour le prix de vente. Dans le cas contraire et se trouvaient-ils transportés ailleurs que sur les terres tenues de lui, il lui était remis 1 denier pour chaque bareul ou charrette.

11. *Droit du Quint denier.* En cas de vente de biens nobles tenus du seigneur, il lui était dû la cinquième partie du prix de vente et le cinquième denier de ce quint ou cinquième partie.

12. *Droit de saisie.* Il s'agit de la saisie d'immeubles, de grains et de récoltes par défaut de payement des censives ou impôts sur les biens donnés par bail à cens.

13. *Droit de dîme.* Ces droits sont ici négligés ou peut-être ont-ils été vendus sinon restitués à l'E-

glise. En 1389, le seigneur du Quesnel levait la dîme sur 26 journaux de terre à raison d'une gerbe sur onze.

§ II. — Droits de la seigneurie de Saint-Mard.

Les droits seigneuriaux à percevoir sur les habitants de Saint-Mard sont à peu près les mêmes que ceux relatifs à la seigneurie du Quesnel. Quelques points cependant en diffèrent. Un aveu de 1533 et celui de 1701 accordent au seigneur le droit de *vif herbage* et de *mort herbage*. En vertu de ce droit tous les sujets de la seigneurie possédant « bestes blanches et agniaux » qui vivent aux dépens du seigneur en paissant sur ses terres lui en doivent une sur sept. S'il en est moins, il lui est dû deux deniers pour chacune d'elles, à la Saint-Jean.

Tout habitant de Saint-Mard devait obtenir licence pour s'affranchir de l'obligation de cuire son pain au four banal et pour en construire un dans sa maison. Il était également obligé de faire moudre son grain au moulin de Moreuil. S'y rendant, il avait le privilège du degren, c'est-à-dire de faire suspendre le travail commencé pour passer avant tout autre, si ce n'est avant le seigneur de Moreuil.

Les derniers aveux de Saint-Mard, au XVIIIe siècle, font remarquer qu'il n'a été rien perçu par le seigneur de Saint-Mard, pour droit de vif herbage, de temps immémorial, sans doute, est-il écrit « depuis que le village a été détruit par les ennemis, vers 1637. » On y voit aussi que le four banal a cessé d'exister. Quant au droit de degren, il n'en est plus question. Par acte du 11 février 1733, entre le seigneur du Quesnel et Saint-Mard et les officiers de la justice de Moreuil, le droit de banalité du moulin de Moreuil a été supprimé. Il est enfin noté que le seigneur de Saint-Mard prétend relever de Moreuil par tous droits et devoirs voulus par la coutume d'Amiens, et non celle de Péronne, Montdidier et Roye, ainsi que le disent les reliefs des 11 février 1733, 12 décembre 1754 et 5 juin 1765.

CHAPITRE TROISIÈME

Importance des biens fonds des seigneuries du Quesnel et de Saint-Mard.

Le domaine : ses revenus, ses charges

§ I. — Domaine du Quesnel pour la partie relevant de Beaufort.

Les seigneurs du Quesnel et de Saint-Mard avaient gardé des biens-fonds qu'ils faisaient directement valoir ou qu'ils louaient, comme le font aujourd'hui les propriétaires, à un ou à plusieurs tenanciers.

Ces biens-fonds constituaient ce qu'ils appelaient le *domaine*. D'après l'aveu de 1389 rendu par Colart de Guisy à son suzerain, Colart de Mailly, celui du Quesnel consistait en 194 journaux de terre et 21 journaux de bois. Près de deux siècles après, en 1570, le domaine compte 132 journaux de terre et 57 journaux de bois. En 1619, nous trouvons 134 journaux de terre et 57 journaux de bois. Dans l'aveu de 1769, nous trouvons : Enclos seigneurial, 6 à 7 journaux ; terres labourables, en toute sole, en domaine utile, 120 journaux; bois en domaine utile, 17 journaux.

§ II. — Domaine du Quesnel quant a la partie relevant de Guerbigny.

D'après les déclarations et les aveux de 1570, nous trouvons comme faisant partie du domaine constituant le fief de Guerbigny : Au Quesnel, le chef-lieu du fief situé en la grand'rue du village et assis sur 59 verges de terrain, 5 journaux de terre sur lesquels est assis le moulin du fief, tenant à la Chaussée, une « grande place en préau où souloit avoir cy-devant ung moslin à waide » (grand'place du village). Le dénombrement de 1631 et celui de 1768 ajoutent 25 journaux de terre en divers endroits. A Hangest, le fief de Guerbigny comptait 210 journaux de terre labourable en 24 pièces. A Saint-Mard il y avait 26 journaux en six pièces tenant aux vignes de Fresnoy et à celles de Saint-Mard.

§ III. — DOMAINE DE SAINT-MARD

Dans le plus vieil aveu de Saint-Mard, celui de 1533, nous trouvons comme terres à lui réservées par le Seigneur 233 journaux. Les aveux de 1575, 1701 et 1750 donnent les mêmes chiffres que le précédent.

§ IV. — REVENUS DU DOMAINE.

En 1670 le domaine rapportait 3.500 livres payables en deux termes, à Noël et à la Saint-Jean, la valeur d'une belle pièce de toile de chanvre longue de 25 aunes, 8 livres annuelles destinées au soulagement des pauvres, 6 chapons, à Noël, l'avoine et la paille nécessaires aux chevaux du seigneur durant son séjour au Quesnel. Le bail du 10 décembre 1713 donne un revenu de 4000 livres, celui du 6 octobre 1731 accuse 4300 livres payables en deux termes à Pâques et à la Saint-Jean, six perdrix, 4 douzaines de fromages rendus à Paris, au temps du Carnaval, le foin nécessaire à la nourriture des chevaux du seigneur quand il vient au Quesnel ou lorsqu'il y envoie ses gens. Les fermiers doivent enfin remettre 8 livres comme location de deux journaux de terre dont le revenu doit être employé au profit des pauvres. C'est une suite de la libéralité faite en faveur de ces derniers par l'aïeule du seigneur du Quesnel. Dans le cueilleret de 1734, 137 journaux de terre à la sole, soit 413 journaux, rapportent 3 muids de blé, 8 poulets, 468 gerbes, 473 chaumes et 4183 livres 6 sols 3 deniers.

Il y avait, à côté du revenu des terres, celui des bois. La coupe du bois Chaussée de 1738 rapporta 583 liv. 5 s. 3 deniers pour 428 verges. Celle de 1756, 825 liv. 19 s. 4 d. En 1736, la coupe du bois Vallée donna 335 liv. 11 s. 3 d. pour 294 verges. Elle avait donné, l'année précédente, 659 l. 10 s. 3 d. pour 563 verges.

En 1764, la coupe du bois Jacquin rapporta 775 liv. 10 s. 4 d. pour 685 verges.

Charges. — Outre celles énumérées déjà, les charges de la seigneurie étaient les suivantes :

Au *magister*, 30 livres par an, pour l'enseignement gratuit donné aux pauvres de la paroisse. Il s'agit ici d'une charge volontaire que les châtelains s'étaient imposée dans l'intérêt de l'instruction du peuple.

Au *greffier*, le revenu d'un journal de terre à charge par lui de veiller aux mutations et droits du seigneur, dont il doit donner état.

Au *bailli*, son traitement payable en blé, à raison d'un muid annuel que le meunier était chargé de lui fournir.

Au *curé de Saint-Mard* deux muids de blé annuels, également à la charge du meunier.

A la *Fabrique* de l'église du Quesnel, le cierge bénit ou cierge pascal à cause d'une pièce de terre du fief de Boulainvillers.

Au *lieutenant*, un don volontaire pour lui tenir compte de ce qu'il rendait gratuitement la justice au nom du seigneur.

Le traitement du *procureur d'office.*

Au *sergent* de la seigneurie et garde des bois, 22 écus. A partir de 1734, le garde reçut 100 livres de traitement et 8 setiers de blé, mesure de Montdidier.

En 1785, le seigneur du Quesnel payait comme impôt du vingtième de son revenu la somme de 700 livres.

CHAPITRE QUATRIÈME

Biens donnés à cens et revenus censitaires des Seigneuries du Quesnel et de Saint-Mard.

§ I. — Cens et revenus censitaires du fief relevant de Beaufort

Les terres données par bail à cens étaient de nature roturière. On disait qu'on les tenait en roture. Dans ce cas, le seigneur n'aliénait pas sa terre; il n'en aliénait que le domaine utile. Il conservait tous les attributs nobles de sa propriété et notamment le droit de justice qui était partie intégrante du droit de propriété féodale. Quant au fermier ou censier, il n'était tenu, envers le seigneur, qu'à une redevance souvent très minime et payée, la plupart du temps, partie en nature, partie en argent.

1. Le plus ancien aveu que nous possédons du fief du Quesnel tenu de Beaufort, celui de 1389, dit que « 36 masures et plusieurs héritages » donnés à cens rapportaient 4 livres 3 deniers 2/3 de cens, en argent, 62 capons, 7 septiers de blé, 64 ½ d'avoine, 2 setiers de pois, 11 poules ½, une corvée en mars due par chacune masure, un droit de dixmes sur 26 journaux 82 verges de terre à raison de 11 gerbes, une. »

Parmi les terres aux champs figurent 20 journaux de terre, à Folies, appartenant à la chapelle épiscopale d'Amiens et payant 12 deniers de redevance au seigneur du Quesnel. Ces vingt journaux furent plus tard attribués au séminaire d'Amiens.

2. Dans le livre des redevances censitaires ou terrier de 1570, nous trouvons 40 maisons, 7 héritages, 82 journaux 90 verges en 31 pièces relevant de la seigneurie tenue de Beaufort et produisant 18 livres 15 sols en argent, 12 setiers de blé, 12 d'avoine et

19 chapons. On le voit, le village tend à se développer.

3. En 1617, il y a 136 journaux de terre, en 200 pièces, 107 héritages rapportant 43 chapons, 3 poules, blé, avoine et 31 livres en argent. En 1632, il y a 57 maisons; en 1690, 93 maisons, 213 journaux de terre labourable, 40 journaux d'héritages abandonnés à des particuliers pour un revenu en argent de 62 livres, 11 deniers, 1/4 d'obole, plus 4 deniers mail.

Revenu en nature :

Volailles : 53 chapons 11 / 12 et 3 poules.

Blé
{
2 setiers 1 / 2 mesure de Montdidier.
6 setiers mesure de Corbie.
6 setiers sans mesure spéciale.
2 /3 de boisseau.
5 /4 mesure de Corbie.
}

Avoine
{
9 setiers mesure de Montdidier.
7 setiers sans mesure.
1 setier mesure au blé.
}

Il y a en outre 120 livres de rente annuelle 3 fois répétée pour 3 fois 20 journaux de terre. Onze journaux 6 verges doivent aussi « leur part de 120 livres de rente annuelle. Ces terrains étaient concédés, y compris ceux de Saint Mard, relevés ailleurs, à 126 familles. L'aveu 1769 porte : 25 journaux en maisons et héritages relevant en roture de la seigneurie et devant 16 livres 12 sols, 14 boisseaux de blé, 210 d'avoine et 23 chapons 2 /3. — 80 journaux de terre à basse censive devant 25 sols 6 deniers. — 11 journaux 1/4 qui doivent 11 setiers 1 /6 de censive par an.

§ II. — Cens et revenus censitaires du fief
relevant de Guerbigny

En 1570, ce fief possédait :

1. *Au Quesnel.* — Le chef-lieu du fief consistant en maison bâtie sur 59 verges, 29 autres maisons dont l'une louée au fermier du moulin du fief, 15 livres 18 sols de revenus en argent, 22 chapons et 3 poules.

2. *A Hangest.* — Le chef-lieu de la seigneurie appartenant au seigneur du Quesnel et qu'il tient, à cause de son fief de la seigneurie d'Hangest; puis 14 maisons rapportant 7 livres 14 sols de censives.

3. Le dénombrement de 1631 mentionne 44 journaux comprenant 33 maisons, 44 héritages, le bois Lannoy de 144 verges, le tout donné à 6 individus et rapportant : 1 poule, 24 chapons, 13 setiers de blé, 18 boisseaux de blé, 18 livres 12 sols 6 deniers en argent. Celui de 1768 mentionne rien qu'au Quesnel 73 maisons, 27 journaux de terre, 18 livres de censives, 3 poules et environ 30 chapons.

On voit par là que la seigneurie relevant de Guerbigny constituait la plus grande partie du village du Quesnel.

§ III. — Cens et revenus censitaires de la seigneurie de Saint-Mard.

1. — Le plus ancien aveu connu de Saint-Mard, celui de 1533, dit que le seigneur, à cause de son château a « plusieurs hostes et hotaiges en y celle ville de Sainct-Marcq et Caisnel et aussi, à l'environ pareillement, plusieurs fiefs tenus » de lui. Il énumère 19 masures à Saint-Mard, 1 à Moreuil, 5 au Quesnel, 1 manoir au même endroit et donne le nom de 60 tenanciers dont 23 à Saint-Mard et 37 externes. De ces 23 tenanciers de Saint-Mard 10 se partagent 4 journaux 26 verges de vignes qui leur sont donnés en roture.

2. — La difficulté de lecture qu'offre l'aveu de 1533 ne nous a pas permis d'y relever la nature et la valeur des censives qui y sont énumérées, mais le cueilloir de 1632 vient suppléer à cette omission. Il donne, pour 19 maisons, la somme de 8 livres 18 sols 4 deniers; pour les terres, celle de 30 livres, 9 sols, 1 denier obole et 26 pittes, en argent; en blé 6 setiers, mesure de Montdidier; 6 mesure de Corbie; 12 quartiers, mesure de Corbie ; en volailles, 12 chapons 3/4 et 3 poules.

Sous la dénomination Mézières, il indique la somme de 8 sols 14 deniers; sous celle de Beaucourt,

18 sols 2 deniers et 1 setier de blé; sous celle de Moreuil, 18 sols pour une maison ; pour terres, 1 livre 9 sols 4 deniers et 6 deniers obole. L'aveu le plus rapproché de nous, celui de 1701, accuse 192 journaux en 171 pièces sur lesquels sont bâties 9 maisons dont 2 à Moreuil. Le tout redevable de 32 livres 12 sols 10 deniers obole annuellement, 15 setiers de blé, 4 poules et 14 chapons ½.

Le revenu des rentes foncières pouvait varier considérablement d'une année à l'autre par ce fait même que celui de chaque parcelle de terrain étant très minime n'était souvent perçu qu'après une période de plusieurs années. Afin de s'assurer des redevances plus régulières, au XVIIe siècle et au XVIIIe siècle, les seigneurs louaient à bail plus ou moins long leurs rentes foncières. Les locataires de ces dernières s'obligeaient à en dresser la liste, à confectionner ce qu'on appelait des cueilloirs, à soumettre ceux-ci au receveur de la seigneurie pour être certifiés véritables et valoir en justice.

CHAPITRE CINQUIÈME

Biens tenus en fief de la Seigneurie du Quesnel.

§ I. — Fiefs ou mouvances relevant de Beaufort

Les seigneurs du Quesnel n'avaient pas seulement donné des terres par *bail à cens* à de nombreux individus. Ils en avaient également donné par *bail à fief*, laissant aux biens ainsi livrés leur nature de biens nobles, la plupart du temps ; leur laissant aussi, plus ou moins complètes, certaines prérogatives s'y rattachant et particulièrement le droit de justice. En cas de mort du Suzerain, (1) ou du Vassal, (2) il faisait, selon l'expression usitée, *relever le fief*, payer le droit de *relief* et celui de *chambellage*. Le premier était au profit du seigneur ; le second au profit du chambellan chargé de passer acte de la mutation. Quand les propriétés féodales étaient concédées à charge de redevance annuelle, le fief était dit *abrégé* et perdait son caractère de bien noble.

Parmi les fiefs détenus de la seigneurie du Quesnel dès 1389, il y avait :

Le fief Eglantier détenu par Jehan Brébeson, dit Eglantier. Son chef-lieu consistait en « maison, jardin, lieu pourpris » de la contenance de 14 verges ½. Il était situé dans la rue de Beaufort, tenait au tour de ville et se trouvait chargé de 12 sols et deux chapons annuellement. Dépendaient du fief 27 journaux de terre tenus par 60 sols parisis de relief et 30 de chambellage. Son possesseur était tenu au service de plaids sous peine de 10 sols parisis d'amende. Il se divisa en trois parties au XVIIIe siècle et son seul chef-lieu fut partagé entre 11 particuliers.

(1) Le seigneur.
(2) Le détenteur du fief.

Fief des Annonciades de Roye. Il consistait en 13 verges ½ de maison et héritage, rue Là-Haut ou de Beaufort, et se trouvait soumis aux mêmes droits et devoirs que précédemment.

Fief Léger Deguechegny consistant en maison assise sur 9 verges, rue de l'église, vis-à-vis la porte du château. Il était tenu en plein hommage avec charges et droits habituels de la coutume d'Amiens.

Fief Germain Couture. Maison, chambre, héritage, le tout sis au Quesnel; droits et devoirs comme précédemment.

Fief Léger Boquet. Une maison avec chambre, étable, manoir, jardin situés devant l'église le constituaient. Droits et devoirs ordinaires.

Fief Vincent de Folies. Ce qui s'y rattache est la réédition de ce qui fut dit jusqu'à présent.

Fief Jean Pecquet. Il consistait en 27 journaux de terre tenus en plein hommage de la seigneurie du Quesnel selon la coutume.

Fief Martin Coffin. Le 4 février 1625, Martin Coffin « remontre que par décès de son père Jean lui est échu un fief et noble tènement qui consiste en maison, estable, grange, héritage de 40 verges au Quesnel, mouvant de la seigneurie de ce nom ».

Fief Cornehotte. C'était un fief de noble tènement ayant toute seigneurie, justice haute, moyenne et basse. Il consistait en 36 journaux de terre labourable non compris le chef-lieu. Ce fief fut acquis par le seigneur du Quesnel J.-B. Barthélemy Le Fort du Quesnel le 26 mai 1758. La vente fut consentie moyennant la somme de 8.500 livres. Il fut spécifié que ce fief ne serait pas réuni à la seigneurie mais que le propriétaire en jouirait distinctement, conformément à la coutume.

§ II. — Fiefs mouvant

de la Seigneurie tenue de Guerbigny.

Il y en avait sept.

1. Le plus important était assis sur le terroir d'Hangest et consistait en 22 journaux de terre.

2. Maison, chambre, étables, héritage de ½ journal.

3. Maison, chambre et héritage d'un quartier tenant au fief précédent.

4. Maison et héritage d'un demi journal.

5. Ce cinquième fief consistait en 12 journaux de terre au terroir de Beaufort.

6. Autre fief de 9 journaux de terre au terroir de Rosières.

7. Dernier fief de 7 journaux de terre au terroir de Hangest.

En 1631, le seigneur du Quesnel se plaignait de ce que le premier et les quatre derniers de ces fiefs n'avaient pas été déclarés. A cause de chacun d'eux lui était dû le droit de relief avec foi et hommage, droit de quint et de requint en cas de vente. La justice lui était totalement réservée (1).

(1) Archives du château du Quesnel, 1631.

CHAPITRE SIXIÈME

Fiefs tenus de la Seigneurie de Saint-Mard

§ I. — Fiefs situés a Saint-Mard et au Quesnel.

Ce sont : 1. *Le fief Jean Cretel* consistant en 3 journaux de pré, une masure et jardin, ½ journal de pré, tenant à la Chaussée et aux fossés de St-Mard.

2. *Le fief Blanchet d'Aubigny.* Ce fief consistait en 27 journaux de terre et en une ferme séant à Saint-Mard. En dépendait un arrière-fief de 16 journaux de terre.

3. *Fief de Longueval.* Il avait plus d'importance que le précédent, étant constitué de 60 journaux de terre en 9 pièces et en 16 journaux séant au terroir du Quesnel et chargés de 14 sols 6 deniers. Le possesseur du fie favait, à cause de lui, toute justice ; la souveraineté toutefois était réservée au seigneur.

4. *Fief Haucourt.* Il consistait en une masure tenant à la Chaussée et assise sur un journal ½ de terre qui était le chef-lieu. En dépendaient 30 journaux de terre labourable occupés par plusieurs particuliers. Ces terres devaient par an 2 muids de blé, 1 chapon et ½ setier de pois.

5. *Fief du Baril.* Il y avait deux fiefs de ce nom, l'un relevant de Boves et l'autre de Saint-Mard. Ce dernier consistait en terres labourables et masures situées « au terroir du Caisnel-en-Sangterre et à l'environ ». Le chef-lieu consistant en une maison, masure, lieu et pourpris était au Quesnel. Il y avait en outre deux autres maisons au Quesnel. Il était dû, pour le chef-lieu, 12 sols et une poule, pour la seconde maison tout autant et pour la troisième 15 sols parisis et un chapon. Dépendaient du fief 13 quartiers de terre.

§ II. — Mouvances externes
de la seigneurie de Saint-Mard.

1. *Fief Raymond de Fouencamps, à Moreuil.* — Il était tenu par Raymond de Fouencamps, en 1533, et consistait en 16 journaux de bois et 16 journaux de terre labourable avec 3 masures de 2 journaux chacune. Les charges du fief étaient celles habituelles.

2. *Fief Equenne, à Boulogne-la-Grasse.* — L'aveu de 1519 nous apprend que, à cette époque, il appartenait à Jehan de Bains, seigneur de Bains et de Boulogne. Il était situé à Boulogne et aux environs, consistant en une cense dont dépendaient 11 journaux de terre. De nombreux coins de terre avaient été donnés à cens à 43 habitants de Boulogne. 20 journaux de vigne produisaient 1 liv. 18 sols 3 deniers de censives; 8 journaux de terre labourable, 4 sols 3 deniers; 5 journaux de pré, 10 sols 7 deniers. Il était en outre dû comme revenu censitaire des terres 6 setiers ½ de blé, mesure comble, et 2 chapons 1/4. Il y avait 6 masures et 2 maisons dépendant du fief.

A cause de son fief Equenne, le seigneur de Bains avait un hommage, près d'Andechy, consistant en 24 journaux de terre donnés en viage, au rendement de 3 setiers de blé du journal ou de 3 setiers d'avoine, selon la culture. De même lui était-il dû 32 deniers pour une maison sise à Montdidier et 16 deniers pour celle du curé de Saint Pierre tenant à la précédente, en la rue Saint-Pierre.

Presque à la veille de la Révolution, le fief Equenne fut mis en vente par succession vacante à la suite du décès de Messire Charles Joseph César de Favier de Lancry, marquis de Bains. Il fut acquis par Messire Louis-François Magnier, écuyer, qui le paya 105.000 livres.

3. *Fief de la Rouence, à Orvillers.* — Son possesseur était le même que le précédent. Le fief comptait 15 journaux de terre donnés à 25 individus; 152 mines à 34 autres; 80 verges de vignes à un

seul ; 9 mancaudées de terre à 3 particuliers ; un mancaud à un autre ; il y avait 82 détenteurs des biens de la seigneurie. Le dénombrement du fief, en 1605, nous apprend qu'il comptait 129 journaux de terre. Il était primitivement tenu de Jean de Poix. On ne sait comment il entra dans la mouvance de Saint-Mard.

4. *Fief de Marcelcave.* — En 1583, il consistait en 16 journaux de terre en 5 pièces, au terroir de Marchel (Marcelcave) et à l'environ et en 5 journaux de bois, le tout chargé d'une poule, de 5 chapons et de 27 sols. Les possesseurs du fief étaient tenus aux charges habituelles.

5. *Fief du Petit-Sailly, à Sailly-le-Sec.* — Il consistait en maison, masures et terres labourables, haies, bois, vignes, censives. Le chef-lieu consistait, lui, en un manoir tenant au pressoir des religieux de Corbie. Appartenaient au dit fief 112 journaux de terre, en 24 pièces.

6. *Fief d'Etouy, à Sailly-le-Sec.* — Il consistait en 93 journaux de terre en 26 pièces, non compris le chef-lieu tenant à la rue d'Estouy. Ce chef-lieu appartenait à la Cure et les curés de Sailly devenaient successivement seigneurs du fief et seigneurie d'Etouy auquel appartenait toute justice. La cure avait 28 journaux de terre en 5 pièces et il en restait 65 journaux en 21 pièces à la Fabrique de l'Eglise.

CHAPITRE SEPTIÈME

Vente de la châtellenie en 1732

Cette vente eut lieu le 11 août de la dite année.

Le vendeur fut Messire Louis Le Maistre, chevalier, seigneur de Beljambe, Guillerville, du Quesnel et autres lieux, conseiller honoraire en la Cour et grand chambre du parlement, et dame Marie-Madeleine de Bullion, son épouse, demeurant à Paris.

L'acquéreur est celui qu'on nommera désormais Monsieur du Quesnel : Jean Le Fort et Dame Marie-Honorée d'Amiens, cette dernière connue désormais sous le nom de Madame du Quesnel.

Sont acquis par eux, par acte passé à Paris et pour la somme de 110.500 livres non compris 2.920 livres pour la rente foncière :

1. Le fief, terre et seigneurie du Quesnel, consistant en un chef-lieu, château maison-seigneuriale, basse-cour, grange, colombier et autres bâtiments, jardins et enclos de la contenance de 6 journaux, 105 environ de labour, 17 de bois au Quesnel, rentes seigneuriales en grains, volailles, droits de relief, chambellage, lots et ventes, tous droits de justice haute, moyenne et basse suivant la coutume de Montdidier.

2. Le fief de Guerbigny, situé au Quesnel, consistant en 31 journaux de terre, un moulin banal. A ce fief sont droits de seigneurie.

3. Un fief de 5 journaux de bois du côté de Fresnoy.

4. 13 journaux 1/4 de bois au même lieu, tenus en roture.

5. 8 journaux de terre en labour tenus en fief ou roture de la Mairie d'Hangest.

6. Le fief et seigneurie de Saint-Marc-en-Cauchy consistant en chef-lieu derrière l'église de Saint-Marc où jadis était un château entouré de fossés, de

la contenance de 2 journaux de terre, présentement
en labour; 220 journaux de terre en labour et 16
journaux de bois, terroir de Saint-Marc, avec plusieurs hommages, cens autres droits seigneuriaux,
tous droits de justice et de seigneurie.

7. Le fief de la Mothe, terroir de Saint-Marc,
consistant en 20 sols de censives et en 48 journaux
de terre en labour avec tous droits de seigneurie
et de justice.

8. Le fief de la Chaussée de Saint-Marc, consistant en la grande chaussée, depuis le grand chemin
d'Arvillers à Follies, jusqu'au chemin croisant la
chaussée, de Demuin à Moreuil.

9. Les droits des échanges, honorifiques et prééminence dans la paroisse du Quesnel, acquis par
le sieur Le Maistre, de Philibaire Ilthier, le 5 mai
1706.

10. Un droit féodal et cens de 120 livres de rente annuelle.

Le vendeur déclare n'avoir rien démembré ni
aliéné de la dite seigneurie.

Les acquéreurs sont chargés des droits seigneuriaux et féodaux, cens, rentes s'il en est dû et notamment la terre de Saint-Marc chargée de 2 muids
de blé envers la cure du lieu.

Dans la dite acquisition le fief de Saint-Mard fut
estimé 46.000 livres, celui du moulin du Quesnel
12.000.

Il fut payé comme droits féodaux 2000 livres
pour le fief de la Mothe; 13.920 comme droits de
quint et requint dont ½ à la marquise du Plessis-
Bellière, seigneur de Moreuil et 4.620 au seigneur
de Beaufort dont la seigneurie du Quesnel dépendait. Ce qui fit un total de 32.000 livres de droits.

CHAPITRE HUITIÈME

Exercice du droit de justice en la Châtellenie

§ I. — Exercice du droit de justice
relativement a la repression de l'ivresse
et a de menus faits.

Nous abordons ici une question fort intéressante car elle se rapporte à un ordre de choses au sujet desquelles les documents font ordinairement défaut.

Le premier de ces documents porte la date du 16 septembre 1702.

A cette époque, les jeunes gens du Quesnel, quand ils avaient une *pointe de vin*, se livraient à des excès répréhensibles. Ce que voyant, les honnêtes gens d'en appeler à la justice du bailli. Pour faire droit à leur plainte, Pierre de Lamorlière fait « défense expresse à tous les cabaretiers, de recevoir en leur maison les jeunes gens et de leur donner à boire aprés 9 heures du soir, à peine de 10 livres d'amende. Défense est également faite, sous mêmes peines aux jeunes gens de s'attrouper et de vaguer dans les rues après la dite heure ».

Il est à croire que la menace n'empêcha pas la jeunesse de *mal porter son vin*, car nouvelle plainte formulée contre elle, en 1707. On ne dit pas s'il fut donné suite aux demandes des plaignants.

Entre les années 1707 et la fin de l'année 1783, la justice seigneuriale du Quesnel eut à intervenir dans les menus faits suivants.

Le 4 octobre 1723, elle donne au sieur de Bains, curé du Quesnel, le permis d'inhumation de François Catoire « dont le corps a été trouvé homicidé dans les rues ».

En 1755, le 6 octobre, « Maximilien Rabache

faiseur de bas, tué, est inhumé en exécution des or
donnances du juge. »

En 1757, inhumation « sur l'ordre du bailli du
Quesnel, de Nicolas Guindart, de la paroisse de
Wiencourt, tué auprès de la chaussée Brunehaut ».

En 1780, le 24 février, « Jean François Thory,
dit Pierrot, tailleur d'habits, trouvé mort le 23,
sur le chemin de la demi lieue, près de celui de Corbie, est inhumé en exécution de la sentence de M.
le lieutenant de la justice du fief Caillouet »

En 1783, le vicaire du Quesnel, « en vertu de la
sentence du juge criminel de la seigneurie du Quesnel, fait l'enlèvement du corps d'Antoine Lamou-
roux, marchand et cabaretier demeurant à Rouvroy,
trouvé mort dans un puits » où il est tombé la veille.

Mais voici des faits d'un caractère moins lugu-
bre que les précédents.

Le 23 mai 1707, par devant Louis de Moreuil,
lieutenant de la justice du Quesnel, comparaissent
Adrien Thory, dit Mitan, et Marie Rocquiet. Celle-
ci demande à celui-là de lui rendre la bêche ou louchet qu'elle lui a prêté et qui appartient à Antoine Mourier.

Le 17 septembre 1708, « Jean Fournet, détemp-
teur du moulin du Quesnel, assigne, devant le
même Louis de Moreuil, Charles Mourier qu'il accuse d'avoir cassé le train de derrière à son cochon ».

On ne dit pas si ce dernier survécut à cet acci-
dent.

§ II. — Exercice du droit de justice
relativement a des voies de faits.

Le 26 mars 1707, Nicolas Gambart, conseiller
du roi, médecin juré aux rapports, demeurant à
Montdidier, et Louis Guayant, maître chirurgien
juré, demeurant à Davenescourt, sont mandés par
le procureur d'office du Quesnel, avec l'ordonnance de M. le Lieutenant, en date du 25, à eux signi-
fiée « pour voir et visiter plusieurs personnes du
dit lieu, blessées ».

Au nombre de celles-ci, Jean Thory, maréchal-ferrant, à la suite d'une contusion à la tête est proche de la mort.

Françoise Douvry, sa femme, a reçu un coup de sabre à la jambe gauche.

Jean Druminy, garde des bois et sergent du Quesnel, a reçu plusieurs coups de bâton et garde une plaie à la tête.

Martin de Parvillé a reçu plusieurs coups de baïonnette.

Jérôme Thory a reçu un coup de bâton sur la tête et la plaie qui s'en suit pénètre jusqu'au crâne.

Le même jour, les enquêteurs comparaissent devant Louis de Moreuil, lieutenant de la châtellenie du Quesnel et signent leur rapport.

Le 27, assignés de nouveau par le procureur d'office du Quesnel, ils ouvrent le corps de Louis Thory, décédé dans la nuit du 13 au 14. Ils estiment que le coup reçu a été la cause de sa mort.

Nous n'avons pas trouvé d'autres documents qui nous permissent de donner la suite de cette mystérieuse affaire. Les faits suivants vont cependant contribuer à l'éclairer d'un nouveau jour.

1. *Plainte du sieur Fournel contre les habitants du Quesnel.*

Le 25 mai 1708, le sieur Fournet, meunier, porte plainte au bailli contre les habitants du Quesnel « pour avoir vu la communauté des habitants courir après lui avec grand menace pour l'assassiner ». Il en cite sept dont le joueur de violon; il n'a pu reconnaître les autres « attendu la grande multitude du peuple ». On lui dit que, s'il est pris, on « saura l'empêcher de tuer les autres, qu'il y passera lui-même, qu'on jettera par terre en même temps et son moulin et sa maison ». Comme la dite communauté composée de femmes, de filles, hommes et garçons met ses jours en danger, il prie M. le Bailli de vouloir bien intervenir.

2. *Plainte d'Adrien Thory contre Jean Fournel.*

Le jour suivant, 26 mai 1708, autre chanson ou plutôt autre plainte. Cette dernière émane d'Adrien

Thory, maître charpentier, demeurant au Quesnel. Il raconte que « revenant de Démuin où il avait été faire moudre un septier de blé parce que le moulin du Quesnel ne tournait pas depuis plusieurs jours, faute de vent, il fut rencontré par Jean Fournet et par son valet et garde moulin, Martin Baudiliot. Le premier armé d'un gros baston et d'une bayonnette; le second d'un fusil ». Tous deux laissèrent passer Charles et Pierre Sené qui l'accompagnaient mais déchargèrent sur lui un coup de bâton et « des bourrades du bout de leur fusil ». Le coup de bâton fut tel que Thory fut laissé pour mort. Celui-ci revenu à la réalité rejoint son oncle Jérôme Thory qui était venu à son secours. Fournet tire un coup de fusil à balle qui atteint Adrien Thory à la jambe.

Une enquête s'en suivit, deux médecins appelés comme experts se prononcent sur le cas d'Adrien Thory qu'ils ont trouvé « gisant au lit, accablé de plusieurs blessures, l'une à la tête, l'autre à la jambe ». Le 28 mai 1708, Jean Fournet et Martin Beaudiliot sont mis en état d'arrestation.

Comme on le voit, le rôle d'employés de justice de la seigneurie n'était pas une sinécure, au Quesnel, en la première moitié du XVIIIᵉ siècle.

§ III. — Exercice de la justice relativement au droit de marché.

On appelait *droit de marché* celui en vertu duquel un fermier prétendait, même contrairement à la volonté du propriétaire et moyennant une redevance invariable, garder une terre qu'avaient, de temps immémorial, cultivée ses ancêtres. Ce fermier allait même jusqu'à en revendre, à l'occasion, la jouissance pour une somme s'élevant parfois jusqu'à 360 francs du journal.

Bien que le droit de marché se rencontre un peu partout en Picardie, comme le démontrent les difficultés suscitées à son sujet, on le trouve surtout en vigueur dans le Santerre. On peut juger de la gravité de ces difficultés par le fait suivant.

Au commencement de l'année 1714, Jean Baptiste de Hennegny, bourgeois de Paris, prit à ferme, pour un prix donné, la terre et seigneurie du Quesnel et de Saint-Mard. Il fit, en conséquence, publier, le 29 avril, qu'il était disposé à sous-louer les terrains mis à sa disposition, soit dans leur ensemble, soit même en détail.

Les sous-fermiers détenant ces terres font savoir qu'ils les abandonneront, à moins qu'on ne leur accorde une diminution du quart sur le prix de l'ancien fermage. Ce qu'apprenant Jean-Baptiste de Hennegny, de rechercher des fermiers ailleurs.

Alors se présente Thomas Boyenval, receveur de Godenvillers, pour examiner l'état de la maison seigneuriale. C'était à la date du premier mai 1714.

À peine en est-on prévenu qu'on le menace. On lui fait dire par l'un de ses parents qu'on tuera ses chevaux, on cassera ses charrues ; même sa vie pourrait être en danger. Les sous-fermiers forment cabale pour détourner de leur intention ceux qui voudraient prendre le domaine à ferme. Donc pas de locataire.

Pour sortir de cet embarras, plainte est portée, le 8 mai 1714, devant Me Bosquillon, bailli de la terre et seigneurie du Quesnel.

Cette plainte naturellement donne suite à une enquête qui n'aboutit à rien.

Six mois plus tard, le receveur du nouveau fermier, Dorchy, demeurant à Montdidier, s'en vint au Quesnel essayer de tirer le meilleur parti possible d'une situation fort embarrassée.

Il s'en fut demander l'hospitalité au fermier du moulin du Quesnel, le sieur Fournet. Le même jour, 18 décembre, vers minuit, de grosses pierres sont lancées dans la porte du meunier. Le lendemain, on lit sur cette porte : « Dorchy n'est qu'un voleur ». Fournet lui-même est pris à partie pour avoir loué une portion du domaine. Pendant 8 ou 10 jours, il entend frapper à sa porte et des coups de fusil ou de pistolet retentissent près de la demeure.

Devant ces faits, Jacques de Bains, laboureur du Quesnel, conseille au nouveau receveur de faire valoir personnellement les terres du domaine. Il lui offre sa maison pour y retirer ses chevaux et ses fourrages, ce qui est accepté. Mais quelques jours après, Jean de Rumesnil, garde de la seigneurie, ayant été vu prendre du foin chez Jacques de Bains pour le receveur, est, avec sa femme, l'objet de sérieuses menaces. On lui enlève, dans sa grange, « un louchet » qu'il retrouve cassé au milieu de la rue. Quant à Jacques de Bains, mal lui en prit de sa condescendance. Le mur de son jardin est escaladé, la porte de sa grange est enfoncée, une partie du foin qu'elle contenait semé sur la route de Rosières où doit passer le nouveau receveur etc...

L'enquête est reprise. Le 20 décembre, Pierre Malpart, greffier de la seigneurie, affirme avoir entendu dire que plusieurs avaient vendu leur « droit de marché » depuis le bail de Jean-Baptiste Hennegny. Il sait que des individus, dont il cite le nom, se vantent d'avoir « repassé et battu » Jacques de Bains. Ces derniers disent que celui-là aura affaire à eux qui repassera le bail, à 24 livres, des terres du domaine. etc...

Il faut arriver au 30 avril de l'année suivante pour trouver l'explication de certains faits et données qui sont à la décharge des gens du Quesnel.

A cette époque, nous nous trouvons derechef en face de Jean Fournet qui nous paraît être un singulier personnage et que n'a pas corrigé sa détention de 1708.

Cette fois c'est Léger de Folly, procureur d'office, qui porte plainte au bailli du Quesnel, de la part de plusieurs habitants.

Ces derniers accusent Fournet d'être toujours hors de son moulin. Il se laisse conduire par ses valets; il en arrive que les clients ne trouvent plus leur compte de grain; même il leur en a rendu pour éviter des poursuites.

On lui reproche en outre de s'adonner depuis quelque temps à la boisson. Depuis deux jours, il est dans une débauche continuelle, rempli de vin, il paraît devant sa maison armé de 4 pistolets, ju-

rant, blasphémant le saint nom de Dieu, tirant de-
coups de pistolets bourrés avec du papier ; le papier enflammé vole sur une maison, elle s'allume,
elle eût été infailliblement incendiée si plusieurs
personnes ne s'étaient hâtées de monter dessus et
d'éteindre le feu. N'eût été pareille promptitude,
maisons voisines et habitation seigneuriale devenaient la proie des flammes.

Ce n'est pas tout encore. Fournet se vante de
vouloir quitter le pays, mais avant de le faire, il
veut perdre la paroisse et la ruiner, avance-t-il.
De là plaintes amères, car il s'agit de ne pas laisser le pays perdre sa bonne renommée. C'en est
déjà trop de l'accuser faussement de vouloir porter atteinte au bail qui a été fait du domaine et de
chercher querelle au nouveau fermier.

Ceci exposé, le procureur d'office demande qu'une
enquête soit faite sur la conduite de Jean Fournet et sur l'accusation portée par lui contre les
habitants du lieu d'avoir été tirer du fusil dans
sa porte, d'avoir écrit sur les murs de sa maison des
libelles injurieux contre les nouveaux receveurs.
On a en effet appris après coup que libelles et autres violences avaient comme auteurs le dit Fournet et ses enfants. Pour ne parler encore que de
ce qui s'est passé dimanche, Fournet a parcouru
le village, toute la nuit, avec ses quatre pistolets
à la main, a tiré à plusieurs portes, insulté les habitants comme les étrangers. Ceci fut cause qu'il
fut malmené et même quelque peu blessé. Fournet enfin veut faire croire à M. l'Intendant de Picardie, seigneur du Quesnel, et à ses nouveaux receveurs, que la paroisse leur veut faire la guerre,
ce qui est absolument faux.

En raison de cette plainte, une enquête est or-
donnée. Elle est rédigée par Pierre Pillot, greffier
de Folies, Pierre Malpart, greffier ordinaire s'étant
refusé à cette besogne. Jean de Parvillé vient déposer avoir entendu Fournet proférer ces paroles :
« Il faut que je tusse Martin Thory ». Et ces autres paroles : « Il faut qu'on me porte autant d'honneur qu'au seigneur du lieu ». C'est tout ce que les

archives du château du Quesnel disent à son sujet. La conclusion de tout ceci est évidente : il suffit souvent d'un seul individu pour troubler tout un pays.

§ IV. — EXERCICE DU DROIT DE JUSTICE RELATIVEMENT A DES PROCÈS CRIMINELS.

I. — *Meurtre de François Catoire.* Il s'agit d'une procédure particulièrement, mais tristement intéressante. Nous ne pouvons que résumer les principaux actes s'y rattachant.

1. *Procès-verbal du meurtre.* Le 3 octobre 1723, sur les 6 heures du soir, le lieutenant de justice, Jean Bazart, constate que, dans la ruelle Tiot Dier, (1) il a trouvé « un homme ou un garçon mort et plein de sang, estendu par terre, la face vers le ciel, aagé de 34 à 35 ans, etc... »

La victime avait reçu un coup de couteau ou coup de bayonnette. Elle fut transportée au lieu seigneurial du Quesnel.

2. *Reconnaissance du cadavre par le bailli.* Cette reconnaissance eut lieu le 4 octobre. Il s'agit de François Catoire, demeurant depuis un mois, au Quesnel, chez Pierre Thory, son beau-frère.

3. *Visite médicale.* Trois médecins de Montdidier se transportent sur les lieux, font l'ouverture du corps, à la réquisition du Bailli, et trouvent le poumon perforé.

4. *Enquête. Audition des témoins.* Il résulte de l'enquête que :

Plusieurs jeunes gens, étant à la danse, badinaient ensemble et se poussaient sur Antoine Mourier qui, l'ayant pris en mauvaise part, fut pris à partie par Pierre, dit de Saint-Germain.

Le frère de Pierre, Martin, étant sorti, revint avec un bâton dont il frappa Antoine Mourier.

Tout se calme devant l'intervention des personnes présentes, mais les Saint-Germain vont réclamer Mourier chez lui et le frappent de nouveau.

(1) Ruelle située derrière l'ancienne église et conduisant au Cheminet.

Antoine Mourier père, Martin Mourier fils et François Catoire (frère utérin de Mourier père) sortent,
querelle générale dans la ruelle Tio Dier; voies de
fait. Catoire saisit Martin par sa cravate et le serre
fortement. Pierre, pour faire lâcher prise, lui assène
plusieurs coups de bâton sur le dos et sur la tête.
Catoire lâche Martin, pour se défendre contre Pierre, avec lequel il s'est colleté; tous deux tombent
par terre; Pierre, qui est en dessous, tire son couteau et en allonge un coup dans le dos de son adversaire. Tous deux se relèvent enfin, mais Catoire
tombe mort. L'enquête est du 5 octobre.

5. *Mandat d'amener.* Le 26 octobre, en vertu
d'un décret de prise de corps décerné par M. Bosquillon, écuyer, avocat en parlement, bailli de la
châtellenie de Saint-Mard et du Quesnel, en date
du 17 octobre, un huissier vient pour appréhender
Pierre et Martin que nous nommerons toujours
de leur surnom, Saint-Germain. Ils sont absents.

6. *Sommation à comparaître.* Les accusés ne s'é-
taient pas présentés, le huissier revient le 12 novembre avec deux témoins. Ceux-ci sonnent de la
trompette par 3 fois à la porte de la principale entrée de la maison seigneuriale, sur la place publique et devant la maison des accusés. Alors le huissier, à haute et intelligible voix, les assigne de nouveau à huitaine, « parlant, pour eux, absents et fugitifs », au peuple assemblé.

7. *Condamnation des accusés.* Le 17 août 1724,
Louis-Edouard Bosquillon, avocat en parlement,
juge, bailli et garde de justice du Quesnel, vint au
Quesnel, en la chambre seigneuriale où se rendait
la justice. Le procureur d'office, de Folly, lut le ré-
quisitoire réclamant la condamnation des accusés,
au moins par contumace. Il est fait droit à sa demande. En conséquence, Pierre, dit Saint-Germain,
fut condamné « à estre pendu et estranglé, jusqu'à
ce que mort s'en suive, à une potence qui doit être
plantée en la place ordinaire du village. »

« Tous et chacun de ses biens » devaient être confisqués et acquis au seigneur du Quesnel ou autre,
selon la coutume. Quant à son frère Martin, il fut

condamné « à assister à la dite exécution, pour ce fait à estre mené à la chaine et conduit aux galères pour y servir comme forçat pendant l'espace de 9 ans, lui condamné solidairement avec Pierre à 300 livres d'amende et à 50 livres à employer à faire prier Dieu pour le repos de l'âme de Catoire, homicidé ». Et sera, est-il dit ensuite « nostre présente sentence exécutée par effigie à un tableau qui sera attaché à la susdite potence ». L'arrêt est signé Bosquillon, de Baillon et Beuchy.

8. *Lettres de rémission de Pierre, dit Saint-Germain.* Quand, dans l'exercice du droit de haute justice, le bailli d'une seigneurie prononçait un arrêt de mort, il y avait, avons-nous dit, recours en appel contre cet arrêt. Dans le cas dont il est ici question la peine prononcée contre Pierre, dit Saint-Germain, fut-elle trouvée trop rigoureuse et commuée en celle de la détention perpétuelle, dans les prisons d'Etat ? Il y a tout lieu de le croire, car dix ans plus tard, nous trouvons le condamné incarcéré à Orléans. C'est ce qui va lui valoir sa grâce et voici comment.

De temps immémorial, il était d'usage, lors de la prise de possession de leur siège épiscopal, par les évêques d'Orléans, d'accorder des lettres de rémission au condamné le plus méritant. Pierre, dit Saint-Germain, fut en cette occasion particulièrement désigné à l'attention du Prélat qui lui accorda sa grâce en une très longue lettre latine particulièrement intéressante. Après un préambule de très grande allure, il raconte ce qui s'est passé au Quesnel, le 3 octobre 1724, le lendemain de la Saint-Léger. L'évêque dit ensuite son intention d'user de miséricorde envers le suppliant qui jure professer la foi catholique, apostolique et romaine. Il le fait d'autant plus volontiers qu'il l'a vu, lors de sa joyeuse entrée dans sa cathédrale, assister au Saint-Sacrifice solennellement offert. Il le reçut ensuite en son palais épiscopal où une réfection lui fut offerte, où il avoua ses torts, regretta ses méfaits, en demanda, genoux en terre et d'un cœur contrit, pardon et miséricorde.

Le pardon lui est accordé le 2 mars 1734.

Un mois plus tard, le 5 avril, les lettres de rémission parvenaient à Jean Crappier, sergent royal au bailliage de Montdidier, résidant à Caix, à charge d'en donner connaissance aux officiers de justice du Quesnel. Il se présenta au domicile de Claude Desjardins, greffier de la justice du Quesnel, pour lui en laisser copie afin que « les sieurs officiers de justice n'ignorent, ayant à laisser Pierre,... dit Saint-Germain, jouir de l'effet d'icelles et n'aient à procéder aux préjudices des dittes lettres de grâce ».

§ V. — Meurtre au Quesnel et assassinat a Saint-Mard.

I. — L'année même où fut gracié Pierre, dit Saint-Germain, eut lieu une nouvelle rixe suivie de mort d'homme. Cette rixe, comme la précédente, eut lieu le jour de la fête locale, le 4 octobre 1744.

Dans un cabaret du village, Maximilien Rabache, faiseur de bas, se prit de querelle avec Dominique Remi, soldat dans les gardes françaises qui, depuis 4 mois, remplissait au Quesnel la commission de garde messier. Ce dernier ayant lancé un coup d'épée à son adversaire l'atteignit au bas-ventre et la victime portée chez elle y expira vers 3 heures du matin.

Le même jour, le procureur d'office en la haute justice du Quesnel de porter plainte. Enquête qui motive un décret de prise de corps contre Saint-Remi, le tout aux frais du domaine et de la châtellenie.

Instruits du crime à leur tour, les officiers du bailliage de Montdidier croient être les seuls juges compétents pour en connaître. Conséquemment, ils se transportent au Quesnel où ils commencent, à la requête du procureur du Roi en leur siège, une procédure. Des frais s'en suivent qui s'élèvent à la somme de 40 livres 16 sols réclamés par le receveur général des domaines de la généralité d'Amiens, au seigneur du Quesnel. Refus de payer, vu la vigilance active des officiers de justice du lieu. Pas

·d'autres renseignements si ce n'est que Maximilien Rabache, inhumé en vertu de l'ordonnance de la justice du Quesnel, est exhumé, puis ouvert, pour constatations médicales, par les chirurgiens de Montdidier.

II. — Par arrêt du Conseil d'Etat du 9 Septembre 1762, le receveur général des domaines et bois de la Généralité d'Amiens réclamait la somme de 600 livres 7 sols au seigneur du Quesnel. Il s'agissait, en la circonstance, du remboursement de frais occasionnés par une procédure criminelle poursuivie au bailliage de Montdidier à la requête du procureur du Roi au même siège. La procédure avait été dirigée contre les nommés François Dupont, Nicolas de Marsy, dit Grand Colas et autres accusés de vol et assassinat. Ces frais, prétendait-on, devaient êtres supportés par le seigneur haut justicier du Quesnel, attendu que le principal délit avait été commis dans les limites de la Châtellenie.

Ce principal délit était un assassinat commis la nuit du 13 au 14 janvier 1747, en la personne du nommé Guindart, sur la Chaussée et la partie de cette voie qui traverse le territoire du Quesnel. Le crime commis, les assassins ont enlevé le cadavre et l'ont transporté dans la maison inhabitée de Henri Cardon, donnant sur la Chaussée, à Saint-Mard. Ils l'ont ensuite précipité dans le puits ouvert de l'habitation.

Quoique le crime fût évidemment un cas royal, la justice du Quesnel s'en occupa dès que la rumeur publique eut fait éclater les soupçons. Agissant ainsi, elle évitait d'être accusée de négligence ou d'avoir volontairement laissé les coupables échapper à la répression des lois.

Donc, dès le 14 janvier, les officiers de la justice de se transporter en la maison du crime, afin de s'y livrer à la recherche du cadavre que l'on supposait y avoir été caché. On le découvre dans le puits et on l'en retire. Le procureur fiscal dresse procès-verbal, puis porte plainte, se livre aux informations de circonstance, fait visiter le cadavre par des chirurgiens, etc.

Le 16, le lieutenant criminel du baillage royal de Montdidier, qui s'était fait donner plainte par le procureur du Roi au même siège, se transporte à son tour au Quesnel, fait exhumer le cadavre, le soumet à une nouvelle visite médicale et entend les témoins. Voyant là un cas royal, il fait signifier à la justice du Quesnel d'avoir à s'abstenir de toute intrusion dans cette affaire. Ce n'est pas tout encore et la difficulté se complique. Le prévôt de la maréchaussée d'Amiens persuadé que cet assassinat n'a pas été suivi des poursuites et des recherches nécessaires se fait donner plainte par le procureur du roi en son siège, le 20 janvier, et fait une information le 25. Toutefois, le lieutenant criminel de Montdidier revendique la connaissance de l'affaire et le prévôt laisse l'instruction au bailliage.

Le lieutenant criminel restant ainsi seul juge réunit à la procédure par lui faite celle commencée par la justice du Quesnel et celle de la maréchaussée d'Amiens, pour être prononcé sur le tout par un seul et même jugement. Il décerne des décrets de prise de corps contre les nommés Félix Ricard et Jean Baptiste de Marsy, tous deux soldats aux gardes françaises et contre Joachim Desjardins, soldat au régiment de Poitou, mort quelques jours après l'action.

L'information continue par devant lui et lui fait décerner de nouveaux décrets de prise de corps contre François Dupont, dit Jean Dupont, Jean de Cally, Angélique Miseron et autres prétendus complices. Plusieurs sont arrêtés, dont Félix Ricard. Ce dernier, en sa prison, cherche à égarer la justice. Il imagine de « déclarer des complots détestables contre la personne sacrée du Roi. Il porte même l'effronterie jusqu'à y persévérer judiciairement dans plusieurs interrogatoires qui lui ont été réitérés. »

Cet interrogatoire est renvoyé au procureur général du Parlement, qui donne plainte des dits complots à la grande Chambre du Parlement. Celle-ci ordonne, le 2 mars 1747, que Ricard soit transféré aux prisons de la Conciergerie du Palais. Interrogé par MM. les commissaires de la grande Chambre, il fait des réponses qui donnent lieu à des décrets de prise de corps contre un grand nombre de personnes. Alors une plus ample instruction est ouverte en la grande Chambre sur les dits complots. Mais la Cour ordonne, le 4 avril 1747, qu'auparavant, le lieutenant criminel de Montdidier continuera l'instruction commencée pour raison de vol et assassinat. En conséquence, les accusés sont ramenés en la prison de Montdidier.

L'Instruction finie à Montdidier, ils sont reconduits à Paris et y sont jugés par arrêt du 2 août 1747. Félix Ricard « duement atteint et convaincu d'avoir méchamment et calomnieusement inventé et dénoncé des complots détestables » a été condamné à faire amende honorable, à être ensuite rompu vif, son corps mort devant être jeté dans le feu.

Plusieurs individus qu'il avait accusés et qui avaient été emprisonnés, sont absous. Jean-Baptiste de Marsy, coupable comme le dit Ricard, de l'assassinat du nommé Guindard, est condamné à être aussi rompu vif. « L'un et l'autre doivent être préalablement appliqués à la question ordinaire et extraordinaire. » Quant aux autres, ils sont « élargis et mis hors des prisons. »

La sentence fut exécutée à Montdidier même.

CHAPITRE NEUVIÈME

Droit de pâture sur le territoire de Saint-Mard

Vers la fin du XVIIIe siècle, plus d'un siècle après la destruction de Saint-Mard, la question se posa de savoir si les bergers de Fresnoy et ceux de Beaucourt avaient droit de *vaine pâture*, comme ceux du Quesnel, sur les terres ayant constitué l'ancien territoire de Saint-Mard.

La paroisse du Quesnel fut pour la négative. Dans une délibération du 21 juin 1772, les syndic, habitants et communauté leur dénièrent ce droit. En raison de cela, le 20 juillet suivant, par exploit de huissier, il fut défendu aux bergers de Fresnoy et de Beaucourt de faire pâturer leurs moutons sur le terroir de Saint-Mard.

A la nouvelle de cette décision les esprits s'échauffèrent à Beaucourt comme à Fresnoy. A Beaucourt, dès le 24 juillet, les autorités locales font signifier à Charles de Bains, syndic du Quesnel, qu'ils ne tiendront aucun compte de la signification reçue. Le 26 suivant, les habitants de Fresnoy protestent à leur tour contre « l'ambition démesurée des habitants du Quesnel ».

En face de ces difficultés, les habitants du Quesnel prirent le parti d'en appeler, au bailliage de Montdidier, à une consultation juridique. Un mémoire fut déposé sous ce titre : « *Mémoire à consulter pour les habitants du Quesnel.* »

Le Mémoire expose que les paroisses du Quesnel et de Saint-Mard ont de tout temps appartenu et appartiennent au même seigneur. Vers 1640, Saint-Mard fut complètement détruit et brûlé par les ennemis. Il ne resta que quelques débris de l'église qui furent transportés au Quesnel ; les terres de la Fabrique furent réunies à celles du Quesnel; le curé réside à **Amiens**, sa cure étant devenue simple bénéfice.

Sur 600 journaux du territoire de Saint-Mard, les gens du Quesnel en possèdent 500. Les habitants de Fresnoy et de Beaucourt usent du droit de vaine pâture depuis quelques années seulement sur Saint-Mard.

C'est le résumé du Mémoire. La réponse fut à l'avantage de la communauté du Quesnel. On lui conseilla de prendre une délibération se réservant exclusivement le droit de pâturage sur le territoire de Saint-Mard et de nommer un syndic *ad hoc*, de faire autoriser celui-ci par l'Intendant de Picardie, de faire ensuite assigner les habitants de Fresnoy et de Beaucourt pour voir faire défense d'envoyer leurs bergers sur le territoire contesté dans le pâturage duquel on doit demander à être maintenu exclusivement et sans partage. C'est ce qui fut fait.

Quand fut reconstruite, à Saint-Mard, la ferme dite de Saint-Mard qui existait encore dans la seconde moitié du XIXe siècle, le berger de cette ferme fit paître ses moutons sur les terrains de l'ancienne seigneurie. Il venait ainsi jusque sur la place du Quesnel où une borne formait anciennement la démarcation des deux territoires ou des deux seigneuries.

TROISIÈME PARTIE

—

Seigneurs du Quesnel & Seigneurs de St-Mard

===

CHAPITRE PREMIER

Seigneurs du nom de Quesnel

Les plus anciens seigneurs connus du Quesnel prirent le nom du pays. Le premier dont nous ayons trouvé mention est *Joseph du Quesnel*, chevalier, 1149. Après lui vient *Aubri du Quesnel*, chevalier, marié à Jeanne d'Auchy qui vivait encore, lui n'étant plus, en 1294.

En 1214, vivait *Robert du Quesnel*, écuyer. En 1263 il achète un marché de terre situé au terroir de Folies. Deux ans plus tard, lui et sa femme, Jeanne, disposent de ce marché, pour la fondation d'une chapellenie dans l'église Saint-Léger du Kaisnel. Ils la dotent de « 5 bouviers de terre (4 journaux) à Colonviller, près Folies. » La fondation est faite à charge, par le chapelain, de payer 12 deniers de cens, tous les ans, à la seigneurie du Quesnel. Un manuscrit conservé dans la famille de Caix ajoute que cette donation fut faite du consentement de Mathieu (qui suit) dont les terres relèvent (1).

(1) DEMAY. Invent. des sceaux de Pic. 559. p. 61. — CARTULAIRE C. de l'évêché d'Amiens, fol. 87. V°. — Arch. départ. de la Somme. *Trésor généalogique* de D. Villevielle, aux mss. de la Biblioth. nationale. — *Vicomte de Caix de Saint-Aymour. Notes et doc. pour servir à l'histoire d'une famille de Pic. Au moyen-âge. La maison de Caix etc.*

En 1279, *Mathieu du Quesnel*, chevalier, seigneur du Quesnel, transfère cette chapellenie à l'Evêché d'Amiens. Il ne s'en tient point là : en mai 1279, il passe acte par lequel il consent à l'augmentation du domaine de la chapellenie.

Renaud du Quesnel, fils de Robert, vivait en 1236. Vivait à la même époque, *Pierre du Quesnel*, chevalier. En avril 1259, dans la confirmation d'un legs fait à l'abbaye de Froidemont, paraît le nom de *Bauduin du Quesnel*, damoiseau. c'est à dire jeune noble non encore reçu chevalier. Il est dit fils d'*Arnoul du Quesnel*. En 1294, il figure avec le titre de chevalier. Nous trouvons encore le nom des du Quesnel, fin du XIVe siècle. Le 24 janvier 1374, *Firmin du Quesnel* fait à l'Evêque d'Amiens l'aveu d'un fief tenu de lui à Rouvroy-en-Santerre. Il vivait encore en 1391 (1).

Pendant que les *du Quesnel* détenaient la terre de leur nom, les *de Campremy* avaient celle de Saint-Mard.

Le premier de ce nom, connu comme seigneur de Saint-Mard, est *Jean de Campremy* qui vivait en 1200. Son fils, ou plutôt son petit-fils, *Eustache* ou *Witasse* sire de Campremy et de *Saint-Mard-en-le-Cauchie*, chevalier tranchant du roi, épousa Péronne de Démuin et en eut une fille unique nommée Marie, dame de Démuin et de Saint-Mard-en-Chaussée. Celle-ci épousa d'abord Jean de Clermont, puis Guillaume de Braquemont, dit Braquet. Du premier lit, elle eut : Jean, Béatrix et Jeanne; du second lit : Louis, Braquet, Guillaume, Marie, Robine, et Marguerite (2).

Guillaume de Braquemont, dit Braquet, était fils de Renaud, sire de Braquemont en la Vicomté d'Arques. Il est qualifié chevalier bachelier et capitaine du château de l'Islebonne, depuis 1337 jusqu'à 1359, époque où il servit la Couronne contre les Anglais. Lui et sa femme Marie, dame de Campremy, don-

---

(1) DEMAY. *Invent. des sceaux*. N° 564, 563. 561. — Arch. de la Somme. *Inventaire*, G. 29 et 307.

(2) ALCIUS LEDIEU. *Moreuil et son canton*. — *Arch. de la Somme*. G. 1579. — Arch. Nation. P. 136, n° 111, 1er février 1377.

nent, le 3 octobre 1393, aux doyen, chanoines et chapître de Notre-Dame d'Amiens, les 2/3 des dîmes du Quesnel et de Beaufort, leur appartenant. Ce legs est fait pour services religieux réclamés en faveur de « défunts Mons. Witasse, seigneur de Campreny et Madame de Démuin, sa fame, père et mère de la dicte dame de Braquemont etc... »

Leur fille Marie épousa, en 1410, Everard de la Marck, comte d'Aremberg et baron de Lumain. A partir de cette époque, nous ne trouvons plus de seigneur de Saint-Mard jusqu'en 1474. A cette date, nous verrons *Jean de Souich* détenir les deux seigneuries du Quesnel et de Saint-Mard (1).

Vers le milieu du XVIe siècle, nous trouvons, comme seigneur de Saint-Mard, *Jean Lefebvre*, écuyer. Il acquit, en 1563, d'Antoine d'Estourmel, la charge de Général des Finances en Picardie. Il mourut à Paris le 6 décembre 1579. Il avait épousé le 25 septembre 1548, Marie Varlet de Gibercourt qui mourut le 10 juillet 1581, laissant, entre autres enfants, Renée, mariée à Jérôme Lemaître, seigneur de Bellejamme, entre les mains duquel entrent, pour ne plus se séparer l'une de l'autre, les deux seigneuries du Quesnel et de Saint-Mard.

Armes des du Quesnel : *Ecu en sautoir cantonné de 4 merlettes ;* des Lefebvre de Caumartin : *Burelé d'argent et d'azur de 10 pièces* (2).

(1) *Archives de la Somme.* G. 1579. — Archives de la famille Cardon-Thory, au Quesnel. — Nobiliaire de Haudiquer de Blancourt, au mot Marc.

(2) Abbé Houin. Beaufort et ses seigneurs, pp. 174 et 450. — Nobiliaire d'Haudiquer de Blancourt, T. I. 195.

CHAPITRE DEUXIÈME

Seigneurs du nom de Picquet du Quesnel

Origine de la famille. — Il existe deux versions relativement à ses origines. L'une lui attribue une extraction amiénoise très relevée; l'autre la fait revenir du bourg d'Airaines (1). Cette contradiction plus apparente que réelle peut s'expliquer par ce fait que deux familles de ce nom ont existé concurremment..

Généalogie des Picquet du Quesnel. — Cette famille semble s'être de très bonne heure alliée à celle du Quesnel, car dès 1248, nous voyons *François et Hugues Picquet de Dourier du Quesnel* accompagner saint Louis en Terre-Sainte, ayant leurs bannières bleues d'azur avec trèfles d'or. Or, à cette époque les *du Quesnel* possédaient encore la terre du Quesnel.

Probablement de cette alliance naquit un Picquet dont le petit nom nous est inconnu, mais qui fut le père de *Jacques*, mort maire de la ville d'Amiens, en 1349 et de *Jean* qui paraît en 1331, au tournoi donné sur la grand'place de la ville de Tournai. D'après dom Grenier (2), ce Jean, premier du nom, serait le père de Jean qui suit.

Jean Picquet, écuyer, seigneur du Quesnel, fut bourgeois d'Amiens et receveur des rentes de la ville, en 1367. Il fut, seize fois, choisi comme échevin de la ville et sept fois mayeur ou lieutenant du mayeur.

M. Janvier donne à Jehan Picquet pour femme Marie de Pois, et M. Josse, Blanche de Saint Fuscien. Nous donnerions d'autant plus raison à M. Josse contre M. Janvier que ce fut Guy d'Estrées qui épousa Marie de Poix comme nous le verrons. Jean Pic-

(1) Biblioth. nationale. Dossiers 13, 572 et 653.
(2) Biblioth. nationale. Tome IV, f° 101.

quet mourut en 1414 et sa femme en 1422, après avoir abandonné ses biens à son fils Charles.

Il avait comme écu : *échiqueté à la bande semée de trèfles, chargée de 3 hanaps couverts, penché, timbré d'un heaume cimé d'un lion, sur un champ fretté.*

Charles Picquet fut écuyer et s'intitula seigneur du Quesnel et des Marissons, épousa Jeanne, fille de Floridas du Souich, tué le 25 octobre 1415 à Azincourt. D'eux naquirent François, chanoine d'Amiens, Jeanne, dame des Marissons, et *Antoine Picquet*, seigneur du Quesnel, qui, en 1437, fit don d'un bois d'un demi-journal à l'Hôtel-Dieu d'Amiens et d'une pièce de terre à la maladrerie de Vers, sous condition que ces deux établissements hospitaliers lui feraient un service tous les samedis après sa mort. Il assista au pillage de son château du Quesnel, par les Bourguignons, en 1472. Il épousa Isabeau de Famechon, en 1479 (1). On ne lui connaît pas de postérité.

(1) *Maison Picquet du Quesnel. Arch. historiq.* rue Richelieu 85 à Paris. — LA CHESNAYE DES BOIS. — *Armorial.*

CHAPITRE TROISIÈME

Seigneurs du nom de Guisy ; du Souich, de la maison d'Estrées ; de Riencourt et de Formé.

I. — A la fin du XIIIe siècle, la seigneurie du Quesnel semble sortir, momentanément, des mains des de Picquet pour tomber en celles des de Guisy. Vers 1373, les hoirs ou héritiers de Vincent de Guisy tiennent, au Quesnel, un fief qui fut « damoiselle de Frémicourt, consistant en un manoir devant le moustier ou église. Le 1er août 1400, Colart de Guisy sert le dénombrement de sa terre et seigneurie du Quesnel à Colart de Mailly, chevalier, seigneur de Beaufort-en-Santerre. Il avoue tenir noblement ce fief du dit seigneur à cause de sa terre de Beaufort (1).

II. — La terre et seigneurie du Quesnel retourna-t-elle aux mains de ses anciens possesseurs et passa-t-elle dans la famille d'Estrées du Souich, par l'alliance de Charles Picquet du Quesnel avec Jeanne, fille de Floridas du Souich, vers 1425 ? Peut-être. Toujours est-il que les seigneurs de ce nom la détiennent, fin du XVe siècle. Jean du Souich, de la maison d'Estrées, écuyer et lieutenant du bailli d'Amiens, est seigneur du Quesnel et de Saint-Marc-en-Santerre, en 1474. Son écu est : *écartelé; au 1 et 4, trois aiglettes; au 2 et 3, un bandé de quatre pièces; penché, timbré d'un heaume cimé et supporté par deux chiens.* (2)

En 1529, nous trouvons Guy d'Estrées, écuyer, seigneur de Souich, du Quesnel et de Saint-Marc-en-Chaussée. Guy avait épousé Marie de Poix. Guy, du nom duquel a pris son nom le bois Guy d'Estrées et par corruption probablement Guy des prés portait : *Fretté de sable de 6 pièces, au chef d'or chargé de 3 merlettes de sable.*

(1) Arch. nationales P. 136. n° 75.
(2) DESMAY. *Invent. des sceaux de la Pic etc.* 860.

III. — Dès le commencement du XVe siècle, les de Riencourt étaient seigneurs en partie du Quesnel. En 1430, *Adrien de Riencourt* se qualifie Seigneur du Quesnel. Il mourut le 25 septembre 1477, laissant : *Raoul de Riencourt*, seigneur du Quesnel, qui s'allia le 10 mars 1477 à Jeanne Borgeau. Il fit son testament le 6 juillet 1482 et eut entre autres enfants :

François de Riencourt, seigneur du Quesnel, qui épousa Marie de Saint-Arnould. Il laissa de son mariage Charles qui suit et Marguerite qui suivra.

Charles de Riencourt, seigneur du Quesnel, Hangest et Mézières, capitaine de 300 hommes de pied, s'allia en 1545 à Antoinette de Senicourt et n'eut pas d'enfants. Il eut pour héritière de ses biens *Marguerite de Riencourt*. Celle-ci épousa en 1546, Pierre de Formé, seigneur de Framicourt. Ainsi la terre du Quesnel passa au seigneur du nom de Formé.

Pierre de Formé et Marguerite de Riencourt, dame du Quesnel, eurent pour fils *Adrien de Formé*, écuyer, seigneur de Framicourt et de Saint-Marc. Il succéda à son père dans la possession de la seigneurie du Quesnel-en-Santerre. Il avait épousé Marie de Beaufort. Il mourut le 18 juillet 1587. Son blason : *d'azur à 3 bandes ondées d'argent.*

CHAPITRE QUATRIÈME

Seigneurs du nom de Le Maistre de Bellejamme

1. Les seigneurs de ce nom succédèrent aux de Formé à la fin du XVIe siècle, dans la possession de la terre et seigneurie du Quesnel. Le 19 août 1567, *Nicolas de Beljame et Damoiselle Jacqueline Cailleux*, sa femme, aliènent deux fiefs au Quesnel.

2. Sept ans plus tard, apparait comme seigneur du Quesnel *Hiérôme Le Maistre*, dit *Cesnon*, dans un titre de château de Beaufort. Nous l'avons vu épouser Renée Lefebvre de Caumartin, de qui lui vînt la terre de Saint-Mard. Il était conseiller au Parlement de Paris, en 1603. Il devint ensuite maître des requêtes. Il était fils de Pierre Ier de Bellejamme et de Jacqueline de Merle, seigneur de Bellejamme, du Quesnel et de Saint-Marc-en-Sangterre. Il servit, en cette qualité, un dénombrement au seigneur de Beaufort, le 13 octobre 1614. Il laissa, comme postérité, Louis qui suit.

3. *Louis Le Maistre*, écuyer, seigneur de Bellejamme, du Quesnel et de Saint-Marc, hérita de son père la charge de conseiller du grand Conseil, en 1617. Il devint maître des requêtes, le 17 décembre, 1626 et s'attacha à la fortune du chancelier Séguier qui l'envoya, comme Commissaire départi, en Languedoc et comté de Foix, en 1633, pour surveiller les menées du duc de Montmorency, ramener à la raison les gentilshommes et les protestants de ces provinces qui s'étaient réfugiés sur les frontières d'Espagne. Trois ans après, il était nommé Intendant de police, justice et finances en la province de Picardie. Par lettres patentes, il obtint l'autorisation de modifier l'orthographe du nom de son pays. Lui, qui signait Le Maistre de Beljambe, écrivit dorénavant Le Maistre, tout court, puis Le Maistre

de Beljame, Bellejame et Bellejamme. En 1637, il accompagna Louis XIII à Abbeville, et assista au vœu qu'il fit, en l'église des Minimes, le jour de l'Assomption. La même année, il obtint l'érection en Châtellenie de ses deux seigneuries de Saint-Mard et du Quesnel. En 1640 il préside aux préparatifs du siège d'Arras qui est pris le 10 août. L'année suivante, il instruit le procès de François Jussac d'Ambreville, sieur de Saint-Preuil, maréchal de camp et armées du Roi, gouverneur d'Arras. Il le fait amener à la citadelle d'Amiens pour répondre à une inculpation de violences et d'excès de toute nature commis dans l'exercice de ses fonctions et lui fait trancher la tête et confisquer ses biens. A la mort de Richelieu, il fut relevé de ses fonctions d'Intendant. C'était en 1643. Il vint alors prendre place au Conseil d'Etat où il fut conseiller d'Etat trois ans après et maintenu dans ses fonctions à la réforme de 1657. Il mourut en 1666 après avoir épousé : 1° Françoise Brandon, 2° Eléonore Prudent de Michau qui mourut elle-même le 19 juillet 1674. Il avait eu, du premier lit, Jérôme, qui suit. Il avait pris comme armoiries : *d'azur à la fasce d'argent, chargée de trois merlettes de sable, accompagnée de trois soucis d'or, deux en chef et un en pointe.* Ces armoiries font allusion au proverbe : *Si les valets ont des peines, les maistres ont des soucis.*

4. *Jérôme*, fils de Louis, deuxième du nom, fut conseiller au Parlement, puis président aux Enquêtes et mourut en décembre 1669. Il avait épousé Marie-Françoise Feydeau qui mourut le 25 novembre 1716, âgée de 79 ans, ayant eu de son mariage Henri-Louis qui suit et Antoine, mort en 1694.

5. *Henri Louis Le Maistre*, écuyer, seigneur de Bellejame, du Quesnel et de Saint-Mard, fut conseiller du roi en sa cour et Parlement de Paris, en 1685. Il mourut en 1733 après avoir vendu ses seigneuries du Quesnel et de Saint-Mard à Messire Jean Le Fort, écuyer, en date du 11 août 1732. Il avait épousé Madeleine de Bullion dont il eut, entre autres enfants, Marie et Françoise. Le 5 mai 1704, il avait acquis, à

Paris, de Philibert Hitier qui les tenait du roi, par adjudication du 10 août 1700, les droits d'échange honorifiques et de prééminence en l'étendue de la généralité d'Amiens et pays d'Artois, « ceux se rapportant à la terre et seigneurie et paroisse du Quesnel pour en jouir héréditairement à toujours, lui, ses successeurs et ayant cause ». Il paya, dans la circonstance, la somme de 130 livres.

Il s'agit ici d'un droit établi en faveur de la Couronne lors des mutations par échanges, ventes, aliénations quelconques de rentes, terres, maisons et immeubles ayant caractère de biens nobles.

Les Le Maistre portaient primitivement : *d'azur à trois soucis d'or* que Jérôme, premier du nom, *brisa d'une fasce d'or chargée de trois merlettes de sable*, pour marque de puînesse.

CHAPITRE CINQUIÈME

Famille du nom de Le Fort du Quesnel

1. Le premier de ce nom qui posséda la seigneurie du Quesnel fut Messire Jean Le Fort, écuyer, secrétaire et conseiller du roi, Maison et Couronne de France et de ses Finances, demeurant à Amiens. En 1740, le seigneur de Beaufort continua contre lui un procès que son père poursuivait à sa mort contre le seigneur du Quesnel. Il s'agissait de délimitations à donner au chemin du Fresne qui part de l'arrêt actuel de Bouchoir pour aboutir au chemin de Lihons. Après maintes contestations, il fut décidé d'un commun accord que le seigneur de Beaufort serait seul voyer du chemin du Fresne dans toute son étendue c'est-à-dire depuis la Chaussée-Brunehaut jusqu'au chemin de Beaufort au Quesnel et de là jusqu'à sa jonction avec le chemin de Lihons. De son mariage avec dame Marie Honorée d'Amiens, Jean Le Fort eut comme fils:

2. Jean Baptiste Barthélemy Le Fort, écuyer, seigneur de Longueval. Il devint seigneur du Quesnel et de Saint-Mard après la mort de messire Jean Le Fort, son père. Il fit bâtir, en 1753, le château actuel du Quesnel qui fut exhaussé d'un étage en 1853. Il laissa de sa femme Dame Marguerite Eléonore Dehée ou des Hayes plusieurs enfants dont Léonor-Augustin qui suit. Lui mourut en 1767.

3. Messire Jean-Baptiste-Charles-François Léonor-Augustin Le Fort, écuyer, seigneur du Quesnel, Saint-Mard et autres lieux fit dresser, en 1772, un état de sa terre et seigneurie du Quesnel. Il n'en avait rien aliéné, mais elle s'était sensiblement accrue. Il employa 2.450 livres à l'acquisition de maisons et héritages, 124.348 livres à celle de divers fiefs et 65.700 livres pour construction de moulins, constructions et plantations diverses.

Avant de mourir, en 1779, Madame Marguerite-Eléonore Dehée, veuve de M. du Quesnel, avait légué une somme de 5.000 livres dans le but de l'établissement d'une religieuse au Quesnel. L'année suivante, son fils, non encore marié, Marie-Jean-Baptiste-Charles François-Léonor-Augustin, voulut donner suite à la réalisation de ce pieux dessein. Un contrat de constitution de 216 livres de rente, au principal de 5.400 livres, fut fait entre lui et l'assemblée du clergé au profit de « la paroisse du Quesnel en Picardie ».

En même temps que cette rente était constituée pour procurer le vivre à la sœur d'école, M. Engramer, curé du lieu, affectait à son logement une maison lui appartenant sise dans la rue d'Amende. Survint la Révolution. La rente disparut. On ne put obtenir sa liquidation, la tourmente passée. Le Gouvernement donna pour raison qu'ayant lui-même établi l'école primaire, il croyait inutile d'envoyer une religieuse au Quesnel, selon le vœu de la testatrice. En 1781, M. Le Fort devait contracter mariage avec Demoiselle Marie Alexandrine du Fresne, de Beaucourt-sur-l'Hallue. En 1793, il fut invité à déposer à la mairie ses titres de noblesse. Quelques mois après, en février 1794, il était mis, avec sa femme et sa fille, en état d'arrestation par arrêté des représentants du peuple, Saint-Just, Le Bas et André Dumont. Aussitôt 18 notables du Quesnel et 147 autres signataires témoignent en leur faveur et réclament leur élargissement. Dès le 20 avril, nouvelles doléances, en leur faveur, du maire du Quesnel auprès des administrateurs révolutionnaires du district de Montdidier. En vain fait-on passer M. du Quesnel pour un cultivateur afin d'obtenir son élargissement. Rien n'y fait. Aussi, nouvelle réclamation des habitants et de la municipalité le 18 juillet 1794. A la suite de ces démarches tout à l'honneur des habitants du pays, M. du Quesnel, sa dame et leur fille unique Marie Charlotte Ursule furent élargis. Cette fille unique épousa M. le Vicomte Alexandre Blin de Bourdon, en 1806.

Les Le Fort blasonnaient : *d'argent au croissant de gueules accompagné de trois merlettes de sable.*

Les du Fresne : *d'or au fresne de sinople.*

CHAPITRE SIXIÈME

Seigneurs du nom de Blin de Bourdon

Cette maison est originaire du Beauvaisis où elle était connue dès le XIIIe siècle.

Jean de Blin, seigneur de Rainvillers et du fief de Blin, vivait en 1254.

Le nom patronymique de cette famille est Blin que l'on trouve parfois écrit Belin dans les actes du XVIe siècle. Ses membres ont possédé les seigneuries de Rainvillers, d'Hénonville, de Courcelles-sous-le-Bois et contractèrent des alliances avec les familles de Roncherolles, Le Bourracher, d'Acheux, de Fouquerolles, Legrand, de Neufville, de Boncourt, de Berles.

1. — Messire *Pierre de Blin*, écuyer, seigneur de Hénonville, avait comme ses prédécesseurs, pris le titre d'écuyer, de seigneur de Rainvillers et du fief de Blin.

Messire *Charles de Blin*, écuyer, fils du précédent, seigneur de Rainvillers, de Blin et de Courcelles-sous-le-Bois épousa Demoiselle Marie de Berles et eut de son mariage deux fils : Pierre de Blin, tige de la branche des seigneurs de Courcelles et :

2. *Antoine de Blin*, chevalier, seigneur de Rainvillers qui épousa Demoiselle Hélène de Bertin, fille de Charles de Bertin, écuyer, seigneur de Raineville et de Bourdon, vicomte du dit lieu et de Domart-en-Ponthieu. Il était capitaine au régiment de Bachivilliers et fut l'auteur de la branche des Blin de Bourdon. Il eut de son mariage : Claude qui suit, Jean de Blin, Marguerite, mariée à Charles Godard, seigneur du Planty et Marguerite, morte sans alliance.

3. Messire *Claude de Blin*, chevalier, seigneur de Bourdon, de Béquigny, vicomte de Bourdon, le 19 février 1645, fut, par arrêt du 10 avril 1670, main-

tenu en sa noblesse ainsi que ses enfants nés ou à naître et eut comme seul fils :

4. *Pierre Claude*, chevalier, seigneur de Bourdon et autres lieux. Il naquit à Amiens, le 21 mai 1670, servit dans la cavalerie et épousa, par contrat du 3 janvier 1703, Demoiselle Marie de Herly, laissant de son mariage :

5. *Pierre Louis Blin*, chevalier, seigneur de Bourdon et autres lieux qui se maria, le 16 décembre 1748 avec Marie-Louise-Blandine de Fouquesolles, seigneur de Gézaincourt. Il mourut à Bourdon, le 13 prairial, an V, laissant de son mariage : Louis-Marie-César, qui suit, Marie-Louise Aimée, Marie-Louise-Françoise, fondatrice de la Congrégation de Notre-Dame, dont la maison mère est à Namur.

6. *Louis Marie César Blin*, seigneur de Bourdon, Bouin, Gésaincourt et Bulleux, vicomte de Domart et de Bretelles, naquit à Gézaincourt le 12 septembre 1753. Il épousa, le 10 juin 1781, Demoiselle Marie-Catherine-Élisabeth Pingré et eut, de son mariage, un seul fils :

7. *Marie Louis Alexandre*, vicomte Blin de Bourdon, né à Amiens le 27 avril 1782.

Sous la Révolution, à peine âgé de 12 ans, il fut emprisonné, à Amiens, avec son père, sa mère et son grand-père. Tous trois furent bientôt remis en liberté sur les réclamations instantes et répétées des habitants de Gézaincourt et de Bourdon. Il se maria, en 1806, avec Demoiselle Marie Charlotte Ursule Le Fort du Quesnel, décédée à l'âge de 51 ans et inhumée au Quesnel le 26 novembre 1833.

En 1807, M. le vicomte Blin de Bourdon, âgé de 25 ans, devint maire de Bourdon ; membre du bureau de bienfaisance du canton de Picquigny en 1812 ; conseiller général de la Somme la même année. En 1815, nous le voyons Préfet provisoire de la Somme, proclamé à la députation des arrondissements de Doullens et d'Amiens, le 5 août 1815, nommé député le 23 suivant. Cette même année, il accepta les fonctions de maire d'Amiens sous la condition qu'il lui serait loisible de conserver celles de Colonel en chef d'état-major des Gardes nationales du département de la Somme. Peu après, M. le vicomte Blin de Bourdon devint préfet de l'Oise, puis du Pas-de-Calais et fut créé Officier de la Légion d'Honneur, le 12 septembre 1827. Il fut de nouveau député en 1824, 1827, 1830, 1837, 1839, 1842, 1844, et 1848, année où il obtint 129.000 voix sur 150.000 électeurs.

M. le vicomte Blin de Bourdon, chevalier de l'ordre de Hohenlohe, gentilhomme de la chambre du Roi, mourut à Paris, à 67 ans, le 23 mars 1849. Inhumé dans le caveau de sa famille, au cimetière du Quesnel, le 27 mars, son corps fut exhumé et transféré sous le chœur de la nouvelle église, le 18 février 1869.

De son mariage avec Mlle Ursule Le Fort du Quesnel, il eut cinq enfants : 1. Marie-Louis-Charles, vicomte Blin de Bourdon, qui suit; 2. Marie-Louis-Charles Paul, décédé en bas âge ; 3. Marie-Louise Charlotte, qui s'allia, le 30 décembre 1828 avec M. BonlAlbert-Benoît-Louis Lallart de Lebucquière ; 4. Marie-Louise-Elisabeth-Charlotte, fondatrice de l'église actuelle du Quesnel et bienfaitrice insigne des pauvres de la paroisse. Elle naquit le 19 mars 1808, mourut le 17 avril 1882 et fut inhumée dans le caveau de la famille, sous le chœur de l'église construite à ses frais; 5. Marie-Louise-Eléonore-Octavie, décédée à l'âge de 14 ans et inhumée au Quesnel.

8. *Marie-Louis-Charles, vicomte Blin de Bourdon*, né au Quesnel le 26 septembre 1809, se maria, le 18 février 1835, avec Mlle Françoise-Aurélie Lefebvre de Wadicourt. A la mort de son père, il fut maire du Quesnel et Conseiller général du canton de Moreuil. Il donna sa démission en 1852. Décédé à Paris, le 12 février 1869, à l'âge de 60 ans, il fut inhumé, le 16 février suivant, dans le caveau de sa famille, sous le chœur de la nouvelle église. Il laissa : 1. Marie-Alexandre Raoul, vicomte Blin de Bourdon, qui suit; 2. Marie-Caroline-Emma Blin de Bourdon, décédée à l'âge de 40 ans, le 28 octobre 1876, à Abbeville et inhumée au Quesnel le 31 suivant ; 3. Marie-Charlotte-Zélie Blin de Bourdon, mariée à M. **Sandford.**

9. Marie-Alexandre-Raoul, vicomte Blin de Bourdon, naquit le 26 mai 1837. Il fut décoré de la croix de la Légion d'Honneur à la suite de sa brillante conduite devant l'ennemi en 1870, et fut député de l'arrondissement de Doullens de 1872 à 1893. Le 1er juillet 1890, il s'allia à Demoiselle Adèle-Henriette-Marie des Friches Doria, née à Cayeux-en-Santerre, le 25 avril 1869. Il a de son mariage deux filles :

1. Andrée-Odette-Marie-Emma, née le 13 janvier 1892 et mariée le 10 juin 1914 à M. le Comte René de Lussac, né à Saint-Agil (Loir-et-Cher) dont il possède le château.

2. Ernestine-Jeanne-Marie-Madeleine, née le 26 octobre 1896, mariée le 28 octobre 1922 à M. le baron Charles de Vassart d'Andernay.

Armes des Blin de Bourdon : *d'argent à trois trèfles renversés de sable 2 et 1, surmontés de trois merlettes de même, rangées en chef.*
Supports : Deux levrettes.

Armes des Doria : *Coupé d'or sur argent, à l'aigle de sable, couronnée de même, becquée, membrée et languée de gueules, brochante sur le tout.*

Armes des de Lussac : *d'argent, à 3 merlettes de sable.*
Couronne de marquis.
Supports : Deux lions.
Devise : Vaincre et surmonter. (1)

(1) La noblesse de cette famille est toute militaire et remonte au moins à l'an 1200. Elle est originaire du Bas-Berry. Elle a eu deux chevaliers de l'ordre du Roi, gentilshommes ordinaires de Henri III et de Louis XIII, un capitaine d'une compagnie de 100 hommes d'armes, un maréchal-de-camp, grand'croix de l'ordre de Saint-Louis, commandant de l'Hôtel royal des Invalides et plusieurs officiers distingués. Elle a pris ses principales alliances des familles de Barbançois, Sarray, Barthon de Montbas, du Bois des Cours, de la Bourdonnaye, du Breuil, de Bridieu, de Carvoisin, de Couhé-Lusignan de la Couture-Renon, Estoumeau, des Maïais, de Montbel, du Parc, de Pressac etc. etc. et par ces alliances elle tient aux maisons les plus illustres de France.

QUATRIÈME PARTIE

Fiefs et Fieffés indépendants de la Châtellenie
Principaux propriétaires du sol

===

CHAPITRE PREMIER

Fief de Boulainvillers

Ce fief était composé de deux parties distinctes.

1. *Sa première partie*, très importante, possédait haute, moyenne et basse justice et relevait du comté de Corbie par les hommages habituels, c'est-à-dire par 60 sols de relief et 20 de chambellage.

De très bonne heure, les seigneurs qui le détenaient le divisèrent en plusieurs autres fiefs soumis chacun aux mêmes droits de relief et tenus dès lors en arrière-fiefs du Comté.

Le 13 mars 1342, Mathieu de Framicourt en détient 62 journaux. Il en détient en outre 20 autres dont les droits ont été cédés à l'église. En 1478, Jean Boitel et Jeanne Rousselle sa femme détiennent 50 journaux du fief de Boulainvillers ainsi qu'un manoir leur servant de chef-lieu. En 1607, Jean Boitel, 4e du nom, en vend de 20 à 30 journaux à M. Antoine Picquet, écuyer, sieur de Dourier. Charles du même nom lui succède en 1638. A cette époque une partie du fief était entre les mains de Messire Nicolas de Sachy, à cause de Jeanne Picquet sa femme. Au

XIIIᵉ siècle, le Seigneur du Quesnel, Messire Jean-Baptiste Le Fort, écuyer, achète la plus grande partie du fief. De ce fief dépendaient 5 journaux 58 verges dont un de remise dite du *Cierge bénit* chargé du cierge pascal consistant en 9 livres de cire jaune et 5 grains d'encéns. (1)

2. *La deuxième partie* du fief consistait en une mouvance de 14 journaux de terre labourable qui retourna aux mains de l'abbé de Corbie par décès de *Perceval* de *Gournay*, faute d'homme pour le relever. L'abbé loua ces 3 journaux pour la durée d'un an le 14 décembre 1420. Il les fit ensuite entrer dans la famille de Jean Boitel, qui les vendit à Jean-Louis de Villers, bourgeois d'Amiens, en 1608. En 1699, Nicolas de Villers de Rousseville relève le fief. Lui mort, il passe par sa fille dans la famille de Pierre d'Amiens avec lequel elle se maria pour tomber enfin, le 15 Juillet 1768, entre les mains de Messire Augustin-Louis Hennequin, chevalier, Seigneur de Famechon (2).

(1) Arch. Nat. Fonds Corbie. Registre Lebrun et Devisius. T. I. fᵒ 156. — Archives du château du Quesnel.

(2) Les de Boulainvillers portaient : Fascé d'argent et de gueules de 8 pièces.

CHAPITRE DEUXIÈME

Fief Cadot et Fief Caillouet

1. Le fief Cadot, situé au Quesnel, consistait en 12 journaux environ de terre labourable, en haute, moyenne et basse justice et quelques censives. Il était tenu du Comté de Corbie par les reliefs habituels. Il prit le nom de l'un de ses détenseurs. Nous le voyons constitué avant 1333, car cette année-là, le sieur *Bruicans de Haulecloque* en fournit le dénombrement à l'abbaye pour 11 journaux ½ ou environ. En 1454, il est entre les mains de Messire Gilles de Roye, chevalier, sire de Hangest qui le possédait à cause de sa femme Jeanne de Longueval. Il s'en dessaisit en faveur de Jean Cadot à la date sus-indiquéc. En 1557, les Cadot se dessaisissent du fief en faveur d'Antoine de Guehaigny, meunier demeurant au moulin de Fresnoy. Le fief, qui précédemment avait été divisé en deux parties, l'est de nouveau en 1683 pour tomber, en 1712 et en 1713, entre les mains de Jeanne Rabache, veuve d'Antoine de Guehaigny, qui le relève au nom de son fils Charles ; de Jacques de Moreuil, fils de Marguerite de Guehaigny et de Louis du même nom en 1737. A partir de 1737, il n'en n'est plus fait mention (1).

2. Le *fief Caillouet* consistant en 50 journaux de terre était tenu en deux hommages du Comté de Corbie, au XIVe siècle. Le 23 juin 1369, *Jean Sausses*, chevalier, sire de Tilloy, en sert le dénombrement à l'abbé de Corbie. Il mentionne une maison et un jardin, comme faisant partie du fief, 50 sols de cens et 5 autres maisons au Quesnel, d'autres cens encore, un

(1) Arch. Nat. Fonds Corbie. Reg. Stix f° 26, Ransonius f° 17 v°; Petrus d'Ostrel f°° 3 et 9 et f° 112 v°; Confucius, f° 16 v° f° 39. 44 et 51 et 384; Jacobus a pratis T. I, f° 110 v°; Leonius f°° 89 et 95; Devisius, T. I, f° 323 v°

hommage de 34 journaux en 9 pièces et un second hommage de 18 journaux.

Un dénombrement de 1535 est plus explicite. Il est spécifié que les 2 fiefs s'étendent « en tous droits de seigneurie et de justice, haute, moyenne et basse, chef-lieu, cens d'argent, de chapons, poules, grains fonciers et seigneuriaux, terre labourable, domaine, dixmes, champarts, terrages, hommages et autres droits. Le champart à prendre au Quesnel et à Warvillers, sur deux journaux du chemin de Caix, sur 5 quartiers au chemin de Lihons. Ces deux pièces sont chargées de plein champart, abblais croissant sur ces terres qui ne peuvent êtres enlevés sans congé du champarteur, sous peine de 60 sols parisis d'amende pour chaque pièce. Le chef-lieu consiste en ½ journal ½ quartier autrefois en deux maisons qui doit 12 sols de cens. Il y a en outre 63 journaux en 15 pièces et 4 arrière-fiefs, des héritages tenus des dits fiefs et redevables de cens, une pièce que détient le curé du Quesnel. »

En 1715, un autre dénombrement accuse 23 maisons dépendantes du Caillouet, 13 héritages non amasés, 49 journaux 82 verges de terre en 43 pièces devant 9 livres 13 sols de cens annuel, la dîme de 13 journaux ½, le champart de 3 journaux ½, 61 journaux de domaine en 16 pièces et 4 arrière-fiefs. Les arrière-fiefs dépendant du Caillouet étaient ceux des Petits-Champs, Vérité, de Framicourt et Cardon dont nous parlerons au chapitre suivant. Le fief du Caillouet fut successivement tenu par les familles Levieille, de Nelle, Coquerelle, d'Arsy, du Puy, de Montigny, Cailleux, Nicolas de Bellejambe à cause de sa femme, de Pravillers, Chaulatte, de Vresne, Frazier, Guenin et Debonnaire. Le 3 Avril 1770, Monsieur du Quesnel achetait Caillouet et Vérité pour la somme de 30.600 livres.

CHAPITRE TROISIÈME

Arrière-fiefs du Caillouet. Fiefs des Petits Champs, Vérité, des Seigneurs de Framicourt et Cardon.

I. — Fief des Petits Champs

Nature du fief. — Il consistait en 10 pièces de terre labourable situées au Quesnel et à Hangest et réputées contenir 42 journaux 63 verges. Il y avait, en outre, plusieurs droits de cens à prendre sur 3 propriétaires de masures, maisons et héritages situés au Quesnel.

Sa situation. — Il y avait 11 pièces de terre disséminées sur tout le territoire. On les trouvait près du fief La Taulle, à la Voie du bois Forêt, au champ des Enfants, à la Voie de la demi-lieue, au chemin de Lihons, tenant à la ruelle Boulogne, au chemin des Saulx, à la Chaussée Brunehaut, à l'endroit où fut construite la grange du château du Quesnel.

Propriétaires. — Robert de Parvillers, en 1588; M. de Courbeville en 1729; Louis Mallet, en 1785, qui le laissa à Catherine Suzanne Mallet, sa nièce, veuve de Jacques Henri de Brosset, chevalier, seigneur d'Arconville.

Revenus et partage du fief. — Les terres étaient louées 104 setiers 9 boisseaux de blé à plusieurs particuliers du Quesnel. En 1781, M. du Quesnel acheta la 20ᵉ partie du fief. Dans le partage qui en fut fait le 6 Décembre 1785, il eut 25 journaux 93 verges estimés, avec les droits seigneuriaux à percevoir sur 3 héritages, 10.102 livres 15 sols 6 deniers.

§ II. — Fief Vérité.

Nature du fief. Il consistait en un chef-lieu contenant 4 journaux d'héritage tenu à censives par Pierre Rabache et Charles Blot pour 1 livre d'argent et 2 setiers de blé, mesure de Montdidier, en 1735. Ce chef-lieu était situé au Quesnel. Il y avait en outre, sur Hangest, 12 journaux donnés à cens à charge de 26 deniers annuels et 27 journaux de domaine en 3 pièces. 24 journaux formaient des fiefs restreints, c'est-à-dire des fiefs sujets à des redevances roturières et privés de tout droit de justice. Celui qui les relevait était soumis au payement de 25 sols de chambellage pour chacun des fiefs et d'une somme équivalente au revenu d'une année du fief.

Propriétaires. Ce furent les Le Charpentier, de Vraigne, Chaulatte, Guénin, de Bonnaire, Houman de Courbeville.

En avril 1768, M. du Quesnel acquit de M. de Bonnaire 7/12 du fief; le 22 novembre 1777, les Houman de Courbeville lui en vendirent 24 ou 26 journaux y compris le chef-lieu relevant de Caillouet, ceci pour une somme de 11.000 livres. Ces 24 journaux formaient les 24/42e du fief Vérité. (1)

Nous ne saurions rien dire ici des fiefs Framicourt et Cardon, dépendant eux aussi du Caillouet. Nous savons seulement que le premier de ces fiefs avait 34 journaux de terre en 2 pièces sur le territoire d'Hangest. L'autre comptait seulement 4 journaux de terre.

(1) **Archives du château du Quesnel.**

CHAPITRE QUATRIÈME

Fief de l'Hôtel-Dieu d'Amiens, du Quesnoy et de la Taulle.

§ I. — Fief de l'Hotel-Dieu d'Amiens.

D'après une note de l'Inventaire des Titres de Corbie, (1) le fief de l'Hôtel-Dieu d'Amiens paraît avoir primitivement fait partie de celui de Boulainvillers. Il consistait en 31 journaux de terre labourable faisant partie d'un domaine de 45 journaux divisés en 10 pièces. La principale d'entre elles avait 13 journaux ½. Le dit établissement avait aussi une masure sujette à censive comme chef-lieu du fief. Ce fief relevait du Comté de Corbie par 60 sols parisis de relief et 37 sols tournois de chambellage, à l'origine. Les 31 journaux en relevèrent, dès la donation, à charge du double de ces droits; à charge aussi de fournir homme vivant, mourant et confisquant, à la disparition duquel ces droits étaient payés.

Le fief de 45 journaux et son chef-lieu appartinrent d'abord à Jean de Boulainvillers, bailli de Bourges, mari et bail de Jeanne de Gournay, en 1435. Il fut vendu à Jean Boitel, laboureur demeurant au Quesnel, marié à Jeanne Roussel. En 1603, les descendants de Jean Boitel le vendirent à Jean Pecquet, marchand d'Amiens. Leur fils, Antoine, en donna 31 journaux à l'Hôtel-Dieu. Ce fut l'origine du fief. (2)

§ II. — Fief du Quesnoy

Il relevait aussi du comté de Corbie, aux conditions ordinaires, consistait en 32 journaux de terre labourable et se trouvait situé, disent les anciens titres, entre Beaufort et le Quesnel. Il paraît avoir

<hr>

(1) Arch. de la Somme. Invent. des titres de Corbie. T. III, p. 435.
(2) Arch. Nat. Fonds Corbie. Reg. Jacobus a Pratis. T. I, f° 113 n° 3 et Reg. Léonorius f° 181 v° n° 4.— Dom Grenier. T. 1, 197 f° 28 v°

tiré son nom de l'ancien village du Quesnoy placé au croisement du chemin de Corbie avec celui de Lihons, à l'endroit dit aujourd'hui la Croix Bécu; au lieu dit autrefois le Moutier, puis le Mont-en-Quesnoy et à la fosse Casset.

Le fief du Quesnoy était constitué le 7 mai 1364, car, à cette date, Jean Le Laniers rend hommage à son sujet. A partir de cette date, il se divise et passe dans les familles Broiart, Lhermite, Le Fèvre, d'Aoust, Dobbe, Boitel, Audiquet, Masson, Barras, Constant, Gouin, Haudiquer. Le 14 juin 1738, les Annonciades de Roye en achètent 7 journaux ½ à Louis Postel (1).

§ III. — Fief de la Taulle.

Ce fief, qui est le dernier de ceux tenus du Comté de Corbie, consistait en 18 journaux de terre en trois pièces situées sur le chemin conduisant du Quesnel à Caix.

Son nom paraît lui venir du latin *tabula*, table, taule en vieux français. Il y avait un village de ce nom aux 12e et 13e siècles. Nous voyons, en effet, sous Philippe-Auguste, parmi les vassaux du roi, en la châtellenie de Montdidier, figurer le nom de Aubert de Hangest qui tient sa maison et le village de la Taulle et la garde de ses bois. (2)

Nous trouvons le nom des seigneurs du fief de la Taulle dans l'inventaire des titres de Corbie, à partir du XVe siécle. Ce sont les familles Boitel, Quellu, de Rainchevalle, de Bary, Rabache, Roger, de Brecq, Docherel, Cardon, Le Dieu, Le Seigne, Perdu, Le Roux, Morel, Warconsin, Parmentier, d'Ouvry, Guarin et Queslin. (3)

(1) Arch. Nat. Fonds Corbie. Reg. Stix, f° 51. — Franciscus, f° 29 v°; 79 v°, 96 et 106. — Hugo, f° 10 v°. — Ransonius f° 67 v°. — Eligius f° 83. — Carolus a Pratis. T. II, f° 144; f° 144 n° 2. — Leonorius f° 180, 231 v° et 371 v°. — Devisius, T. I f° 300; T. II. f° 438. — Lebrun f° 73, 76, 82 et 94.

(2) *Mémoires des Antiquaires*. Série III. T. II, p. 507.

(3) Arch. Nat. Fonds Corbie. Reg. Franciscus f° 135 v°. — Ransonius f° 58. — Petrus d'Ostrel, f° 53 v°, 235 et n° 1. — Confucius f° 41 n° 1 et 3, f° 372. 384 v° n° 4. — Leonorius f° 85, 139, 280, 343, 365.— Le Brun f° 37, 70, 76, 79, 81 — Divisius T. I. f° 325 et T. II 76.

CHAPITRE CINQUIÈME

Fiefs tenus d'Arvillers, Epagny et Boyard

§ I. — Fief d'Epagny

Ce fief appartenait, en 1752, à Messire Ménélé Hyacinthe de Bonnaire, chevalier de l'ordre royal et militaire de Saint-Louis, ci-devant lieutenant des Grenadiers à cheval, seigneur du fief Epagny, au Quesnel, et de Namps-au-Mont. Il faisait primitivement partie de la seigneurie d'Arvillers et sa glèbe totale en dépendait. (1)

Il consistait, d'après un contrat du 7 mai 1593, « en haute, moyenne et basse justice, en 109 journaux de terre labourable en 13 pièces, en 3 livres 15 sous et 13 chapons de censives à prendre sur 5 ou 6 maisons du Quesnel ».

Le nombre de ces revenus censitaires avait considérablement augmenté au cours des deux siècles suivants. Ainsi, le seigneur du fief Epagny, au XVIIIe siècle, ne comptait pas moins de 80 maisons de sa directe, au Quesnel, tant à cause de ce fief qu'à cause de celui du Caillouet. Une note des *Archives de la Somme* en mentionne 25 du fief Epagny et plus de 50 du Caillouet, mouvant de Corbie. (2)

En 1752 le sieur de Bonnaire, seigneur de Namps-au-Mont et Epagny, vendit à Florent Patte, meunier à Fresnoy-lès-Roye, un journal du fief touchant au chemin du Fresne avec droit d'y construire un moulin.

Le 30 avril 1768, M. du Quesnel acheta pour la somme de 17.872 livres le fief Epagny. Le 9 novembre suivant, il faisait également acquisition du journal de terre cité plus haut. Dans le contrat de vente il était stipulé que les descendants de Florent

---

(1) Abbé Houin. *Beaufort et ses seigneurs.* p. 329.
(2) Archives de la Somme. C. 2035. n° 20.

Patte ne bâtiraient pas de moulin dans la seigneurie du Quesnel et Saint-Mard, ni même dans une circonférence de deux lieues de rayon.

§ II. — Fief Boyart

Il consistait en 161 journaux dont 122 de terre labourable et 38 journaux 72 verges de bois. Il eut pour seigneurs Charles de Belleval, seigneur de Rouvroy, mort en 1663; Antoine de Belleval, mort en 1657; Bonne de Belleval, sœur d'Antoine, épouse de Jean Danzel de Beaulieu, morte en 1650.

Le fief Boyart est appelé fief Baiart dans les titres de 1675. Il eut comme possesseurs Messire Antoine Danzel, en 1668, Jeanne Boullet qui l'acquit le 23 février 1676, Jean-Baptiste Bosquillon, sieur de Mainelet, unique héritier de Jeanne Boullet sa mère, en 1730.

Le 16 décembre 1763, Mme veuve du Quesnel achetait Boyart la somme de 54.000 livres et payait 9.500 livres de droits féodaux pour cette acquisition à la seigneurie d'Arvillers. (1)

(1) Archives du Château du Quesnel.

CHAPITRE SIXIÈME

Fiefs relevant de Beaufort, de Moreuil et de la Châtellenie d'Hangest.

§ I. — Fiefs tenus de Beaufort.

C'étaient le fief *Le Roy* et celui du *Connétable.*

1. Le fief Le Roy, situé entre le Quesnel et Beaufort consistait en 15 journaux de terre en 3 pièces.

Nicolas Boitel le possédait avant 1546. Eloi, son fils, laboureur à Vrély, le vendit, le 25 mai 1546, la somme de 400 livres à honorable homme Nicolas Le Roy, bourgeois d'Amiens. Il eut comme possesseurs Vincent Le Roy, Vincent-François et Philippe du même nom, en 1573, Antoine Le Roy, en 1598. Le 8 avril 1632, le fief fut réuni, du consentement du possesseur, au corps de la seigneurie de Beaufort. A partir donc de cette époque, les seigneurs de Beaufort eurent le domaine utile du fief et les Le Roy « la directe et la seigneurie. » Cette directe et seigneurie fut cédée pour la somme de 300 livres, le 2 avril 1711, à René Boutin, seigneur de Beaufort, par messire Louis-Anne-Marie Le Roy, écuyer, seigneur en partie du Quesnel. Le vendeur et son fils se réservèrent le droit, nonobstant cette vente, de conserver le nom et le titre du dit fief leur vie durant.

2. Le fief du Connétable appartenait aux seigneurs d'Arvillers. Il leur avait été donné par bail à cens par les seigneurs de Beaufort en 1661. Il consistait en 7 journaux de terre tenant au chemin conduisant de Corbie à Guerbigny (1).

(1) Abbé Houin. Beaufort et ses seigneurs pp. 301 et 389.

§ II — Fiefs tenus de Moreuil.

Il y avait celui de Millencourt et celui du Vivier.

1. Le fief de Millencourt, dit aussi fief de Mirencourt, consistait en 24 journaux 55 verges de terre labourable en divers endroits du territoire. Les titres du XVIe siècle portent en outre 16 journaux dans la sole de la Vallée du Quesnel.

Le fief Millencourt appartenait à Ozias de Milly, archer, en 1529. Il passa, de ses mains, en celles de Matthieu de Milly, écuyer, demeurant au Plessier-Rozainvillers qui le vendit, par contrat du 17 août 1544, à Nicolas Le Roy, bourgeois d'Amiens. Les Le Roy, seigneurs du Quesnel, furent, à partir de cette date, seigneurs du fief Millencourt ou Mirencourt. Jacques de Cavoye, seigneur de Beaufort, acheta le domaine utile de ce fief à Madeleine Le Quieu, veuve de Vincent Le Roy et tutrice de Philippe Le Roy, son fils mineur (1).

2. En 1375, le fief du Vivier mouvait de Moreuil comme il le faisait encore en 1589. Dans les archives du château du Quesnel, nous le trouvons relever de Guerbigny, en 1682. A cette époque, il appartenait à Messire François de Louvel, chevalier, seigneur de Glisy. En 1788, il était en la possession de M. de Riencourt qui le vendit à M. du Quesnel 4150 livres non compris les droits de 760 livres (2).

Le fief du Vivier avait une certaine importance parce que, s'étendant en partie aux abords du village, vers la rue de Fresnoy, il englobait une partie des maisons et des héritages sis de ce côté. Son chef-lieu consistait en un héritage tenant à la ruelle conduisant du Quesnel à Fresnoy et à rue.

(1) Archives du château du Quesnel. — Abbé Houin. Beaufort et ses seigneurs p. 464.

(2) *Dom Grenier.* T. C XII bis. — *Gaëtan de Witasse. Géographie historique du dépar. de la Somme.* T. I p. 240.

CHAPITRE SEPTIÈME

Fiefs relevant de la baronnie d'Hangest, de Mézières et de Boves.

§ I. — De la baronnie d'Hangest

Il y avait le fief Guy des Prés, celui du Mesnil et le fief *Vérité*.

1. — Le fief Guy des Prés consistait en sept quartiers de bois faisant partie du bois de ce nom. Il relevait d'Hangest par 25 sols de chambellage. Ses possesseurs durent être les seigneurs du Quesnel. L'un d'eux, messire Louis Le Maistre de Bellejamme le céda, le 2 juillet 1636, à Jacques de Cavoye, seigneur de Beaufort, en échange d'autres terres.

2. — Le fief du Mesnil consistait en trois journaux de terre en plusieurs pièces, à Saint-Mard-en-Chaussée. La dite portion du fief produisait annuellement 5 setiers de blé. Le Mesnil mouvait de la baronnie d'Hangest, à charge des droits et devoirs seigneuriaux et féodaux qui pouvaient être dûs par les possesseurs. Ceux-ci furent, à un moment donné, les demoiselles Froissent de Montdidier, qui donnèrent les 3 journaux susdits à leur cousin Paul-Antoine de Caix, maître-ès-arts en l'Université de Paris, prêtre du diocèse d'Amiens (1).

3. Outre le fief *Vérité* dont nous avons parlé plus haut, il y avait, au Quesnel, un autre fief *Vérité* relevant de la baronnie d'Hangest. Il consistait en 7 journaux 16 verges rapportant 1 livre et 2 setiers de blé. (2)

De la baronnie d'Hangest étaient encore tenus trois journaux 37 verges de terre fief au bois des Prés et devant dîme à l'église de Folies. (3)

---

(1) Abbé Houin. *Beaufort et ses seigneurs.* p. 482.
(2) *Arch. de la Somme.* B. 440, 1776, 1745.
(3) *Archives du château du Quesnel.*

§ II. — Fief d'Aubercourt ou de Saint-Mard relevant de Mézières.

Ce fief était constitué avant le mois d'août 1501, car à cette date le *sire de Rubempré* en fait le dénombrement. Il y est spécifié que le chef-lieu d'Aubercourt, dit Saint-Marc, contient ½ journal chargé de 12 sols de censives annuellement. Il avait en outre 92 journaux de terre situés surtout à Saint-Mard. Son détenteur était tenu d'assister aux plaids à Mézières et laissait au seigneur de ce nom la souveraineté féodale.

Après le sire de Rubempré viennent comme possesseur du fief les Mouret qui lui donnèrent leur nom, au XVIIe siècle, Les Vaquette, les de Hert, les Barbe, Simon de Riencourt au XVIII^c (1).

§ III. — Fief du Baril mouvant de Boves. Autres propriétaires de fiefs.

1. Le fief du Baril, relevant de la baronnie de Boves en plein hommage, consistait en 35 journaux de terres en 4 pièces. Le chef-lieu et tènement, sis à Saint-Mard, consistait en une maison tenue, comme le reste, en plein hommage, selon la coutume de la baronnie. Le premier possesseur connu du fief fut messire Anthoine de Baril, chanoine de Péronne qui le laissa à Jehan du Baril. Jean, 2me du nom l'eut ensuite et Jacques qui en fit le relief en 1557. Il passa ensuite dans les familles Rabache, Hedde, Roger et Gaucherel.

2. Parmi les anciens propriétaires de fiefs à Saint-Mard, il y eut les Loufart, en 1243, les d'Oresmiaux, en 1404 et les Prévost, en 1513 (2).

(1) *Arch. de la Somme* E. 92 et 578.
(2) De Beauvillé. *Doc. inédits.* T. IV, p. 472. — *Cartulaire de S. Martin-aux-jumeaux.* f° 88 v°. — De Beauvillé. Doc. in. T. III pp. 117 et 154. — Archives du château du Quesnel.

CHAPITRE HUITIÈME

Fief de Bichecourt relevant de Hangard. — Fief de Saint-Mard relevant du Plessier. — Fief Saint-Mard mouvant de Boves et fiefs mouvants de diverses Seigneuries.

1. — Le fief de Bichecourt, situé à Saint-Mard avait pris le nom de son propriétaire en 1698. M. de Bichecourt le vendit pour 3840 livres, à titre de bail à cens, avec réserve du cens et du domaine direct, à Antoine Mérel et Françoise Legrand, sa femme, dans la famille desquels il demeura jusqu'en 1768. Le 16 janvier de cette année-là, Madame Le Fort du Quesnel fit un échange à son sujet, abandonnant 9 journaux de terre contre 9 autres du fief. Ce fief consistait en 20 journaux ½ en 5 pièces tenues en plein hommage du seigneur de Hangard.

2. — Le fief de Saint-Marcq, au XVIIIe siècle, peut-être Tronville, en 1588, relevait de la seigneurie du Plessier et consistait en 46 journaux sis à Saint-Mard, en 1755. Le 1er mai de cette même année, le sieur Jean-Joseph-Juste Lenoir, écuyer, en servit le dénombrement à M. le Comte de Villers, à cause de sa seigneurie du Plessier.

3. — Un autre fief de Saint-Marc dépendait de Boves tenu de Coucy, au XVIIIe siècle. Il consistait en une masure et 35 journaux de terre labourable tenus en fief de la baronnie par 60 sols parisis de relief et 30 de chambellage. Il était partagé entre les familles Raget, Patte, Graval et Couvreur, en 1692. (1)

---

(1) *Archives du château du Quesnel. — Archives du château de Moreuil*, tiroir K. — DE BEAUVILLÉ, Doc. inédits, T. III, p. 601.

4. — Parmi les fiefs mouvants de divers autres seigneuries nous trouvons :

a) Un fief anonyme appartenant aux Sorel. En 1468, Jean de Sorel est seigneur du Quesnel (2).

b) Fief anonyme tenu de Villers-Bocage. Ce fief était aux mains de Jean de Hangest, mayeur de Montdidier, fin du XIVe siècle. (3)

c) Fief anonyme tenu par Pierre du Bos, dit Morelet, chevalier, seigneur de Raincheval, en 1421 (1).

d) Fief anonyme possédé par Jacques du Chemin, en 1540. Outre les qualités d'abbé de Saint-Acheul et de chanoine archidiacre de Beauvais, il prend celle de seigneur du Quesnel (2).

e) Fief Blanchecourt. Il appartenait à Jean Bourgier, secrétaire du Roi, en 1610, et mouvait de la baronnie de Boves. Il le vendit à Charles Fouache, seigneur du Quesnel en partie. Le fief consistait en une maison, grange, étables, 33 H. de terre et un petit bosquet de XXI journaux situé aux environs de Cayeux (3).

f) Fief Damery relevant de la Salle du Roi, à Montdidier. Il consistait en 14 journaux de terre entre le village du Quesnel et Saint-Mard, en 1599 (4).

g) Fief Crocoison. Il relevait de la seigneurie de Mézières et consistait en 60 journaux de terre ou environ. M. de Fléchencourt en possédait 35 journaux, M. de Warvillers en avait le reste sauf 400 verges possédées par M. de Warsy (5).

h) Fief Picquet. Il relevait de la seigneurie de Hangard et se trouvait possédé, en 1768, par le sieur Haynauts, notaire à Amiens. Il consistait en 35 journaux de terre labourable, en 10 pièces.

---

(2) *Arch. Nat. Fonds de Corbie*: Reg. Ransonius, n° 5, f° 79 v°.

(3) *Arch. Nat.* P. 136. — *Carl. des aveux et dénomb. relatifs à la Picardie par* G. DE WITASSE, p. 72.

(1) *Bénéfices de l'Eglise d'Amiens,* par DARSY

(2) DE BEAUVILLÉ. *Doc. inédits.* T. IV, p. 411.

(3) DE BEAUVILLÉ. Doc. inédits t. IV, p. 457.

(4) DE BEAUVILLÉ. Doc. inédits T. I, p. 494.

(5) Terrier du Quesnel du XVIIIe siècle.

i) Fief Beljamme vulgairement nommé Pilate. Il relevait également de Hangard, était aux mains des héritiers Garin, de Fresnoy, et de ceux de Charles Douvry, du Quesnel, en 1768. Il consistait en 25 journaux de terre, en 4 pièces.

j) Fief Saint Mard. Ce fief relevait encore de la Seigneurie de Hangard. Il avait appartenu à la famille Picquet et se trouvait partagé, au XVIIIᵉ siècle, entre plusieurs familles. Il consistait en *domaine direct* sur 20 journaux 32 verges et en *domaine utile* de 61 journaux 36 verges (6).

(6) Archives du Quesnel.

CHAPITRE NEUVIÈME

Principaux propriétaires du sol à la fin de l'ancien régime.

1. Le principal d'entre eux était le *Seigneur du Quesnel*, dont le revenu fut évalué à la somme de 7975 livres 1 sol pour 7 journaux d'enclos, 88 journaux de domaine, 136 journaux de bois ou friche, deux moulins et droits seigneuriaux et 693 journaux de terre affermés.

2. *La Chapelle Saint-Vincent* du palais épiscopal d'Amiens unie au Grand Séminaire, pour 41 journaux de terre labourable.

3. *Le Chapitre d'Amiens* pour 3 journaux.

4. *La Fabrique de l'Eglise de Beaucourt* pour 450 verges.

5. *La Fabrique de l'Eglise de Fresnoy* pour 6 journaux 50 verges et son curé pour 650 verges.

6. *La Fabrique de l'Eglise de Beaufort* pour 1 journal; *celle de Caix* pour 27 journaux; la *Chapelle de Notre-Dame de Caix* pour 19 journaux.

7. *L'abbaye de Lihons* pour 8 journaux 50 verges d'une part et 5 journaux d'autre part.

8. *L'abbaye de Saint-Fuscien-aux-bois* pour 4 journaux.

9. *L'Abbaye de Saint-Vast de Moreuil* pour 11 journaux 50 verges.

10. *L'abbaye royale du Paraclet* pour 60 journaux.

11. *L'Hotel-Dieu d'Amiens* pour un fief de 33 journaux autrefois donné par Antoine Picquet.

12. *L'Hotel-Dieu de Montdidier*, à cause de la Maladrerie de Saint-Mard pour 13 journaux.

13. *Les Religieuses Annonciades de Roye* pour 98 journaux.

14. *M. de Maleville*, prêtre, chapelain de Notre-Dame de Caix, pour 7 journaux et 82 verges.

15. *Le Chapitre de l'Eglise royale de Saint Quentin* pour 10 journaux.

16. *Les Religieuses du Tiers-Ordre* de Saint-François, franciscaines de Montdidier, pour 40 journaux.

17. *M. de Soyécourt*, Seigneur de Caix, possédait un champart de 9 % sur 136 journaux, etc.

CINQUIÈME PARTIE

LA PAROISSE

CHAPITRE PREMIER

**Origine des paroisses de Saint-Mard et du Quesnel.
La Chapellenie du Quesnel.**

I. — On ne saurait écrire rien de précis au sujet
de l'origine de la paroisse de Saint-Mard. Tout au
plus pourrait-on supposer que le village placé comme
nous l'avons dit sur une grande artère, a dû, des
premiers, parmi ceux de la région, recevoir les se-
mences du saint Evangile. Si nous en jugeons d'après
le vocable de l'église consacrée à Saint-Médard,
nous sommes autorisés à lui assigner, comme date
assez précise, le VIe ou le VIIe siècle. C'est en effet,
à cette époque, que s'est répandu le culte de cet
Apôtre du Vermandois et que de nombreux monuments religieux furent érigés en son honneur.

II. — La paroisse du Quesnel, si nous en jugeons d'après le vocable de l'église qui est Saint-
Léger, doit avoir une origine postérieure de deux ou
de trois siècles à celle de Saint-Mard. La mémoire
du martyr, victime de la cruauté d'Ebroin, ayant
été réhabilitée au synode du Palais, en 681, et ses
reliques ayant été transportées de la forêt de Sar-
cing, près de Lucheux, à Poitiers, un peu plus tard,

on voit partout en France et dans les Pays-Bas,
des églises le prendre pour patron, dès le Xe siècle.
Quoiqu'il en soit, nous ne saurions trouver de
données précises, à ce sujet, jusqu'au XIIIe siècle.
Nous avons en effet de cette époque, quatre chartes
nous parlant d'une paroisse déjà existante.

III. — La première de ces chartes est une donation de 1265. Dans ce document, Robert du Quesnel,
écuyer, et Jeanne, sa femme, donnent en aumône
perpétuelle à l'église Saint-Léger du lieu, 5 bouviers
de terre, c'est-à-dire l'espace de terrain qu'un
bœuf pourrait labourer en 5 jours. Ces 5 bouviers
équivalant à 400 verges de notre époque, avaient
été par lui acquis de Monseigneur Regnier de Caix
en décembre 1263. Ils étaient situés à Colonvil-
liers, près de Folies. La donation est faite pour la
création d'une chapellenie dans l'église du Quesnel. Robert met comme condition à cette création,
que le chapelain bénéficier résidera au Quesnel et
dira les heures canoniales dans l'église du lieu,
avec le curé de la paroisse.

Les terres de Robert du Quesnel se trouvaient
en la mouvance de celles appartenant à Mathieu,
chevalier, seigneur du Quesnel. Elles en relevaient
par 12 deniers de cens annuel payables à Saint-Remi. Ces 12 deniers furent mis à la charge du futur
chapelain. A cette condition, Mathieu du Quesnel
approuva chaudement la dite concession (1).

Le deuxième document se rapportant à la question est la translation de la dite chapellenie à l'Évêché d'Amiens, en 1279. Mathieu du Quesnel y déclare vouloir que la Chapellenie fondée sur les biens
mouvant de son domaine, soit desservie perpé-
tuellement dans le palais épiscopal du seigneur
Évêque d'Amiens. Il confirme sa volonté par serment et oblige lui et ses héritiers au respect de cette
parole donnée. Cette détermination est ratifiée
par l'Évêque Guillaume de Mâcon.

Enfin en mai 1279, Mathieu du Quesnel donne
son consentement à l'augmentation de la chapellenie primitive. Certains biens ayant été acquis et

d'autres pouvant l'être dans la mouvance de sa seigneurie, il s'engage à garantir, à leur sujet, de tout trouble, le chapelain en jouissant et ceux à venir. Il offre les mêmes garanties relativement aux 4 bouviers de terre situés à Folies et au bouvier 18 verges de Colonvillers, donnés en 1265. Il engage, à ce sujet, ses biens personnels et fait à ses héritiers obligation de s'en tenir à la parole donnée. (2)

(1) *Arch. de la Somme.* Cartul. de l'Evêché d'Amiens fº 87 vº — Biblioth. Nat. Manuscrits. Trésor généalogique de D. Villevielle. — La Maison de Caix, par le Vicomte de Caix de Saint-Aymour.

(2) Abbé Houin. *Beaufort et ses seigneurs.* p. 584 et suivantes.

CHAPITRE DEUXIÈME

LES ÉDIFICES PAROISSIAUX

Eglise de Saint-Mard. — Ancienne église du Quesnel

1. Il y a peu de choses à dire au sujet de l'église
de Saint-Mard, gravement endommagée en 1636
et complètement détruite en 1638, comme en font
foi les documents.

S'il nous est donné d'en juger d'après un modeste
croquis de la fin du XVIIe siècle ou du commencement du XVIIIe, elle consistait en un assez svelte
clocher en pierre surmonté d'une flèche hardie. Contre ce clocher était adossée une nef sans collatéraux
et éclairée seulement par deux fenêtres de chaque
côté. Nef et clocher étaient assis dans le sens de
l'Est à l'Ouest, comme il en arrive aux églises orien-
tées. Placés en face de l'ancien château, l'un et
l'autre empiétaient sur un bon tiers de la chaussée
qui s'était élargie en cet endroit pour laisser aux
véhicules de toute nature un plus libre passage. Ce
ne fut guère qu'au XIXe siècle que la route fut
redressée en cet endroit.

2. Nous savons par un document du XVIIIe siècle, (1) que le clocher du Quesnel consistait, avant
1749, en une grosse tour flanquée de quatre tourelles fort élevées. La tour formait le portail et le
clocher de l'église. Les tourelles, qui l'écrasaient
sans doute de leur poids tout en servant à découvrir
l'approche de l'ennemi, l'avaient entraîné dans
leur ruine. A la date précitée, il n'en restait que
des vestiges.

Nous ne dirons pas en quoi la nef consistait au
XVIIe siècle. Trop heureux sommes-nous déjà
de connaître son ornementation intérieure. Ces dé-

(1) Relation de l'Académie des Inscriptions et Belles-Lettres. *Mémoires de la Société*. T. XXVII pp. 179 à 184.

L'ÉGLISE

tails nous sont fournis par un aveu du 24 mai 1618.
Il s'agissait, en la circonstance, de justifier que le
seigneur de Bellejambe était seigneur voyer du
Quesnel; qu'à lui appartenaient au dit lieu, tous
droits honorifiques et de prééminence. Il fut spécifié que l'église, assise en face du château, était cir-
conscrite dans les limites de la seigneurie du Quesnel. (1)

Derrière l'autel était la principale vitre. On y
voyait « un crucifix escorté des images de la Sainte
Vierge et de Saint Jean l'évangéliste. A droite de
cette représentation figurait Saint François; aux
pieds du Saint, la figure de feu François de Riencourt, en son vivant écuyer, seigneur du Quesnel.
A gauche de la vitre, une autre image de la Vierge,
à ses pieds la figure de damoiselle Marie de Saint-
Arnould, sa femme ». Ce travail était de la fin du
XVe siècle.

Dans la première fenêtre de la muraille droite du
chœur, en descendant, se trouvait représentée la
scène de l'Annonciation. Au bas du vitrail, le portrait de Pierre de Formé, écuyer, seigneur du Quesnel et celui de sa femme, Marguerite de Riencourt,
dame du Quesnel. Il y avait la date de 1554, époque à laquelle vivaient Pierre et Marguerite. Sous
le portrait du premier ses armes : *d'azur à 3 bandes ondées d'argent;* sous celui de la dame : *d'argent
à 3 fasces de gueules frettées d'or.*

Toujours du même côté, à la seconde fenêtre de
la muraille du chœur, reproduction des histoires
de la Présentation de la Sainte Vierge au temple et
de celle de la Maternité divine. Plus bas, les portraits
d'Adrien Formé et de sa femme Marie de Beaufort.
Adrien accompagné de ses armes déjà décrites; Marie de Beaufort de celles de sa famille : *d'azur à trois
jumelles d'or.*

Entre le chœur et la nef était une clôture en bois.

---

(1) *Arch. de la Somme.* G. 445. — L'ancienne église était assise sur
la pelouse actuelle, en face de la nouvelle église. Elle était orientée
de l'Ouest à l'Est et le clocher se trouvait en face de deux gros ormes, à l'entrée de la rue de la Ville lesquels disparurent, endommagés par les obus, en 1921.

Cette clôture était surmontée d'un crucifix qu'accompagnaient les statues de la Sainte Vierge et de Saint Jean l'Evangéliste. Au dessous du Crucifix étaient sculptées en bosse, dans du cœur de chêne, les armoiries d'Adrien de Formé et de Marie de Beaufort.

Au dessus de la petite porte de l'église, dite vulgairement la porte du seigneur, étaient également sculptées, dans la pierre, les dites armes des anciens seigneurs. Tout autour du monument, tant à l'intérieur qu'à l'extérieur, on remarquait ce qu'on nomme la litre ou ceinture funèbre tracée sur l'édifice à la mort de Marie de Beaufort. D'espace en espace ses armes et celles de son mari sur cette large bande noire. Dans les tiroirs de la sacristie deux tuniques en velours finement brodées et les blasons de François de Riencourt et de sa femme. On voyait également reproduits sur une grande chape de camelot noir ceux de Pierre Formé et de sa femme Marguerite de Riencourt. (1)

(1) Terrier du Quesnel et de Saint-Marc de 1617. *Arch. du château du Quesnel.*

CHAPITRE TROISIÈME

Restauration de l'ancienne église du Quesnel. — Reconstruction du chœur de l'ancienne église. — Noms des personnes inhumées dans cette église. Mobilier de l'église.

I. — La restauration de l'ancienne église se fit à deux époques du XIXe siècle. Il en était déjà question en 1733 et en 1747. Dans les années qui suivirent cette dernière date fut relevé le clocher, masse basse et lourde, dépourvu de tout caractère architectural. Dès 1785 on songeait à réparer aussi l'église « très vieux et très caduc bâtiment qui menace ruine de toutes parts. » Il en est de nouveau question le 27 juin 1788 et le 18 septembre suivant. La question est agitée de nouveau le 30 octobre 1789. Survint la Révolution; tout projet de restauration est abandonné.

La tourmente disparue, M. l'abbé Wable, curé du Quesnel, prit l'initiative d'importants travaux. Ayant entre les mains 2.000 francs, produit d'une vente d'arbres, des quêtes et de la location des places, il conçut le projet de faire restaurer la toiture encore couverte en tuiles. Puis, craignant que l'entrepreneur, livré à lui-même, n'apportât pas les soins nécessaires à la solidité de l'ouvrage, il crut devoir appeler un architecte qui, soit pour la plus grande solidité du travail, soit pour l'embellissement de l'église, porta le devis à 9.000 francs.

Là-dessus, lettre de M. le Vicomte Blin de Bourdon, du 5 août 1815, pour prier M. le curé : 1º de faire retrancher du devis tout ce qui n'était pas nécessaire à la solidité de l'ouvrage à effectuer; 2º d'engager le maire à se faire autoriser à une réunion du

Conseil municipal pour voter, sur l'exercice de1817, les fonds nécessaires. Résultat : Le devis fut porté à 9.773. 22. Le 2 mars, nouveau devis estimatif de 9.304 fr. 91. Difficultés avec l'entrepreneur. Le 6 mars 1822, métrage portant à 7.559 fr. 45 la somme due pour l'exécution des travaux. L'église était enfin réparée selon le désir des habitants du Quesnel.

II. Un peu avant le milieu du XIXe siècle, l'ancien chœur de l'église du Quesnel laissait beaucoup à désirer sous le rapport de la solidité. M. l'abbé Hurdequint, curé de la paroisse, prit l'initiative de sa réédification. Un devis de la dépense s'élevant à la somme de 3.257 fr. 09 centimes, ramené à celle de 3.220 fr. fut approuvé le 18 avril 1840. La dépense dépassa de beaucoup le devis, car l'œuvre éxécutée en 1840 « sans le concours du conseil municipal, mais avec les petites ressources de la fabrique de l'église » ne coûta pas moins de 11.989 fr. 55 c. M. l'abbé Hurdequint fut, en la circonstance, aidé par la bonne volonté des particuliers. Une quête à domicile, dans la paroisse, produisit environ 1.000 f. non compris les offrandes de MM. les Vicomtes Blin de Bourdon, père et fils, celles de Mademoiselle Elise Blin de Bourdon, celles aussi de M. et de Mme Lallart de Lebucquiére, dont la générosité, écrivait M. l'abbé Hurdequint, est digne d'une éternelle reconnaissance. Il faut noter aussi le secours de 2.400 fr., y compris 100 fr. de la Reine, que M. le Vicomte Blin de Bourdon père, député de l'arrondissement de Doullens, obtint du Gouvernement. Le travail de reconstruction du chœur paraît avoir duré assez de temps, car la réception des travaux eut lieu seulement le 7 juillet 1844.

III. Nous trouvons comme personnes inhumées dans l'ancienne église.

1. Le 18 août 1674, *Marye Michaul*, âgée de 2 mois

2. Le 15 mars 1668, *J. Ble Belleguise*, neveu du curé du lieu. Il avait 8 mois.

3. Le 4 avril 1694, *Marguerite Mathorel* âgée de 55 ans, sœur de M. le curé.

4. Le 15 octobre 1701, *Antoinette Godefroy*, âgée de 63 ans, servante de M. le curé.

5. Le 19 mai 1704, *Marguerite Guilmont*, âgée de 28 ans, nièce de M. le curé.

6. Le 31 août 1705, *Pierre Saulmont*, beau-frère de M. le curé.

7. Le 18 octobre 1718, M. *Antoine Mathorel*, ancien curé du Quesnel.

8. Le 31 octobre 1724, *Jacques de Bains*, âgé de 78 ans. Ce devait être le père de M. le Curé.

9. Le 10 octobre 1741, *Anne de Bains*.

10. Le 3 Décembre 1779, *Marie Marguerite Engramer*, nièce de M. le vicaire du Quesnel.

11. Le 22 décembre 1767, *Dame Marguerite Léonor Dehée*, veuve de messire *Jean-Baptiste Barthélemy* Le Fort, écuyer, seigneur du Quesnel. Elle avait 65 ans.

IV. Parmi les objets inventoriés à la Révolution nous trouvons :

Une lampe, un ostensoir, un ciboire, un calice, un bassin d'étain, deux burettes, un seau à eau bénite, un encensoir, quatre chandeliers à pied et deux plats en cuivre, deux croix, un plateau, une navette, un aspersoir, trois nappes d'autel, deux aubes, quarante deux pièces de menu linge, cinq grands surplis et quatre petits, douze chapes, dix chasubles, cinq tuniques, les quatre marbréaux des cloches enlevées de leur beffroi (1).

---

(1) Texte relevé aux *Archives de la Somme.*

CHAPITRE QUATRIÈME

LES ÉDIFICES PAROISSIAUX

(suite)

La nouvelle église. — Utilité. — Son emplacement. — Pose de la première pierre. — Bénédiction et Consécration. — Donation. — Mobilier, style et dimensions de l'église.

1. Dès avant 1840, la réédification de la nef qui menacait ruine ou la construction d'une nouvelle église s'imposait. On penchait d'autant plus vers la solution du second problème que le commerce y aidant, la population du Quesnel était en voie d'accroissement. Conséquence de cela : le vieil édifice religieux devenait de jour en jour plus insuffisant à contenir la masse des croyants très pratiquants, à cette époque. Qu'on en juge rien que par des chiffres. Le chœur de l'église nouvellement construit était envahi par les bancs nécessaires aux hommes qui y prenaient place. Il s'y trouvait 75 places occupées par eux. On en comptait 57 dans le bas du chœur, 14 dans la chapelle du Saint-Cœur de Marie 10 dans celle du Sacré-Cœur, 300 dans la nef, 24 dans les petits bancs, 33 contre les murailles du bas côté gauche, 29 dans le bas côté droit, 65 jusque sous la tour. Total 607 places occupées et payées pour une population de 1300 habitants.

2. Devant l'impossibilité, pour la paroisse, de faire édifier, faute de ressources, une nouvelle église, une église grande et spacieuse, Mademoiselle Elise Blin de Bourdon conçut le projet d'attacher son nom à cette œuvre importante.

Sa première pensée avait été de l'élever en face même du château, à droite de l'ancienne, sur l'emplacement des maisons formant coin, sur la rue de Beaufort.

Devant les exigences des particuliers réclamant dix fois la valeur de leur terrain, elle résolut de la placer là où elle est actuellement et sur des terrains à elle appartenant.

Le 24 juin 1858 eut lieu la pose de la première pierre qui fut bénite par M. l'abbé Boulenger, curé-doyen de Moreuil.

Le travail fut conduit activement, et, le 11 août 1861, M. l'abbé Voclin, curé-doyen de Moreuil, venait bénir la nouvelle église placée, comme l'ancienne, sous le vocable de Saint-Léger. La consécration ne devait avoir lieu que l'année suivante.

Cette consécration fut faite le 16 septembre 1862, par Monseigneur Boudinet, évêque d'Amiens, assisté de MM. Fallières, vicaire général, archidiacre, Leboulenger, chanoine, Lefèvre, secrétaire général. Assistaient à cette cérémonie 32 ecclésiastiques, les châtelains du lieu, ceux du voisinage, les membres du conseil de fabrique de l'église et M. Deleforterie, son architecte.

3. La nouvelle église étant ainsi solennellement consacrée, il ne restait plus à Mademoiselle Elise qu'à en disposer selon son dessein. Elle s'en ouvrit au conseil municipal dans une lettre du 29 avril 1861.

Elle lui propose la donation de l'église qui doit être communale, aux conditions suivantes :

a) L'immeuble restera toujours affecté à sa destination actuelle;

b) Mademoiselle Blin de Bourdon, son frère, ses descendants, aussi longtemps que leur famille existera, occuperont sans frais les deux chapelles latérales, c'est-à-dire la première arcade de chacune des deux chapelles contiguës au chœur, de manière cependant que la messe puisse être convenablement célébrée sur les autels des deux chapelles.

c) Que les matériaux de l'ancienne église qu'elle s'engage à faire démolir sous deux ans lui seront abandonnés par la commune.

d) Que l'emplacement de l'ancienne église restera vague, sans qu'il puisse jamais y être fait aucune construction ; qu'il n'en sera jamais fait une place publique pour divertissements ou marchés et que l'administration des voies et chemins, ayant pris le nécessaire pour la voie publique, le reste sera enclos de bornes ou barrières et fera partie du terrain sur lequel est bâtie l'église neuve.

Le 2 mai suivant, Conseil de fabrique et Conseil municipal acceptent à l'unanimité les propositions de la donatrice. Le premier octobre suivant, un décret de l'Empereur autorise la Fabrique à céder à Mademoiselle Blin de Bourdon, à son frère et à sa famille tant qu'elle existera « la jouissance gratuite des deux chapelles » à la charge pour les concessionnaires :

a) de subvenir, à leurs frais, à l'entretien de ces chapelles.

b) de n'en jamais céder ni transporter la jouissance à qui que ce soit. »

Nous n'avons pas à entreprendre de faire ici la description du monument que le docteur Goze dit être « d'un style bâtard » et pour la construction duquel Mademoiselle Blin de Bourdon a consacré 150.000fr. »

L'édifice est d'un gothique sobre d'ornementation extérieure. A l'intérieur, l'œil est satisfait par l'élévation des voûtes, l'harmonie des lignes, la richesse du mobilier tout moderne pour l'acquisition duquel le curé du lieu, M. l'abbé Hurdequint, n'a pas dépensé moins de 10.000 fr. de son patrimoine. On y admire surtout une Vierge de toute beauté taillée, elle et son divin Enfant, dans un seul morceau de hêtre. Elle paraît être du XVIIe ou du XVIIIe siècle. Un lutrin en fer forgé, style Louis XV, de la même époque, est son digne pendant.

On dit communément dans le pays que ces deux objets proviennent de l'abbaye de Corbie. Nous avons d'autant moins à y contredire qu'ils ne figurent pas parmi ceux compris dans un inventaire du mobilier d'église du XVIIIe siècle. Ce qui est de nature à nous étonner, s'il en est ainsi, c'est que dans les volutes du pied du lutrin se trouve le monogramme du patron de l'église du Quesnel, Saint Léger, lequel est représenté par deux S et deux L entrelacées. Ceci semblerait indiquer une œuvre d'art fabriquée sur commande.

Comme complément du mobilier, se trouvaient dans l'église, avant que l'ennemi n'en ait détruit ou enlevé une partie en 1918 : 2 magnifiques lampes du Saint-Sacrement offertes par les curés natifs du Quesnel; les splendides candélabres de l'entrée du chœur, don de M. et de Mme Thory-Lefèvre; 2 lustres en chaque petite chapelle offerts par le château et par Mlle Octavie Thory; les chandeliers de la chapelle de la Sainte Vierge donnés par M. Auguste Mourier; les grandes orgues, œuvre exécutée par les religieux de l'abbaye de Valloires, etc. Proportions de l'édifice, 18 mètres de large, 17 de haut sous clef de voûte, 50 de long extérieurement, clocher élevé de 30 mètres à la naissance de la flèche, flèche de 20 mètres, ce qui fait 50. C'en fut assez pour permettre au chauvinisme local d'appeler l'église du Quesnel, après celle d'Harbonnières ainsi désignée par Monseigneur de la Mothe, la Cathédrale du Santerre.

CHAPITRE CINQUIÈME

Dotation des édifices paroissiaux. Les bâtiments paroissiaux : Écoles, Maison Vicariale, Presbytères.

§ — I. Dotation des édifices paroissiaux

I. *Saint Mard*. — Avant de consentir à l'érection d'une église, les évêques, autrefois, exigeaient que des revenus quelconques fussent assurés par les fondateurs à son entretien. Ces biens furent, la plupart du temps, des parcelles de terre abandonnées à son profit par les seigneurs locaux. D'après le cueilloir de 1530 et les suivants, l'église de Saint-Mard avait été dotée de 14 journaux 83 verges de terre qu'elle détenait de la seigneurie du lieu. Ces 14 journaux en 9 pièces avaient été par elle exemptés de tout droit seigneurial. Sept quartiers seulement devaient 1 sol et 2 deniers de redevance annuelle. A cause de ce dernier article et de la possession d'autres propriétés, elle payait annuellement à la seigneurie 4 sols 8 deniers de censives. Parmi ces terrains se trouvaient 60 verges de vignes. Toutes ces terres étaient soumises « à lois et amendes de 14 deniers quand le cas le voulait ». Elles rapportaient, charges déduites (1), 60 livres en 1789 et furent chargées de 4 livres 2 sols de droits, cette même année, pour les derniers six mois restant à courir. (2)

Les biens constituant la dotation de l'église de Saint-Mard furent vendus, en qualité de biens nationaux, le 8 messidor an III (26 juin 1795) et en 9 portions pour la somme de 21.395 francs. (3)

---

(1) *Arch. du château du Quesnel.* Relevé des censives de 1786. — Aveux de 1530.

(2) *Arch. de la Somme.* Rôle de supplément de 1789. C. 2193 10.

(3) Ibid. Série Q. Reg. 28 n° 2829.

LE PRESBYTÈRE

II. *Le Quesnel* — D'après les renseignements puisés par nous aux Archives de la Somme, nous trouvons que l'église du Quesnel avait été dotée de 18 journaux 59 verges de terre.

Nous faisons grâce au lecteur du nom des acquéreurs de ces biens nationaux. (1)

L'église du Quesnel devait à la seigneurie annuellement, comme censives, 3 sols 7 deniers obole pite, 2 chapons et ½ setier de blé, pour 22 articles.

Elle avait un journal et 6 verges de terre dit « le Saint-Sacrement ». Elle possédait en outre 17 autres journaux de terre données à charge de services religieux. La totalité de ces terres s'élevant à 35 journaux rapportaient, en 1789, charges déduites, 80 livres annuelles, si nous nous en référons à l'estimation du rôle de supplément pour les derniers six mois de cette année-là. Elles furent chargées de 5 livres 8 sols de droits ou impositions nouvelles (2). Ces terrains n'ayant pas été tous aliénés, à la Révolution, il y eut une revendication, au sujet de leur possession, du 7 juillet 1833. En vertu du décret du 3 septembre 1809 qui attribuait aux Fabriques des églises ces terrains non aliénés, celle du Quesnel revendiqua deux pièces de terre, la première de 50 verges; la deuxième de 100 verges (3).

§ II. — Ecoles. — Maison vicariale.
Presbytère.

Ecoles. — Jusqu'au moment de la Révolution française, ce fut l'église qui se chargea du soin de l'éducation des enfants. Dans le diocèse d'Amiens, des instructions de l'évêque Jessé, datées de 811, recommandaient déjà, aux curés des paroisses, de s'assurer le concours de clercs suffisamment instruits afin de pouvoir les charger de la direction des écoles (4).

(1) Ibid. Série Q. Reg. 28 n° 2804 à 2828.
(2) *Arch. de la Somme.* Rôle de Supplément de 1789. C. 2193 I.
(3) Archives paroissiales du Quesnel.
(4) Actes de l'Eglise d'Amiens T. I, p. 20.

Nous ne saurions point dire où se trouvait celle du Quesnel, dans la première moitié du XVIIIe siècle. Nous savons seulement que ce ne devait pas être un palais scolaire, car dans le compte de la Fabrique de l'église du lieu, pour l'année 1780, figure une somme de « 120 livres provenant de la vente de l'ancienne école ». Nous lisons ailleurs dans un « brouillon pour servir au livre des censives touchant les mutations » qu'elle était assise sur 13 verges ½ de terre, en 1765.

Celle qui lui succéda était située dans la rue d'Amende. Elle fut fournie à la paroisse par M. le curé Engramer, dans les années qui précédèrent la Révolution. Au retour de l'exil, le 19 septembre 1801, il la vendit pour 600 francs à M. du Quesnel. Après la suppression de la rue d'Amende, elle devint le « Petit Chateau ». Il fut convenu entre M. Engramer et les Châtelains du lieu qu'aucune somme ne serait à ce sujet remise entre ses mains. En dédommagement de l'immeuble cédé, ces derniers s'engageaient seulement à loger gratuitement la sœur d'école que l'on devait appeler au Quesnel.

A cette dernière, il fallait assurer un traitement. Celui fondé par Dame Marguerite Eléonore Dehée, en 1779, avait disparu peu avant la Révolution. Sans aucune obligation de sa part et rien que par respect pour les intentions bien connues de sa mère, M. Le Fort du Quesnel prit à sa charge de le remplacer. Ce traitement de 216 francs se trouva considérablement augmenté quelques années plus tard. En effet, le 23 septembre 1825, M. Lagnier, curé du Plessier, laissa, par l'intermédiaire du châtelain du lieu, au Bureau de bienfaisance, une rente de 350 francs, à charge par le Bureau « de pourvoir à l'établissement de la sœur d'école chargée de l'éducation des jeunes filles ». La rente ne devait être employée à aucune autre destination que celle d'une éducation essentiellement chrétienne, religieuse, morale, conforme à la foi catholique, apostolique et romaine donnée par la religieuse. La sœur ne devait toucher la rente que pendant l'exercice de sa fonction. En cas d'interruption par changement de titulaire, le revenu devait être employé au profit de l'Etablissement. L'Etablissement ou les sœurs étaient chargés de faire acquitter à perpétuité, chaque mois, en l'église du Quesnel, une messe basse suivie du *De profundis* et oraisons accoutumées pour le donateur. Le jour même ou le lendemain la sœur devait réciter, conjointement avec ses élèves, après la classe du soir, le *De profundis* avec oraison *Absolve* pour le donateur.

Les volontés du donateur furent éxécutées jusqu'au moment de la laïcisation de l'école des filles. Quant aux messes expressément réclamées par lui, le Bureau de bienfaisance cessa de les faire acquitter à partir du moment de la séparation, 13 décembre 1906.

L'école actuelle des filles, contiguë à l'église, fut élevée par Mademoiselle Elise Blin de Bourdon, à l'aide de ses seules ressources. Elle le fut sur un terrain donné par elle, avec l'église, à la Commune. Sa première pensée avait été d'y faire installer le gardien-né de cette église, le curé du Quesnel. Devant le refus de M. l'abbé Hurdequint, trois sœurs de la Sainte Famille, d'Amiens, prirent possession de l'immeuble qui, considéré comme son bien par la fondation, fut toujours entretenu par elle. Après la laïcisation de l'école, la maison maladroitement bâtie sur le terrain communal demeura à la commune. Chaque pierre, cependant, n'en proclame par moins la volonté de la donatrice trompée dans ses intentions bien connues de tous.

En raison de la proximité des deux édifices qui se gênent réciproquement, le Conseil de Fabrique de l'église vote une somme de 100 francs, en 1898. pour « délimiter à l'ouest, par une clôture, le terrain de l'église. » Il ne fut pas donné suite à ce projet vu l'insuffisance de la somme dont le Conseil disposait.

L'école des garçons dirigée jusqu'au moment de la révolution par le clerc laïque, le *magister* d'autrefois, fut, après la tourmente, installée dans la *maison vicariale*, l'école d'aujourd'hui. Elle fut conséquemment, elle aussi, immeuble paroissial, à ses origines. Au XIXe siècle, trois frères de Sion, puis trois frères des Ecoles chrétiennes, y furent établis. De même que les Religieuses, ils ne coûtaient pas un sou à la Commune. Un arrangement pris avec le château, qui se faisait leur pourvoyeur, leur permettait suffisamment de vivre. Ils furent eux aussi chassés de leur immeuble devenu communal.

Instituteurs au XIXe siècle :

Laïcisation :	M. Outrequin, Directeur.	1891
	M. Dangreville, adjoint.	1891
	M. Leroux, adjoint.	1893
	M. Legrand Désiré, directeur.	1896
	M. Fournier, adjoint.	1899
	M. Legrand Paul, adjoint.	1901
	M. Andrieux, adjoint.	1902
	M. Marest Théodore, institut.	1911

Institutrices :

Laïcisation :	Mlle Tacheux Marie, direct.	1898
	Mlle Tacheux Léa, adjointe	1898
	Mlle Caron Clémence, direc.	1902
	Mlle Gommée, adjointe.	1902
	Mlle Deplace, adjointe	1904
	Mlle Louchel, adjointe	1908
	Mlle Defruit, adjointe	1909
	Mlle Sergent, adjointe	1910
	Mlle Baudoire	1913
	Mlle Revel	1915
	Mlle Adam	1917
	Mme Duflot	1919

Presbytères. — Celui de Saint-Mard donnait sur la Chaussée, du côté de Fresnoy. Dans le cueilloir aux censives de la seigneurie du lieu, en 1632, il est dit qu'il tenait à un héritage des héritiers Jean Cardon. Il y a encore, sur le territoire de Fresnoy, l'endroit dit le Presbytère.

Après la destruction du presbytère et du village, le titulaire de la Cure venait prendre possession de son bénéfice dans les fossés du château.

La maison curiale du Quesnel semble n'avoir jamais changé de place. Dans une déclaration du 18 février 1570, il est dit qu'elle tient d'un bout à la grand'rue et d'autre au cimetière.

L'enclos de l'ancien presbytère, propriété de l'ancienne Fabrique de l'église qui l'entretenait, fut une première fois agrandi au XVIIIIᵉ siècle. En effet, par son testament olographe des 8 septembre 1758 et 19 septembre 1759, maître Antoine de Bains, curé du Quesnel, légua à ses successeurs « la chambre et la grange édifiées sur le terrain acheté par lui à Charles Mourier, le tout contigu au presbytère, à la rue et à la veuve Jean Fournet. » L'ancien plan du Quesnel marque son emplacement. « Le fournil du presbytère » est-il dit dans l'acte testamentaire », en fait la limite et répond au pignon de pierre de ma chambre, le vestibule et l'allée du jardin » (1).

En 1781, le presbytère qui tombait fut restauré. La dépense qui fut de 800 livres n'était pas encore totalement payée en 1785 (2).

En 1837, M. l'abbé Hurdequint, curé du Quesnel, acquit de Victoire Piot, 7 ares 28 centiares de terre enclos de murs, tenant d'un côté au cimetière et d'autre au jardin du presbytère. Cette vente fut ratifiée moyennant la somme de 400 francs payée des demiers du curé. Il en fit don à la fabrique de l'église du Quesnel au terme d'un acte public du 16 octobre 1838 et à titre gratuit, « sous la condition expresse que le dit jardin ferait toujours partie du jardin du presbytère. » Cette donation fut approuvée par arrêté ministériel signé L. Philippe le 11 août 1839, enregistré le 12, sous le nº 1146. En vertu de la loi de séparation, le terrain fut placé sous séquestre et attribué au Bureau de Bienfaisance. En 1842, M. l'abbé Hurdequint fit bâtir à ses frais la chambre attenante au presbytère, vers le nord.

En 1863, il fit clore de murs le jardin avec une partie des pierres de l'ancienne église. En 1868,

(1) Archives de la famille *Cardon-Thory*,
(2) Note des Archives de la Somme.

furent construits les bâtiments sur rue qui subirent une notable réparation en 1893. En 1897, importante réparation d'une partie des murs du jardin et réfection totale de la toiture du presbytère en 1903. Cette dépense qui s'imposait coûta 2.000 francs et fut tout entière supportée par M.l'abbé Polleux. En 1906, la commune prit à sa charge les très importantes réparations de l'immeuble qui menaçait ruine et le rendit habitable.

INTÉRIEUR DE L'ÉGLISE

CHAPITRE SIXIÈME

Eglises de Saint-Mard et du Quesnel
Les fondations religieuses

§ I. — Obituaire de Saint-Mard

L'ancien obituaire de Saint-Mard a disparu dans l'incendie du village, en 1636 et en 1658. Les biens de l'église du lieu furent attribués à la Fabrique de celle du Quesnel et les charges des biens acquittées dans l'église du dit endroit. Jusqu'au moment de la révolution, il y eut toujours un compte distinct pour les deux établissements. Au nombre des fondations de Saint-Mard sont à mentionner 12 obits autrefois fondés par M. Jouy, seigneur de Saint-Mard (1).

§ II. — Obituaire du Quesnel

Le plus ancien obituaire que nous possédions est celui de M. Antoine de Bains, curé du Quesnel, de 1758. Il le fit dresser sur papier collé sur toile et enchâsser dans un cadre de bois appendu dans l'église. Comme en 1771 il commençait à s'user à cause de l'humidité, M. Engramer le transcrivit sur un nouveau registre fabricien. On y relève les fondations de *Henri de Saint-Léger*, curé du Quesnel; *Henri de Saint-Léger*, décédé garçon; *Pierre Deguehegny et Jeanne Bazard*, sa femme; *M. Pierre Rabache*; *M. Picquet*, archidiacre et chanoine d'Amiens qui fonde un cierge de 9 livres, à cause d'une pièce de terre de 5 journaux, près Boyart, ce, en 1665. Doivent y être ajoutés 5 grains d'encens de ce cierge pascal, le tout en cire jaune. En 1732, le cierge pascal fut mis à la charge de M. Jean le Fort du

---

(1) Bénéfices de l'Eglise d'Amiens. Darsy, p. 276.

Quesnel et de ses héritiers, à cause de l'acquisition faite par lui de ces 5 journaux qui furent plantés en bois et prirent le nom de *Bois du cierge bénit ; Marie de Bains,* M. *Charles de Beauvais,* curé de Dancourt ; *Martin de Beauvais,* fils de Marie de Bains; *Firmin Douvry; Anne Harlé; Charles de Saint-Léger ; Antoine Deguehegny et Suzanne Marleux,* sa femme; *Anne Morel ; Jean du Baril ; Marguerite Deguehegny ; Anne de Saint-Léger ; Bernard de Parvillers ; Marthe Pouillet ; Guillaume Gouin ; Marie Maressel; Jacques Cofin; Marthe Gressier;* M. *Antoine Lefèvre,* prêtre et clerc du Quesnel; M *Vincent Boitel;* M. *Nicolas Deguehegny,* curé de Marquivillers ; *Marie Deguehegny ; Anne Thory ; Florent Gambart, Firmin Mourier; Marie Fourmont; Marie Harduin; Marguerite Bourse; Adrien de Chilly; Perrine de Caix;* M. *Antoine Matissart; Jean Boitel; Isaac Caboche; Marie Mélique; Catherine de Parvillers;* M. *Nicolas de Brie,* vicaire du Quesnel; *Marie Cleuet; Martin Gressier,* curé de Hangard; *Pierre Deguehgny ; Mathieu Berlin; Jean Lagnel; Jeanne Boitel; Pierre Rabache; Marie Deguehegny; Florent Rabache ; Antoine Deguehegny,* frère utérin du curé du Quesnel; *Hélène Deguehegny; Martin Martin; Christophe Mangot; Jean de Parvillé; Marie Gouin ; Claude de Saint-Léger et Marie Mourier ; Constance Lefèvre; Jeanne de Fremont ; Messire Adrien de Formé,* seigneur du Quesnel et Saint-Mard; *Marthe Deguehegny; Louis Debeauvais; Suzanne Caron; Adrien Thory et Marguerite Baillet; Suzanne de Mont; Anne de Rumigny et Madeleine Thory; Adrien Baillet et Marthe Pouillet; Madeleine Pouillet; Marie Sené; Jacques Boitel; Nicolas le Caron,* curé du Quesnel; *Françoise de Saint Léger; Florent Couture; Marie Bruiant; Louis de Beauvais, Marguerite Thory et Marie de Saint-Léger ;* M. *Arthur Boitel,* curé de Mézières; M. *Antoine Boitel; Marthe de Guehegny; Marguerite Parmentier; Charlotte Ancelin; Françoise Thory; Antoine Bruiant; Jeanne Gambart; Vincent Pouillet; Florent Daulé et Hélène Blot* sa femme ; *Jean Bourguignon ; Pringre Lefèvre;* M. *Thierry de Coquin,* curé de Becquigny ; *Jean Boitel* et *Marie de Caix* ; *Madeleine Deguehegny*; *Jacques Catoir* et *Marie de Rumigny; Florent Gambart*, vicaire du Quesnel; *Quentin Caboche*; *Laurent Gambart; Jacques de Bains* et *Madeleine Ducrocq; Suzanne Deguchegny; François de Parvillers; Marie Vérone* et *Jean du Baril*, son mari; *Christophe Lagnel; Thomas Boitel; Jacques de Saint Léger*, père du curé du Quesnel; *Martin de Saint Léger*, receveur d'Ignaucourt; *Marguerite Pouillet; Charlotte Mourier; Suzanne Pouillet; Charlotte de Saint Léger; Pierre Rabache.*

Ces fondations se répartissaient en 117 obits doubles, 26 obits simples, 13 Libera et les Vêpres du Saint-Sacrement au nombre de 47.

Le vicaire du Quesnel devait en outre acquitter : 2 messes basses par mois avec *De profundis* et antienne à la Sainte Vierge pour Charles de Saint-Léger.

Des réductions de fondations durent être opérées en 1781.

CHAPITRE SEPTIÈME

Cures, Curés de Saint-Mard et du Quesnel. — Personnalités religieuses de l'endroit.

§ I. Cures de Saint-Mard et du Quesnel.

1. — Le curé de Saint-Mard était à la nomination du Chapitre de la Cathédrale d'Amiens qui était de plein droit le collateur de la cure (1).

La cure avait au moins, comme bien-fonds, un journal, 50 verges de terre vendus 1.600 livres, le 26 juin 1794.

Ses revenus étaient les suivants :

Du Chapitre d'Amiens, 102 setiers de blé, mesure d'Amiens.	214 liv. 4 s.
Des seigneurs du Quesnel, 2 muids de blé	67 » 4 »
Total...	281 liv. 8 s.
Charges : Au Curé du Quesnel	15 liv.
Au magister	3 »
Total...	18
Reste net (2) ...	263 liv. 8 s.

Curés connus de Saint-Mard :

Un curé du nom de Jean	1231 (3).
Sire Quentin de la Montagne	1529.
Gaspard Cardon	1636.
Jacques de Choisy	1728.
Maître Roussel	1771.
M. Joubert	1789.

---

(1) Darsy. *Bénéfices*. T. II, p. 383. En cet endroit, M. Darsy dit que le Chapitre n'avait que la nomination, ce qu'il contredit ailleurs, T. I, p. 276.

(2) Darsy, *Bénéfices*. T. I p. 276. — Pouillé de l'archidiacre f° 143.

(3) Cartulaire du chapitre édité par la soc. des antiq. de Pic I. 251.

2. — Biens de cure du Quesnel. — La cure du Quesnel avait 11 journaux 47 verges de terre qui furent vendus 2874 livres 10 sols 8 deniers, le 26 juillet 1792 (1). En 1764, le curé du Quesnel payait, au sujet de ces terres, 1 livre 2 deniers annuellement à la seigneurie, comme droit censitaire.

Collateur et revenus. Le Curé du Quesnel était à la présentation et à la nomination de l'évêque d'Amiens. D'après la déclaration faite par le titulaire, le 18 juin 1728, les *revenus affermés* consistaient en 80 livres d'argent provenant du fermage de 12 journaux du bien de cure, plus 32 livres provenant du voiturage des blés que rendait le curé aux Chapîtres d'Amiens et de Fouilloy et au prieuré de Davenescourt.

Les revenus non affermés étaient les suivants :

La dîme produisant 64 set. 6 boisseaux de blé, mesure de Montdidier.	180 liv.
28 setiers 6 boisseaux d'avoine	62 » 14 s.
20 setiers de seigle, y compris le produit des dimes novales.	46 »
Fourrages.	123 » 6 s.
Pailles.	13 » 12 s.
Menues et vertes dîmes.	28 » 4 »
Un surcens sur une pièce de terre.	2 »
Fondations et obits.	137 »
Casuel.	69 »
Revenus affermés.	112 »
Total des revenus :	773 liv. 16 s.
Charges : Frais de dîme.	120 liv.
Réparation au chœur de l'église.	20 »
Réparation au presbytère	15 »
Total.	155 l.
Reste net (2).	618 liv. 16 s.

(1) *Arch. de la Somme*, série Q. reg. 10, n° 907.
(2) DARSY, *Bénéfices* T. I, p. 276.

§ II. — Curés du Quesnel.

1. 1570　　　　　　　Martin Laigner.
2. 1617 à 1620, Maître Jean Laigner,
3. 1620 à 1656, Henri de Saint Léger,
4. 1656 à 1679, Pierre Thuillier,
5. 1681 à 1686, Nicolas le Caron,
6. 1686 à 1716, Antoine Mathorel,
7. 1717 à 1769, Antoine de Bains,
8. 1769 à 1804, Me Romain Crespin Engramer,
9. 1804 à 1817, M. Benoît Wable,
10. 1817 à 1818, M. Fouquerel,
11. 1818 à 1835, M. Maurisse,
12. 1835 à 1877, M. Pierre Hurdequint,
13. 1877 à 1882, M. Stanislas Dely,
14. 1882 à 1888, M. l'abbé Floury,
15. 1888 à 1896, M. l'abbé L. J. Ch. Dessaint,
16. 1896 à 1906, M. l'abbé Polleux,
17. 1906 à 1920, M. Fr. Joseph Maurice Leroy,
18. 1920　　　　　　　M. Eugène Colart,

§ III. — Vicaires du Quesnel

«　　Nicolas de Brie
1637, Maître Anthoine Lefèvre,
1656, Maître Florent Gambart,
1663, Maître Christophe Mangot,
1685, Maître Jacques Henry,
1690, Maître A. Leroux,
1698, Maître de Bray,
1700, A. Boulnois,
1701, de Bains,
1702, J. Foirez,
1708, Jean-Baptiste Boulnois,
1715, Allou,
1716, de Bains, qui devient curé du Quesnel.
1719, Boissard,
1720, R. Pinsepré,
1722, Charles Fovest,
1727, P. Cabochart,
1731, Dupetel,
1736, Courtois,
1738, Beauvais,

1745, Gouin,
1757, Alexis Cazier,
1748, Firmin Bernard,
1763, Romain Crespin Engramer,
1769, Lemaire,
1772, Henon,
1787, Lagnier,
1792, Talamigny, qui signe en qualité de curé
     de Caix, le 11 décembre 1792.
1838, Viltart, qui passe du Quesnel à Cayeux où
     il devient curé.

§ IV. — Prêtres, Religieux et Religieuses
natifs du Quesnel.

1. 1500, Barthélemy de Bains,
2. 1524, Antoine Boitel,
3. 1541, M. Thierry Coquin, curé de Picquigny,
4. 1592, M. Arthur Boitel, curé de Mézières.
5. 1622, M. Jacques Cofin, chanoine de Péronne,
6. 1636, M. Nicolas Deguehegny, curé de Marquivillers.
7. 1644. M. Antoine Lefèvre, clerc de la paroisse.
8. 1650 M. Martin Gressier, curé de Hangard.
9. 1665. Le Sieur Picquet, archidiacre et chanoine d'Amiens.
10. 1677. M. Christophe Mangot, clerc du Quesnel.
11. 1684. Charles Caszet, curé d'Ignaucourt.
12. 1685. M. Antoine Caron, sous-diacre.
13. 1690. M. Charles de Beauvais, curé deDancourt.
14. 1713. M. Pierre Rabache, curé de Godenvillers.
15. 1733. M. Blot, desservant du prieuré de Serton. ·
16. 1741. M. Blot, sous-diacre.
17. 1745. M. Charles de Gouin, curé de l'Echelle.
18. 1756. M. Charles de Bains curé de Laucourt.
19. 1765. M. Anthoine Deguehaigny, chanoine de
la Collégiale de Saint-Martin de Picquigny.
20. 1781. M. Jean Couture, bachelier en théologie.
21. 1804. M. Bourbier curé de Beaufort. (?)
22. 1806. Pierre Armand Lagnier, curé du Plessier ?
23. 1829. Zéphirin Thory, curé de Flaucourt.
24. 1829. Eloi Bourbier, curé de Braches.

25. 1829. Alexandre Bourbier, curé de Liancourt-Fosse.
26. 1829. M. Deguehegny, curé de Fricourt.
27. 1829. M. l'abbé Sené, curé de Beuvraignes.
28. 1835. M. L'abbé Tronquet, curé de Réthonvillers.
29. 1839. M. l'abbé Pierre Couture, Directeur des enfants de chœur à la cathédrale, pro-secrétaire de l'Evêché, Vicaire du Chapitre, Chanoine prébendé en 1877, +7 mars 1888.
30. 1854. M. l'abbé Deguehegny, curé de Thézy.
31. 1860. M. l'abbé François Thory, curé de Saint-Maulvis.
32. 1874. M. l'abbé Jean-Baptiste Sené, curé de Malpart.
33. M. l'abbé Charles-Florentin-Adolphe Defoly, né le 18 mars 1851 et successivement vicaire de Corbie, curé de Gentelles, du Ronssoy, d'Allaines, Allery, Lœuilly, et prêtre habitué à Poix où il décéda
34. M. l'abbé Hénoch-Elie-Jérémie Grené, né le 25 juin 1861, successivement curé de Lahoussoye, d'Etinehem et du Petit-Saint-Jean.
35. M. l'abbé Paul Omer-Alfred Gadré, né le 27 février 1863, successivement vicaire de Rosières, curé de Liancourt-Fosse, curé-doyen de Nouvion-en-Ponthieu et de Rue, chanoine honoraire de N.-D. d'Amiens, le 24 mai 1920.
36. M. l'abbé Alexandre-Jules-Gustave Thory, né le 25 juillet 1874, successivement vicaire à Rosières et curé de Folies.
37. M. l'abbé Jules-Alexandre-Louis Sarot, né le 9 août 1878, vicaire à Sainte-Anne, à Amiens, successivement professeur dans diverses maisons ecclésiastiques et curé de Braches, mobilisé pendant la guerre.

1635. R. Père Firmin, gardien des Capucins de Péronne.
1645. Dom Louis de Saint-Léger, bénédictin.
1771. Frère Adrien Harlé, capucin du couvent Saint-Honoré, à Paris.
1860. R. Père Thory, jésuite, décédé en 1911, au Tuquet (Mouscron) Belgique.

1765. Sœur Marguerite Rabache, sœur de la Providence à Amiens.
1832. Sœur Madeleine Dumuin, fille de la charité.
1835. Sœur Julie Deguehegny, décédée au Quesnel.
1848. Frère Isidore Lefèvre, coadjuteur Jésuite, mort en résidence à Rome.
1855. Sœur Joséphine Thory ou Saint-Marius, de la Sainte Famille d'Amiens.
1870. Sœur Thaïs Thory, de la Sainte Famille d'Amiens, décédée à Gouzencourt (Pas-de-Calais).
1876. Sœur Zélie Thory ou Saint Marius, de la Sainte-Famille d'Amiens, décédée à Sains-Richaumont (Aisne).

CHAPITRE HUITIÈME

La dîme des paroisses de Saint-Mard et du Quesnel.

§ i. — Dime de Saint-Mard

La dîme de Saint-Mard se percevait à raison de 6 gerbes du cent et elle appartenait totalement au chapître de la Cathédrale d'Amiens. (1) Il l'avait acquise dans les premières années du XIIIe siècle de Jean, seigneur de Camp Remy et d'Aveline, sa femme. La somme de 40 livres fut payée, dans la circonstance, par le Doyen du Chapitre. Avant d'être en la possession de Jean de Camp Remy, cette dîme avait appartenu à Colin de Moreuil. (2) On mit à la ratification de cette vente les conditions suivantes : la dime de Saint-Mard ne pourrait pas être rachetée par les vendeurs avant la fête de la Toussaint 1235. Si son prix d'achat n'était pas, avant cette époque, remis au Chapitre, le revenu de cette dîme devait continuer à être perçu par le Chapitre pendant l'année suivante et ainsi d'année en année jusqu'au jour où le prix des 40 livres lui serait remis. Jean de Camp Remy et sa femme devaient promettre par serment de ne pas molester le Chapître au sujet de la convention mais de la garantir contre toute attaque, et Bernard de Moreuil, héritier de Colin, ratifier la prise de possession par le Chapitre. C'est ce qui eut lieu.

La dîme de Saint-Mard n'avait pas été si pleinement vendue en 1221 que certaines personnes n'aient gardé des droits à son sujet. Ainsi la femme de Pierre, dit l'Ermite, qui s'appelait Erna, avait-elle gardé le douaire du « Carion » de Saint-Mard que son défunt mari avait vendu au Chapitre, le mardi de la

---

(1) Archives de la Somme. C. 2721, 1er juin 1772.
(2) Le Cartulaire du Chapître de l'année 1542 donne la date de décembre 1215.

Trinité, 21 juin 1261. (1) On appelait autrefois « Carion » le droit que prélevait en nature sur la dîme celui qui la charroyait chez le décimateur. En dédommagement de l'abandon de ce droit et indépendamment d'une somme d'argent payée comptant à son mari, Erna eut un journal de terre, sis à Genonville, près de Moreuil (2).

Une contestation du 21 juillet 1486 relative à la perception des dîmes sur 13 journaux de terre tenant au chemin du Fresnoy au Quesnel et à la Chaussée nous apprend que cette dîme était partagée entre le Chapître d'Amiens, le couvent de Saint-Fuscien-au-Bois, Notre-Dame de Breteuil, le prieuré de Marestmontiers et le Curé de Fresnoy. Le Chapître d'Amiens en prenait la moitié; les autres parties se partagaient le reste.

Un autre différend du 25 février 1540 nous apprend que le Chapître d'Amiens levait toute la grosse dîme de Saint-Mard et les deux tiers des mêmes dîmes à l'encontre du curé qui prenait l'autre tiers.

En sa qualité de gros décimateur, le Chapître de la Cathédrale donnait annuellement au curé de Saint Mard 5 muids de blé.

Après la destruction du village, la question se posa de savoir si, l'église n'existant plus et le Curé n'ayant plus de paroissiens, le Chapître pouvait continuer le supplément de portion congrue de ces 5 muids de blé.

Il fut décidé que oui. La raison en était que la cure subsistait toujours *habitu non actu, non pas en fait mais en droit*; que si le village se repeuplait, le Curé reprendrait ses fonctions (3).

(1) Carion, de Car qui est devenu Char.
(2) Arch. de la Somme. G. 1261. — Invent. des Titres de l'Eglise d'Amiens. T. V. p. 387 et suiv.
(3) *Arch. de la Somme.* G. 2717. — Invent. des titres n° 5. —Id. n° 6. 7. 8. 9. G. 2719. — *Cartulaire du Chapître.* T. I. 199 v°. —Archives de la famille Cardon-Thory. — DARSY. *Bénéfices*, dit qu'en 1730, la portion de dîme du Chapître valait 88 setiers de blé estimés 198 livres. D'après le rôle de supplément, elle fut estimée 274 livres, en 1789. (Arch. de la Somme C. 2193.

§ II. — Dime du Quesnel.

La dîme du Quesnel était partagée, en 1789, entre le Chapître de la Cathédrale d'Amiens, le Curé de Beaufort, le Prieuré de Davenescourt, le Chapître de Saint-Mathieu de Fouilloy, le Prieuré de Lihons et celui de Montdidier.

1. La dîme du Prieuré de Montdidier avait comme origine un échange fait avec l'abbé de Saint-Pierre de Corbie. Le prieuré possédait le droit de dîme sur sept fiefs mouvant du comté.

2. Le Prieuré de Lihons avait une portion de dîme de 6 % sur 45 journaux de terre lui appartenant.

3. Le Chapître de Saint-Mathieu de Fouilloy était inscrit pour 1 /3 de la dîme du Quesnel, sauf sur une pièce de terre de 12 journaux où la dîme se divisait entre le Chapître d'Amiens pour ½, le prieuré de Davenescourt et le Curé du Quesnel (1).

4. Le Prieuré de Davenescourt dîmait pour 1 /3 avec le Chapître d'Amiens et celui du Quesnel sur 12 journaux de terre.

5. Le Curé de Beaufort le faisait sur 15 journaux qui lui rapportaient 18 livres de revenus en 1789.

6. Le Chapître de la Cathédrale avait obtenu, le 3 octobre 1393, la dîme du Quesnel conjointement avec l'abbaye de Moreuil. Cette dîme lui fut cédée par Guillaume de Braquemont, dit Braquet, chevalier, et Marie de Camp Remy sa femme, dame de Saint-Mard-en-Chaussée. Il en av. it les 2/3 et l'abbaye l'autre tiers. Il semble que l'abbaye de Saint-Vast de Moreuil dut disposer de bonne heure de son droit de dîme en faveur d'autres établissements, car il n'en est plus question au cours des siècles.

(1) Arch. de la Somme. Invent, des Titres de Corbie. T. III, 427, 428. — DE BEAUVILLÉ. *Hist. de Montdidier.* T. III, 368. — DARSY, *Bénéfices* T. I. 236 et 275. — Archiv. de la Somme, Rôle de supplém. C. 2193

CHAPITRE NEUVIÈME

Administration paroissiale

§ I. — Revenus et charges de la fabrique.

En 1771, l'ordre était loin de régner dans le payement des revenus dus à la fabrique. Le 3 mars, une
assemblée composée des fabriciens et des principaux
habitants du village fut convoquée pour apurement
des comptes et vérifications des fondations, titres
nouveaux, rentes surcens créées en faveur de l'église
et des pauvres. En la circonstance, messire Jean-Bap-
tiste-Charles-François-Léonor-Augustin Le Fort du
Quesnel fut nommé syndic et prié « de vouloir bien
accepter cette charge à l'effet de faire mettre plus
d'ordre dans la comptabilité fabricienne. Il se rendit aux désirs de l'assemblée qui lui donna mission
de faire, contre les mauvais payeurs, toutes les poursuites voulues par le droit. Le curé du Quesnel et vingt
deux paroissiens apposèrent leur signature au bas de
la délibération.

En 1780, nouvel aperçu des revenus et des charges de la fabrique et demande en réduction de certaines d'entre elles, à l'Evêque d'Amiens, le 25 août.
D'après un tableau comparatif nouvellement dressé, on voit que :

1. Les charges, suivant la taxe de 1778, s'élèvent
à 416 livres 18 sols 8 deniers.

2. L'Eglise reçoit net 637 livres 3 sols.

3. Elle devait toucher, suivant les fondations, 886
livres 8 sols 6 deniers.

4. Le produit antérieur des ventes de terrains ou
remboursements a été de 4475 livres.

5. Sommes payées par les débiteurs, 19 livres.

On lit en note : « Des opérations ci-dessus, il résulte qu'il y a un total de 8 journaux 22 verges ½
de terre aliénée, compris 2 journaux vendus avant

1541. Ces huit journaux vaudraient à présent environ 3000 livres en principal et produiraient annuellement environ 90 livres.

« Les 34 pièces des 37 journaux 43 verges que possède actuellement la fabrique sont affermés 394 livres 12 sols 6 deniers annuellement. De cette somme est à soustraire celle de 132 livres 7 sols 9 deniers comme étant employée ci-dessus. Par tant, reste à mettre ici 161 livres 4 sols 9 deniers de ce que l'église touche et devrait toucher du produit des fondations »

Suit le compte de la fabrique rendu par M. du Quesnel, marguillier, en l'année 1780.

Mises (dépenses).	2.825 liv.,	13 s.			
Recettes	2.426 »	6 »	6 d.		
Déficit :	399 liv.,	6 s.,	6 d.		

Recettes : I. *Ordinaires* :

1. Cierge bénit, 6 années .	120 liv.,		s.,	d.	
2. Blé des pauvres. . . .					
3. Arriéré de fermages . .	200 »				
4. Quête du blé	14 »				
5. Surcens et fondations en argent	225 »	15 »	3		
Surcens : 20 setiers de blé tous les trois ans.					
6. Sur 7 liv. de la passion.	1				
7. Produits des terres du Quesnel.	351 »	17 »	6		
8. Produit des terres de de Saint-Mard	121 »	8 »			

II. *Extraordinaires.*

1. Vente de l'ancienne école	120 »			
2. Reliquat de 1767. . . .	81 »	4 »		
3. Reliquat de 1768. . . .	20 »	13 »		
4. Reliquat de 1769. . . .	89 »	15 »		
5. Reliquat de 1770. . . .	114 »			
6. Reliquat de 1772. . . .	45 »	18 »		
7. Reliquat de 1773, . . .	60 »	16 »	9	
Souscription des cloches. .	859 »	19 »		
Total :	2.426 liv.,	6 s.,	6 d.	

Mises (dépenses)

Au curé (honoraires d'obits)	178 liv.,		s.,	d.
Au Vicaire.	180 »			
Au Magister (obits et horloge).	43 »			
Au Confitebor	20 »			
Bedeau	15 »			
Décimes.	33 »			
Blanchissage.	32 »			
Racommodage du linge. .	4 »			
Couvreurs.	14 »	17 »		
Pain à chanter.	15 »			
Cire refondue	4 »	4 »		
Lanterne	1 »	6 »		
Encensoir, chandeliers, croix, goupillon	204 »			
Linge et 4 surplis	161 »	16 »	6	
Chapes	180 »			
Cordes des cloches. . . .	27 »			
Réparation de la maison Vicariale, beffroi, école.	144 »			
Halle de la maison vicariale	8 »	8 »		
Horloge, ferrures, planches	35 »	1 »		
Acompte au fondeur Cavillier.	1.500 »			
Au charpentier.	24 »			
Total . . .	2.825 liv.,	13 s.,	d.	

Dépenses	2.825 liv.,	13 s.,	
Recettes	2.426 liv.,	6 s.,	6 d.
Déficit . . .	399 liv.,	6 s.,	6 d.

Cierge bénit. — Dans le compte rendu par M. du Quesnel on lit cette note explicative :

« Fait recette de 120 livres pour le prix de six cierges pascal dont la seigneurie du Quesnel est chargée depuis l'acquisition faite par feu M. Le Fort, aïeul du seigneur actuel, des seigneurs de Boulainvillers, de Thérouanne et Vraignes, du fief Boulainvillers situé au Quesnel, relevant de Corbie, par acte devant Roger, notaire à Amiens, le 5 septembre 1732, et plus particulièrement hypothéqué sur une pièce du domaine

du dit fief situé au canton de la ½ lieue, dite *Cierge
bénit*, de laquelle pièce de terre il y a un journal actuellement en bois, dit *la remise du cierge bénit*. La dite somme de 120 livres payée pour six années, compris la présente année 1780, pour raison de laquelle il
est dû un cierge le Samedi-Saint, 25 mars, et ainsi
payé en argent, attendu que la fabrique a cierges à
souches, sans que le présent payement ou autre que
pourrait encore faire le dit seigneur, en argent, puisse aucunement nuire ou préjudicier au droit et à la
faculté de rendre à l'avenir le Cierge pascal en nature et du poids que dit est, que le veulent les titres. »

Le cierge pascal ou cierge bénit avait été fondé
par l'archidiacre d'Amiens, le chanoine Picquet, sur
5 journaux 85 verges de terre, à Boyard, compris cent
verges de bois.

Le Cierge bénit fut régulièrement servi depuis sa fondation.

SIXIÈME PARTIE

LA VIE PAROISSIALE

CHAPITRE PREMIER

Refonte des Cloches du Quesnel et règlements de la Sonnerie.

1. De temps immémorial, le Santerre s'est distingué par la belle harmonie comme par la puissance des cloches de ses églises.

Le Quesnel, sous ce rapport, ne pouvait être dans un état d'infériorité vis-à-vis des paroisses de son voisinage, aussi possédait-il déjà trois cloches au XVIIIe siècle. Ces trois cloches furent refondues sur place, en 1698, par l'association Nicolas II, Philippe II et Charles Cavillier, de Carrépuits. Le marché, passé par Nicolas, est du 28 octobre de la dite année.

En 1735, la seconde des trois cloches qui pesait 1200 livres était à refondre. Ce fut Philippe II Cavillier qui passa le marché. Les archives fabriciennes notent que le jour de la Saint Jean- Baptiste de l'année 1776, la plus forte des trois cloches se fendit. Sans plus attendre et dès le dimanche suivant, 30 juin, l'assemblée paroissiale arrêta qu'au lieu de trois cloches, il en serait fait quatre concordantes, sur les notes fa, mi, ré, ut; que des quatre, les trois plus fortes seraient au moins de la puissance et de la grosseur des trois actuelles. Pour aider à la refonte, Madame du Quesnel donna 300 livres, M. le Curé 200, et 223 familles ou individus fournirènt 359 livres 19 sols. Les cloches furent fondues avec celles de Mortemer et de l'abbaye de Saint Vincent de Laon, le 16 ou le 17 juillet 1777. Les anciennes pesaient ensemble 3708 livres; les nouvelles furent du poids de 4991 livres.

Sous la révolution, les cloches du Quesnel eurent le sort de toutes celles de France. Deux d'entre elles furent descendues de leur beffroi pour être transformées en canons.

En 1794, les deux plus grosses cloches restées dans le clocher furent converties en une seule par les Cavillier de la branche aînée, de Carrépuits. La nouvelle cloche fut du poids de 3114 livres, augmentée de 82 livres ½ sur les anciennes. Dépense totale de la commune, 659 livres.

Il fallut arriver à l'année 1829 pour entendre résonner, au Quesnel, le joyeux carillon d'autrefois. Cette année là, elles furent bénites au nombre de quatre par M. Aubrelicoque, chanoine, curé-doyen de Montdidier.

La 4e et la plus forte fut brisée en 1863 et refondue en 1864. Le 11 septembre de la même année elle était bénie par M. Morel, vicaire général, qui donna le sermon de circonstance.

2. — C'est toujours, pour un curé dont l'église possède plusieurs cloches, une question très ardue que celle de l'élaboration du règlement de la sonnerie. Plusieurs de ces règlements furent faits, au Quesnel, au cours du XIXe siècle. Le premier dont nous ayons connaissance est du 7 juillet 1844. Il s'imposait, ai-je lu dans les registres paroissiaux, « pour mettre fin aux scandales qui avaient habituellement lieu dans le clocher et aux désordres qui existaient depuis longtemps dans la sonnerie de la paroisse ».

Dès l'année même de la consécration de la nouvelle église et du transport des cloches de l'ancienne tour dans la nouvelle, un nouveau règlement de la sonnerie s'imposa. Grâce en effet au prêt, sans intérêts, de 2000 francs qui devaient être remboursés à Mademoiselle Elise Blin de Bourdon pendant l'espace de 20 années, un nouveau système de suspension pour les cloches fut adopté au commencement de 1862. Il eut comme résultat de diminuer le nombre des sonneurs qui passa de neuf à cinq. L'ancien prix perçu pour la sonnerie fut maintenu et la différence entre celui reçu et celui donné, consacré à l'extinction de la dette contractée par la fabrique à ce sujet.

Les choses allèrent ainsi tant bien que mal jusqu'au 5 avril 1891. A cette époque, en face de difficultés sans cesse renaissantes, M. l'abbé Dessaint, curé du Quesnel, étudia et rédigea un nouveau règlement de sonnerie qui reçut l'approbation du conseil de fabrique à la date précitée. Il eut celle de la Préfecture comme celle de l'Evêché le 27 juin 1891. Les difficultés ne manquèrent point à son application, mais béni soit M. l'Abbé Dessaint des services par lui rendu à ses successeurs.

CHAPITRE DEUXIÈME

Faits relatifs à l'épidémie de 1757 — Miracle de Monseigneur de la Motte

Il s'agit ici du récit d'un fait connu dans la localité sous le nom de « Miracle de Monseigneur de la Motte. » Nous nous servons ici de cette expression, sans prétendre y attacher d'autre sens que celui voulu par l'Eglise.

Nous lisions à ce sujet, dans les archives fabriciennes qui ont disparu au cours de l'invasion de 1918 :

« Miracle de Monseigneur de la Motte. Copie fidèle du procès-verbal constatant la cessation miraculeuse d'une maladie épidémique par la présence et les saintes prières du vénérable Monseigneur de la Motte, en mai 1757. »

« L'an mil sept cent soixante quinze, le dix-septième jour de décembre, issue des vêpres dites et chantées en l'église de Saint-Léger du Quesnel, diocèse d'Amiens, l'assemblée tenue en la nef de la dite église, annoncée ce jourd'hui au prône de la messe paroissiale et tenue après le son des cloches, à la manière accoutumée. Y celle assemblée ainsi faite et tenue à la réquisition de maître Romain-Crépin Engramer, curé de la dite paroisse, de messire Marie-Jean François Léonor Augustin Le Fort, seigneur des terres et seigneuries du dit Quesnel, Saint-Marc-en-Chaussée et autres lieux, et d'Antoine Thory, procureur fiscal de la justice du Quesnel, actuellement marguiller en charge de la dite église et fabrique du dit Quesnel, à l'effet de faire ressouvenir et remettre en la mémoire des anciens principaux habitants et paroissiens de la dite paroisse du Quesnel, le trait arrivé dans une maladie épidémique qui régnait dans cette paroisse du Quesnel, en l'année mil sept cent cinquante sept, à l'occasion de la visite que fit en cette dite paroisse du Quesnel, dans le courant du mois de mai de la dite année, feu très illustrissime et très révérendissime Louis-François Gabriel de la Motte d'Orléans, évêque d'Amiens.

« En conséquence, le curé, seigneur, anciens principaux habitants et paroissiens du dit Quesnel, pour signaler l'hommage de leur vive reconnaissance à la mémoire de leur saint prélat qu'ils ont toujours aimé et chéri, ils réquéraient à ce que du fait arrivé en leur paroisse du Quesnel, lors de la visite du feu dit seigneur Evêque d'Amiens, en mil sept cent cinquante sept, dans le courant du mois de mai, fut constaté en la présente assemblée et y celui rédigé par écrit sur les registres des délibérations de la dite église et paroisse pour être conservé et seu à la postérité.

L'affaire mise en délibération et après que la plus saine partie des anciens principaux habitants et paroissiens ont entre eux conféré, ont tous déclaré et affirmé qu'ils avaient une très parfaite connaissance d'avoir vu plusieurs fois le dit seigneur Evêque faire la visite de leur paroisse et que chaque fois qu'il la faisait, sa visite, il résidait plusieurs jours au château du Quesnel, durant lesquels il faisait les visites dans les églises et paroisses voisines du dit Quesnel ; qu'entre autres visites, ils avaient une très parfaite connaissance de celle qu'il a faite en l'année mil sept cent cinquante sept, dans le courant du mois de mai, et qu'il demeurât pendant huit à dix jours au château du dit Quesnel, que c'est dans ce temps que régnait dans cette paroisse du Quesnel une maladie épidémique qui alarmait toute la paroisse, que plus de la moitié des habitants en furent atteints, qu'onze adultes en furent victimes dans l'espace du mois de mai de la dite année, que maître Alexis Cazier, pour lors vicaire et seul chargé du soin de la paroisse à cause des infirmités de maître Antoine Debains, alors curé du Quesnel et doyen de chrétienté de Fouilloi, fut aussi atteint de cette maladie contagieuse et qu'il y succomba ; que le seize du dit mois de mai, le sieur Gouin, curé de l'Echelle et qui était pour lors vicaire au Plessier-Rozainvillers, a administré douze personnes ou environ qui étaient dangereusement malades, que Pierre Pillot, clère lai de cette paroisse, présent à la dite assemblée, accompagnait le dit sieur Gouin dans l'administration des sacrements, que ce fut le seize du mois de mai de la dite année qu'arrivât en cette paroisse feu très illustrissime et révérendissime Evêque d'Amiens, qu'ils ont aussi une très parfaite connaissance que tous les habitants furent rassurés et consolés à l'arrivée du dit feu seigneur Evêque, que tous, excepté ceux qui étaient nécessaires aux malades, ont assisté à la messe que le dit seigneur Evêque célébrait à l'intention de la paroisse le lendemain de son arrivée, dix sept du mois de mai de l'année mil sept cent cinquante sept, qu'il la célébrât tous les jours pendant son séjour en cette paroisse et qu'enfin il est notoire que la maladie qui régnait alors a cessé, que personne n'en fut plus atteint, que ceux qui étaient malades commencèrent à devenir convalescents, qu'il n'y a plus eu d'enterrements, ce qui a été à l'instant vérifié par les registres mortuaires de la dite année, jusqu'au sept du mois de juin où l'on n'a pas fait d'inhumation; dont et de tout ce que dessus a été fait et rédigé le présent acte en la dite assemblée, duquel lecture a été faite à haute et intelligible voix, après laquelle tous les habitants ont affirmé qu'il contient vérité, et le dit acte inscrit au registre des délibérations pour être connu à la postérité et a été à l'instant arrêté que copie d'y celui, laquelle sera aussi signée ainsi que ces présentes, sera envoyée à Amiens pour être déposée aux archives de l'Evêché, afin de quoi ont signé les dits curé, seigneur, marguilliers et habitants, tant la minute que la copie du dit acte de délibération les dits an et jour.

Engramer, Pierre Pillot, Daigny, Antoine Thory, Firmin Couture, Lefort, François Gouin, A. Thory, P. Coffin, Firmin Couture, Pierre Thory, de Saint-Léger, Mourier, Armand-François Thory, juge, Charles Armand Thory, Charles de Bains, Jean Thory, Fr. Lermite, Jérôme Couture, Firmin Douvry, Daulé, Daigny, Léger Lefeuvre, Louis Debains, Jean Couture, Louis Pioche. »

La copie de cette déclaration fut transcrite sur les registres de la fabrique en 1846. On y lit : « La présente copie certifiée véritable en tout par nous membres de la fabrique de l'église du Quesnel, le 4 janvier 1846. Vicomte Blin de Bourdon, Thory, Hurdequint, Couture, Warconsin, Boursel. »

On lisait ensuite :

« L'an mil huit cent cinquante sept, le **dix mai**, après avoir collationné la notice ci-jointe avec l'original et l'avoir trouvé exactement conforme; après avoir vérifié les signatures, en présence de M. Hurdequint, curé de la paroisse, M. le Vicomte Blin de Bourdon, de Melles Elise et Emma Blin de Bourdon, Nous, Jacques Antoine Boudinet, évêque d'Amiens, avons signé et marqué du sceau de nos armes la note présente, afin de constater l'authenticité de la pièce ci-jointe et de perpétuer la mémoire d'un fait si mémorable.

Fait au Quesnel, ce 10 mai 1857, Jacques, Ant. év. d'Amiens, Morel, vic. gén. Ve Blin de Bourdon, Elise Blin de Bourdon, Emma Blin de Bourdon ».

Nous avons voulu laisser à ces documents leur saveur et leur force probante en les relatant sans y changer le moindre mot.

Voici d'ailleurs ce que nous lisons concernant les mêmes faits, dans un ouvrage paru en librairie en 1825. (1)

« La paroisse du Quesnel, située dans son diocèse, était ravagée par une épidémie des plus meurtrières : beaucoup de monde en avait été la victime, et il y avait alors peu de maisons où l'on n'en vît quelqu'un attaqué. La visite épiscopale y était annoncée, et le jour indiqué approchait. M. Lefort, seigneur du lieu, dans le château duquel Mgr l'Evêque avait accepté de loger pour quelques jours, vint faire au prélat des représentations sur le danger auquel il s'exposait en venant respirer cet air empesté et le prier de remettre sa visite à un autre temps. Mgr d'Amiens

<hr>

(1) Bibliothèque Catholique dédiée à N. S. P. le Pape, IVe série 3e cl. p. 380.

le remercia de son attention, mais il lui ajouta que la raison qu'il lui apportait de retarder sa visite, en était une au contraire pour l'accélérer : que c'était surtout dans ces occasions que les ouailles devaient recevoir de la consolation de leur pasteur; qu'avec la grâce de Dieu, il était décidé à ne pas priver la malheureuse paroisse du Quesnel de celle que pouvait lui procurer sa présence. Il y alla au jour indiqué. Une résolution aussi charitable était propre à attirer la bénédiction du Ciel. En arrivant le saint prélat vit par lui-même la vérité de ce qu'on lui avait annoncé. Le saint viatique sortait d'une maison pour entrer dans une autre : le son des cloches annonçait que plusieurs étaient morts le jour même. Mgr d'Amiens descendit à l'église : il y fut suivi de la multitude; on lisait sur tous les visages l'affliction et la confiance; toutes les voix demandaient des secours au saint prélat. Il donna la bénédiction du Saint-Sacrement, exhorta les habitants à recourir à Dieu, promit de dire le lendemain la messe pour eux, et les engagea à venir l'entendre. Tous ceux des paroissiens qui n'étaient pas malades s'y rendirent et dès ce moment même, la contagion cessa d'une manière si marquée et si sensible, qu'on ne la vit plus attaquer personne, et que ceux qui en étaient attaqués revinrent tous en santé.

Cet évènement fit alors beaucoup de bruit dans le canton, et les habitants de Quesnel ont voulu, par reconnaissance, en faire passer la mémoire à la postérité, en le consignant dans les registres, par un acte signé d'une multitude de témoins ».

CHAPITRE TROISIEME

Fait extraordinaire relatif à l'incendie de 1780

On lisait à ce sujet dans le registre aux délibérations du Conseil de fabrique de l'église du Quesnel, de 1865, le récit suivant dû à la plume de M. l'abbé Hurdequint, curé du lieu :

« Relation d'un fait miraculeux arrivé dans la paroisse du Quesnel, il y a 85 ans, en l'an 1780.

Un incendie avait éclaté, dans l'avant-midi, après une cuisson de pain, au fournil de la maison occupée par la dame Thory, dit Anne Rousse, proche parente de Victoire Thory, fille de Charles Amand Thory, que nous avons connu et inhumé; maison située au milieu, côté du midi, de la rue des Vieux-Charrons.

Le feu s'étant communiqué aux maisons voisines, de droite et de gauche, en consomma huit ou dix du côté de l'occident et s'arrêta à la dernière, de ce côté, qu'il réduisit en cendres, mais il n'en fut pas de même du côté du levant; l'incendie continuant ses ravages était arrivé à la maison où est située celle actuellement habitée par Auguste Millet, cordier; (1) c'était la vingt-deuxième qui brûlait et le feu menaçait d'envahir la grand'rue, appelée *la ville*. Dans cette extrémité, M. Engramer, alors curé du Quesnel, voyant qu'aucun effort humain ne pouvait conjurer le grand danger que courait la paroisse, subitement inspiré, dit aux travailleurs qu'ils n'avaient plus de ressources qu'en leurs saintes reliques.

Le vénérable pasteur partit de suite pour l'église. Apportés processionnellement, les reliquaires furent déposés convenablement au milieu de la rue, en face de la maison qui brûlait et menaçait la voisine. Sur l'invitation de M. le Curé, tous les travailleurs cessèrent de travailler, se mirent à genoux, invoquant avec ferveur et confiance les saints dont ils hono-

(1) Maison René Laloue, actuellement Pillot-Laloue.

raient les précieux restes. A l'instant, la flamme s'éleva en tourbillonnant vers le ciel, et le feu s'éteignit aussitôt.

C'est en commémoration et en reconnaissance de cet heureux évènement que, depuis cette époque, chaque année, une procession solennelle en l'honneur des susdites saintes reliques a lieu, le dimanche qui suit l'octave de Saint-Léger, patron de cette paroisse.

L'authenticité de ce prodige est attestée par la continuation non interrompue (si ce n'a été pendant les mauvais jours), de cette solennité annuelle, par une tradition constante et universelle. Il existe encore une femme du nom de Aimable Couture dont la mère Charlotte Thory, femme ardente, a eu les souliers brûlés à cet incendie. Plusieurs personnes dignes de foi, entre autres M. François Thory, marguillier et ses deux sœurs, dont le père avait treize ans, Domitille Mourier, veuve Laidin et plusieurs autres, nous ont déclaré l'avoir appris de leurs pères et mères, témoins oculaires de ce fait prodigieux. De plus, Geneviève Dumoulin, veuve de Martin Legras, boucher, chrétienne vénérable, âgée de quatre-vingt-treize ans, nous a aussi déclaré dernièrement qu'elle avait huit ans lors de l'incendie, qu'elle s'en souvient très bien et nous a confirmé tous les faits ci-dessus. Nous avons la certitude de recueillir une foule de témoignages semblables si cela était nécessaire.

C'est pour suppléer au procès-verbal qui aurait dû être fait alors, pour la plus grande gloire de Dieu et pour la plus grande vénération de nos saintes reliques, que nous avons fait et signé cette relation, ainsi que les membres du conseil de fabrique et d'autres personnes considérables de la paroisse. Quesnel, le 6 novembre 1865. Catoire, maire, Hurdequint, curé, ch. hon. ; Thory, Baillet, Thory, Thory, Deguehegny, Vicomte Blin de Bourdon. »

La procession a lieu encore tous les ans, le dimanche qui suit la fête du Quesnel. Elle se rend, au son de toutes les cloches, au bas de la rue de Ville, en face de la maison préservée des flammes, demeure actuelle Olivier, là où se trouve une Vierge devant laquelle sont placées chaque semaine quelques fleurs. On chante dans la circonstance l'antienne de *Magnificat*, l'oraison du jour et les invocations suivantes à l'adresse des saints dont les reliques sont portées par les enfants.

Sancte Leodegari. (Saint Léger) ***Ora pro nobis.***
Sancte Crescenti (Saint Crescent) »
Sancte Mari (Saint Marius) »
Sancte Caprati (Saint Caprais) »
Sancta Colomba (Sainte Colombe) »
Sancta Florida (Sainte Florine) »

On retourne à l'église au chant du *Te Deum*. Les traces de l'incendie sont encore visibles sur la maison préservée des flammes. Le bois, tant du rez-de-chaussée que du grenier et les bâtiments, sont extérieurement carbonisés. Nous l'avons constaté de nos yeux, sur l'invitation des propriétaires, lors de certaines réfections qui devaient être faites au corps du logis.

CHAPITRE QUATRIÈME

Dévotion à Notre-Dame Auxiliatrice. Origine de cette dévotion. — Erection de la chapelle et ses transformations successives. — Faits extraordinaires.

I. Nous empruntons à M. l'abbé Floury, chanoine, mort curé de Saint-Jacques d'Abbeville, ancien curé du Quesnel, le récit des faits se rattachant à cette dévotion. (1)

« Avant la catastrophe de 1793, vivait au Quesnel un saint prêtre du nom de M. Engramer. Son ministère en cette paroisse remonte bien loin, puisque nous trouvons son nom dès l'année 1771. Plusieurs traits, consignés dans nos archives, nous persuadent que nous sommes ici en face d'un saint. Des vieillards respectables, qui l'ont parfaitement connu, à son retour de l'exil, nous le dépeignent comme un homme de Dieu.....

Passant par la ville de Paris, il avait trouvé là un trésor : c'était une statue de la Sainte-Vierge, de taille moyenne, portant l'enfant Jésus dans ses bras. Un riche négociant la lui avait cédée....

Quelle est l'origine de cette sainte image ? C'est le secret de Dieu. Et nous observons ici que très souvent l'origine des statues miraculeuses est cachée dans quelque mystère. Ce qui paraît certain, c'est qu'elle avait été soustraite aux profanations des impies, et qu'on lui attribuait dès lors une vertu extraordinaire.

La population du Quesnel accueillit avec empressement un don si précieux et commença à invoquer avec ferveur *Notre-Dame Auxiliatrice*, soit que ce nom fût déjà donné à la statue, soit que l'acclamation du peuple et de son curé se fit alors l'écho

(1) *Le Dimanche*, semaine religieuse du diocèse d'Amiens, 15ᵉ année, 23 juillet 1885, p. 62.

du cœur du saint Pontife Pie VII, le grand dévot
de Notre-Dame Auxilliatrice.

La place qu'elle devait occuper était toute marquée : elle fut installée dans la vielle église, à l'autel
de la Sainte Vierge, et c'est de ce trône modeste qu'elle
écoutait et bénissait les prières de ses enfants.

Déjà circulait dans le peuple le bruit de certaines
faveurs obtenues par son intercession. Les âmes
affligées, les familles éprouvées, les mères dans le
deuil... accouraient à son autel..,

M. Engramer vécut peu de temps après son retour
de l'exil... Son successeur, M. Wable, homme recom-
mandable par sa charité... continua de développer
le culte de la Mère de Dieu. Sa dévotion empruntait
à sa précédente profession, un cachet de grande
franchise et un entrain tout militaire. C'était un
ancien soldat. Autrefois militaire au service de la
France, il devint un soldat de la Sainte Vierge.

Son séjour au milieu de ses paroissiens ne devait
pas se prolonger. »

II. « Vers l'année 1811, M. Maurisse lui fut donné comme successeur. Et c'est pendant son administration que fut construite la chapelle des champs,
asile choisi par l'auguste Vierge, pour rester,
par sa vertu, au milieu de nous, et pour étendre de
là sa protection sur la paroisse tout entière. Les fidèles
soupiraient secrètement après cette construction.
Un sentiment vague appelait la bénédiction de Marie sur ces champs que le peuple arrose de ses sueurs,
et où il trouve le pain qui le nourrit... M. Maurisse
entendit le vœu de la population. Le Château du
Quesnel, toujours prêt aux grandes œuvres, fournit
les fonds : le père vénérable de M. le Curé se fit maçon.
Et bientôt on vit s'élever une chapelle tout à la fois
modeste et décente.

En l'année 1822, le 2e jour de juillet, fête de la Vi-
sitation, ce pieux sanctuaire fut béni, et la statue
transportée en grande pompe dans son nouvel asile.
Les faits postérieurs prouvèrent que Notre-Dame
Auxiliatrice l'eut pour agréable, et que, elle-même,
avait choisi cet emplacement. Depuis cette époque, on

a remarqué que presque jamais les orages n'avaient dévasté les belles plaines du Quesnel. « Vous voyez, M. le Curé, répète-t-on souvent, la chapelle nous protège. Les orages se divisent quand ils passent au-dessus. » Et on ne manque pas d'ajouter : « En cette année, les pays voisins ont souffert de la grêle; pour nous, presque toujours nous avons été épargnés. »

Vers 1867, le vénéré M. Hurdequint conçut l'heureux projet d'y ajouter un sanctuaire destiné à abriter convenablement la statue de Notre-Dame et son autel. Cette nouvelle construction, élevée dans le style de la Renaissance, étale plus d'élégance que la première, et fait regretter que le plan ne soit pas plus développé. Elle est due à la générosité d'une personne qui vit encore et qui offrit avec empressement, à cette fin, les économies qu'elle put réaliser. »

Le regret manifesté par M. l'abbé Floury sur l'exiguité de la chapelle n'a plus aujourd'hui sa raison d'être. En 1888, M. l'abbé Dessaint, avec les seules ressources fournies par les dévots à Notre-Dame, donna plus de développement à la chapelle dont la façade, surmontée d'un clocheton, a l'aspect gracieux de celle du Petit-Séminaire de Saint Riquier. Il ne fut pas dépensé moins de 5.500 francs dont 985 rien que pour les verrières, 345 pour la porte, 314 pour le dallage, 200 pour la cloche etc.... Les années suivantes furent achetées : la bannière de Notre-Dame Auxiliatrice, 200 fr.; les bancs de la chapelle 200 fr.; une chasuble et la statue de Notre-Dame (groupe du purgatoire) 183 fr.; Calice, Missel etc. 241 fr.; la statue de St Antoine de Padoue 97 fr. 50 etc... En 1903, M.l'abbé Polleux ne dépensa pas moins de 1000 francs pour la décoration de la chapelle et diverses autres dépenses.

Précédemment, le 11 mai 1891, l'édifice agrandi et nouvellement restauré avait été béni par Monseigneur Jacquenet, évêque d'Amiens.

III. Dans son article de Notre-Dame Auxiliatrice, M. l'abbé Floury, avec sa réserve habituelle, s'exprime en ces termes :

« La discrétion nous fait, pour le moment, un devoir de taire certains prodiges et des guérisons réputées miraculeuses opérées par la vertu de Notre-Dame. »

Combien nous regrettons cette réserve ! Les hommes disparaissent et emportent avec eux leurs secrets. Aussi en sommes-nous, au sujet de ces guérisons, réduits à relever ces simples mots :

« En 1852, Catherine Daigny, âgée de 7 ans, ne marche pas encore. Une neuvaine est faite, au huitième jour, on fait plusieurs fois le tour de la chapelle. Soudain cris : enfant marche. »

« En 1882, J. Platel, guérie d'une bronchite chronique. »

Le fait le plus extraordinaire se rattachant au culte de Notre-Dame est du 5 août 1868, jour de la fête de Notre-Dame des Neiges. Nous lisons, à ce sujet, ce qui suit, dû à la plume de M. l'abbé Hurdequint, à cette époque curé du Quesnel.

« Phénomène apparu dans la chapelle de Notre-Dame Auxiliatrice.

Je soussigné curé du Quesnel, ayant appris que plusieurs personnes de la paroisse se rendant aux champs, pour glaner, le 5 du mois d'août, vers trois heures et demie du matin, avaient aperçu à deux reprises différentes, quelque chose d'extraordinaire dans l'intérieur de la chapelle de Notre-Dame-Auxiliatrice, les invitait, le dimanche, à se rendre à la sacristie pour les entendre sur cet évènement.

Toutes ces personnes, au nombre de six, Célina Sené, épouse de Edmond Daigny, Léontine de Saint-Léger, épouse de Raymond Mourier, Henri, Léon et Alphonse Mourier, fils des deux derniers, âgés de 8 à 12 ans, me déclarent que : le mercredi 5 août, se rendant aux champs et se trouvant sur le chemin de la chapelle, en face de la porte grillée, ils aperçurent comme une flamme éclatante illuminant tout l'intérieur pendant environ deux minutes et qui disparut, ce qui les saisit tous de frayeur. Deux minutes après, une nouvelle clarté plus abondante que la première parut encore et remplit tout l'intérieur d'un si vif éclat, pendant environ deux minutes, qu'ils aperçurent la Sainte Vierge comme au milieu de rayons qui l'environnaient, ce qui les saisit d'une nouvelle frayeur plus grande encore. Ah ! mon Dieu, s'écrièrent-ils, la chapelle brûle, et les trois enfants se mirent à pleurer avec éclat. Une sixième personne, Françoise Baillet, épouse de Florent Daulé, qui se trouvait seule en arrière sur le même chemin, nous a aussi déclaré avoir vu tout ce que les cinq qu'elle suivait avaient vu. Après avoir consulté plusieurs personnes prudentes, ecclésiastiques et laïques, nous avons cru que la chose valait la peine d'être consignée dans le registre de la fabrique, comme nous venons de le faire. En foi de quoi nous avons signé.

Au Quesnel, le 10 août 1868.

Hurdequint, curé, chan. hon.

M. l'abbé Floury, faisant allusion à ce fait, écrit : « les témoins vivent encore pour la plupart et leur récit paraît révéler tous les caractères d'une véritable authenticité. Je fais le vœu que cette flamme soit le symbole et le signe d'un puissant réveil de la foi et de la divine charité au milieu de nous. »

Puisse ce vœu se réaliser !

AUTEL DU SACRÉ-CŒUR
ET RELIQUES DE SAINT MARIUS

CHAPITRE CINQUIÈME

Culte de Saint Marius

1. Le culte de saint Marius remonte seulement à l'année 1848. A cette époque vivait à Rome le frère Isidore Lefèvre, natif du Quesnel. Sur les instances de M. l'abbé Hurdequint, curé du Quesnel, il sollicita en faveur de l'église de son pays natal, les reliques d'un des nombreux saints inhumés, durant les siècles de persécution, dans les cimetières souterrains de Rome. Il fut assez heureux pour voir sa prière exaucée et le corps de saint Marius exhumé du cimetière de sainte Agnès, sur la voie Nomentane, lui fut accordé. Sur la tombe du martyr et sur la fiole qui gardait son sang cette simple mention : *Marius in pace, Marius dans la paix.* Les martyrs avaient parfois, à Rome, « leur mémoire » en dehors du lieu de leur sépulture. La suivante relevée dans le cimetière de Saint-Calixte, nous donnerait, à son sujet, plus de détails. On y lit :

TEMPORE ADRIANI
IMPERATORIS
MARIUS ADOLESCENS DUX
MILITUM QUI SATIS VIXIT
DUM VITAM PRO CHO CUM SAN-
GUINE CONSUNSIT IN PACE
TANDEM QUIEVIT BENEMERENTES
CUM LACRYMIS ET METU POSUERUNT
ID. VI.

En voici la traduction :

Du temps de l'empereur Adrien, Marius, chef de soldats et jeune encore a vécu assez, car il a donné son sang avec la vie pour Jésus-Christ. Enfin il repose en paix. Ses amis dans les pleurs et parmi les alarmes lui ont élevé ce monument. (1)

(1) *Roma subterranea... post. Ant. Bosium... Opera et studio Pauli Aringhi, Romæ* 1651, T. 1 p. 525; lib. III. cap. 22. *(De cæmet. Callisti).* — MABILLON, *Musée Italien,* p. 136.

Mabillon qui, au XVIIe siècle, ignorait les fouilles et les découvertes qui devaient être faites, au XIXe, dans les cimetières de Rome, dit au sujet de l'inscription du cimetière de Saint-Calixte et du saint dont les restes n'ont pas encore été trouvées : « Vers l'an 137, sous Adrien, eut lieu le martyre de Marius, adolescent, qui avait déjà quelque grade dans l'armée et dont la mémoire est conservée dans cette inscription. (Suit l'inscription ci-dessus reproduite).

Les autres détails se rapportant à l'origine et à la raison d'être du culte de saint Marius se trouvent dans la pièce autorisée suivante que nous croyons devoir reproduire.

Procès-verbal de la Translation solennelle du corps de saint Marius : « L'an 1847, le 28 novembre, M. Pierre Hurdequint, curé du Quesnel, eut, par le moyen du frère Isidore Lefèvre, originaire du Quesnel et religieux de la Compagnie de Jésus, alors résidant à Rome auprès du R. P. Général, l'insigne honneur d'obtenir de son Eminence le cardinal Patrizi, vicaire général de N. S. P. le Pape, Pie IX, le corps de Saint Marius, pour être exposé à la vénération publique, dans l'église paroissiale du Quesnel. Le précieux corps du saint fut extrait, en novembre 1847, du cimetière de Sainte Agnès, sur la voie Nomentane. Dans son tombeau était, à côté de lui, un vase (appelé vase du sang) dans lequel une partie de son sang avait été mise et une pierre de marbre sur laquelle était gravée cette inscription :

« *Mario in pace,* »

c'est à dire : à Marius, dans la paix, telle qu'elle se trouve sur l'authentique et ainsi que le bon frère Isidore l'atteste dans la lettre d'annonce du 21 mars 1848, comme l'ayant vue de ses propres yeux, lettre qui sera gardée dans les archives de Saint Marius. Ses précieux ossements furent enchâssés dans une composition de cire, représentant un corps humain, revêtu d'une tunique en drap d'argent, enrichie de galons et dentelles en or vrai et ayant sur ses épaules un manteau de velours de soie rouge sur lequel il repose en grande partie.

C'est ainsi qu'arrivé au Quesnel le 26 avril 1848, il fut déposé, enfermé dans sa caisse, chez Mademoiselle Elise Blin de Bourdon, jusqu'au 13 septembre, époque fixée pour la translation de cette relique.

En effet, le susdit jour, Monseigneur Jean-Marie Mioland, évêque d'Amiens, qui avait bien voulu venir présider lui-même cette auguste cérémonie, s'étant transporté, accompagné de M. l'abbé Maillard, son grand vicaire, de M. le Curé du Quesnel et du R. P. Théodore Cotel, dans l'appartement où était déposé le précieux corps, y trouva la dite caisse fermée. par vingt vis en fer et munie de dix-huit sceaux fixant neuf rubans rouges. Sa Grandeur ayant reconnu l'authenticité des sceaux fitouvrir la caisse et couper les rubans qui en fermaient l'entrée en dessous du couvercle et le corps saint étendu sur un matelas recouvert de satin vert et la tête ornée d'un diadème posée sur deux coussins en fut extrait. de suite, placé sur un magnifique brancard et porté dans l'église d'Hangest où l'on devait l'aller chercher processionnellement l'après-midi.

En effet, vers trois heures, Monseigneur, ayant à sa droite et à sa gauche M. l'abbé Maillard et M. l'abbé Tirmarche, curé-doyen de Moreuil, et précédé d'un nombreux clergé composé d'environ soixante ecclésiastiques et d'un nombre considérable de chantres laïques en habits de chœur et avec chapes, sortit processionnellement du château du Quesnel pour aller prendre le corps de saint Marius dans l'église d'Hangest où il avait été déposé sur une estrade surmontée d'un très beau baldaquin préparé par les soins de M. l'abbé Marchant, curé de la dite paroisse. Pendant le retour qui ne dura pas moins de quatre heures, des prêtres et des séminaristes ont voulu à l'envi se charger du précieux fardeau. Les cordons du brancard étaient tenus par MM. les abbés Zéphirin Thory, aumônier des religieuses de saint Maur, à Ham, Eloi Bourbier, curé de Braches, Alexandre Bourbier, ancien curé de Liancourt-Fosse, Louis Joseph Deguehegny, curé de Fricourt, Jean-Baptiste Sené, curé de Beuvaignes, tous cinq originaires du Quesnel et par M. l'abbé Gustave Pouillet,

curé de Moyencourt, dont le père est aussi originaire du Quesnel.

Environ quatre cent jeunes personnes vê-
tues de blanc, des paroisses du Quesnel, d'Hangest
et d'Arvillers, cent vingt pompiers en uniforme
complet, du Quesnel, d'Hangest et de Caix, ainsi que
les musiques d'Arvillers et de Caix rehaussaient l'éclat
de cette importante cérémonie; la plus belle, de l'aveu
de tout le monde, que l'on ait jamais vue et que,
peut-être, on verra jamais dans le pays.

Douze mille personnes s'y étaient rendues de toutes les parties de la province et cette foule nombreuse offrait, par sa piété et son recueillement, un
admirable spectacle.

De retour vers cinq heures, dans la longue avenue
du château de M. le Vicomte Blin de Bourdon,
membre de l'Assemblée Nationale, la procession s'est
arrêtée autour d'un arc de triomphe, sous lequel re-
posait le corps saint, pour entendre un excellent discours prononcé par le R. P. Lartigue, jésuite, dont
l'éloquence est si justement appréciée, et qui, dans
cette circonstance, a payé à de hauts personnages
un tribut d'éloges bien mérités.

Après avoir parcouru tout le village où l'on avait
élevé plusieurs arcs de triomphe, le précieux corps a
été déposé dans l'église du Quesnel sur une estrade
préparée à cet effet et la cérémonie s'est terminée
par la bénédiction solennelle du Très Saint-Sacrement.

La multitude, après avoir de nouveau vénéré la
sainte relique et avoir fait toucher, par piété,
une foule d'objets, s'est retirée silencieuse et remplie
des pieux sentiments qu'avait inspirés cette touchante cérémonie.

Le matin, Monseigneur avait célébré la messe et
donné la sainte communion à plusieurs centaines
de personnes, préparées par M. le curé du Quesnel,
le P. Lartigue et le P. Cotel, pendant une retraite
de six jours. Après la messe, cent six personnes du
Quesnel et d'Arvillers ont reçu le sacrement de confirmation des mains de Monseigneur.

Une journée si saintement employée laissera de
longs et précieux souvenirs dans toutes les communes

environnantes et surtout dans tous les cœurs de toutes les personnes qui ont eu le bonheur d'y participer où d'en être les témoins.

Le surlendemain, le précieux corps, placé sur un fort beau lit, a été déposé sous un autel soutenu par quatre colonnes, orné de rideaux et draperies rouges avec franges, qui lui avait été préparé dans la chapelle du Sacré-Cœur, et renfermé par des glaces pour y être vu et vénéré par les fidèles.

Enfin le dernier jour de la neuvaine, Monseigneur de Garsignies, évêque de Soissons et ancien condisciple de M. le curé du Quesnel, au petit séminaire de Saint-Acheul, qui se trouvait alors au château de Beaufort, chez M. Léonce de Garsignies, son frère, ayant bien voulu se rendre au Quesnel, a clos la neuvaine, au milieu d'un peuple immense, par un salut solennel où il fit un beau discours, approprié à la circonstance.

« Nous, Jean-Marie Mioland, évêque d'Amiens, certifions véritable le contenu ci-dessus et déclarons par les présentes, avoir présidé à la translation solennelle des reliques de saint Marius, pour reposer sous un autel à colonnes, fait exprès et fermé de glaces, placé dans la chapelle du Sacré-Cœur de l'église paroissiale du Quesnel, pour y être exposé à perpétuité à la vénération des fidèles, les jour et an que dessus. »

« Le Quesnel, 14 septembre 1848,

« JEAN, *évêque d'Amiens.* »

Par Mandement de Monseigneur

signé : *Illisible*

Hurdequint, Boursel, Deguehegny, Thory, Warconsin.

2. *Reconnaissance des reliques de saint Marius.* — L'exhumation des restes de saint Marius avait été consignée sur le registre de la custode des reliques à Rome, mais aucun document n'était parvenu, d'Italie en France, pour en établir l'authenticité
Sur les instances de M. l'abbé Hurdequint et comme suite aux démarches du frère Isidore Lefèvre, le

document solicité fut envoyé de Rome le 12 janvier 1849, attestant que les restes de saint Marius accordés par le cardinal Patrizi, vicaire général de Pie IX, le 28 novembre 1847, à M. l'abbé Hurdequint, curé du Quesnel, au diocèse d'Amiens, ont bien été extraits du cimetière Sainte-Agnès sur la voie Nomentane, en même temps que le vase où fut déposé son sang. Cette pièce authentique fut déposée dans les archives de saint Marius.

Messe de Saint Marius. — M. l'abbé Hurdequint avait en même temps sollicité l'autorisation d'établir, au Quesnel, une fête de saint Marius et de chanter la messe en son honneur. Par lettre du cardinal Bianchi, du 12 janvier 1849, il lui fut répondu qu'il était fait droit à sa demande par la Sacrée Congrégation des Rites. Cette fête doit être fixée au dimanche qui suit le 13 septembre, chaque année, pourvu qu'il n'y ait point ce jour-là, dans la paroisse, une autre fête de rite double de première classe. Dans la circonstance, il peut être chanté une seule messe solennelle de saint Marius; cette messe doit être la première de celles indiquées au commun des martyrs, avec mention du saint dans l'oraison qui s'y trouve. Il est expressément défendu d'omettre la messe paroissiale de l'office occurent.

Indulgence plénière. — Elle fut également accordée par le Cardinal Bianchi le 9 janvier 1849, à la demande de M. le curé du Quesnel. Cette Indulgence est accordée, aux conditions ordinaires, à tous fidèles chrétiens de l'un et de l'autre sexe qui visitent l'église du Quesnel, le jour de la fête de saint Marius à partir des premières vêpres, jusqu'au coucher du soleil du dernier jour de l'octave de la fête. Cette concession, est-il dit, est valable à toujours, sans qu'il puisse être besoin de nouveau rescrit de la Sacrée Congrégation des Indulgences.

3. Quand il fut question de transporter dans la nouvelle église les reliques de Saint Marius, on comprit que s'imposait l'érection d'un nouvel autel digne du monument. La charité privée eut à cœur de se charger de la dépense. En 1848, en 1849 et en 1850, on re-

cueillit, de divers dons et du produit du trônc de saint Marius, la somme de 1334 fr. 45. On en dépensa 1.487 fr. 20, d'où un déficit de 152 fr. 75. Ce déficit fut comblé avec les offrandes de l'année 1851 qui s'élevèrent à 168 fr. 15. De 1852 à 1875, il ne fut pas perçu moins de 2.002 fr. 35 pour le même objet. Ceci suffit à démontrer combien devint vivace la dévotion au saint martyr des catacombes de Rome.

4. Dans une lettre à un de ses neveux étudiant au Petit-Séminaire, M. l'abbé Hurdequint parle aussi des faveurs obtenues grâce au nouveau protecteur de la paroisse du Quesnel : « J'ai fait dernièrement un procès-verbal d'une guérison miraculeuse obtenue par l'intercession de Saint Marius et c'est la seconde bien certaine ! » Le compte-rendu de la première ne nous est pas tombé sous la main. Suit le récit de la seconde.

« Procès verbal d'une guérison obtenue par l'intercession de Saint Marius.

Le 2 février 1849, ont comparu devant moi curé du Quesnel, Firmin Clain et sa femme, de la paroisse de Rosières, munis d'un certificat de M. l'abbé Liquette, curé de la dite paroisse et doyen du canton, m'attestant que le sieur Firmin Clain et sa femme étaient des gens de probité et d'antique foi et que confiance pouvait être donnée au récit qu'ils avaient à me faire d'une faveur qu'ils attribuaient à l'intercession de Saint Marius. Après avoir entendu leur récit, je leur ai promis de célébrer le saint sacrifice de la messe en actions de grâces, sur le corps de Saint Marius, le jeudi 8 suivant, les engageant à y assister avec leur enfant guérie et me réservant de les entendre de nouveau en présence de plusieurs témoins, le dit jour après la messe, ne pouvant le faire convenablement le 2, à cause de la solennité de la Purification.

En effet, le 8, ainsi que je l'avais promis, j'ai célébré cette messe d'actions de grâces sur le corps de Saint Marius, la dite femme Clain y a assisté avec son enfant, ainsi que beaucoup de personnes du Quesnel.

Après la messe, j'ai engagé la dite femme à passer à la sacristie avec sa fille et là, en présence de 4 témoins : la sœur Catherine Pinchenel, ancienne hospitalière et infirmière de la paroisse, la sœur Euphrasie Cotel, dévouée au soin des malades ; Colombe Cotel, sa sœur et Luidvine Lemire, la dite femme Clain nous a fait les déclarations suivantes que nous avons recueilli fidèlement.

a) Que sa fille Virginie Clain, âgée de onze ans, était attaquée, depuis l'âge de trois ans du *favus* ou *teigne faveuse*, de la manière la plus grave, par toute la tête, lui couvrant même une partie du front et descendant jusqu'au bas de l'occiput, incommodant tellement son enfant qu'elle allait très souvent la tête baissée ; cette teigne, d'une épaisseur d'au moins quatre lignes, lui occasionnant fréquemment des écoulements d'humeurs qui l'empêchaient de fréquenter l'école et le catéchisme ; elle nous a déclaré que cette infirmité n'avait jamais cessé et avait toujours résisté aux soins qu'elle avait prodigués à son enfant.

b) Que M. le vicaire de Rosières étant venu, le 19 septembre 1848, en pèlerinage à Saint Marius avec les enfants de la première communion que l'on venait de faire et un bon nombre de grandes personnes, sa fille les avait accompagnés et avait fait toucher son mouchoir de cou ; que de retour chez elle, elle avait exprimé plusieurs fois le regret de ne pas avoir fait toucher son bonnet, qu'elle aurait été guérie, regret qu'elle manifesta bien des fois, les jours suivants, pendant douze à quinze jours, ainsi que le désir de retourner à Saint Marius, désir auquel ne pouvait acquiescer sa mère, obligée alors de soigner son beau-père qui était infirme. Elle nous a déclaré en outre que la nuit du 19, son enfant avait plus souffert qu'à l'ordinaire et les avait empêchés de reposer.

c) Que, pendant la nuit suivante, c'est-à-dire celle du 19 au 20, une si grande partie de la teigne était tombée que son oreiller et ses draps en étaient tout couverts ; le reste a disparu successivement chaque jour, et quinze jours étaient à peine écoulés que l'enfant s'est trouvée radicalement guérie, **sans** l'emploi d'aucun remède.

Après quatre mois et demi de guérison, les quatre personnes susnommés ont avec nous visité la tête de Virginie Clain; nous l'avons trouvée bien garnie de cheveux, parfaitement saine, la peau claire et aussi ferme que si elle n'avait jamais eu cette infirmité; la figure, autrefois pâle, est devenue vermeille. La femme Clain nous a attesté encore que, pendant les quinze jours de sa guérison, sa fille avait continué à réciter fidèlement en l'honneur de Saint Marius, toutes les prières auxquelles elle avait pris part dans l'église du Quesnel, le 19, lors de son pèlerinage.

En foi de quoi, pour la plus grande gloire de Dieu et l'honneur de Saint Marius, j'ai signé avec les témoins ci-dessous le présent procès-verbal.

Fait au Quesnel, le 8 février 1849.

Hurdequint, curé du Quesnel.

Suit l'attestation de M. le Doyen de Rosières sur l'honorabilité des Clain. « J'atteste que le sieur Firmin Clain et sa femme sont gens de probité et d'antique foi, et que confiance peut être donnée au récit qu'ils ont à faire à M. le curé du Quesnel, d'une faveur qu'ils attribuent à l'intercession de Saint Marius.

Rosierès, le 1ᵉʳ février 1849.

LIQUETTE

CHAPITRE SIXIÈME

La paroisse au dix-neuviéme siècle.

Pendant la majeure partie du XIXe siècle, la paroisse du Quesnel, et ce fut à juste titre, passa pour une
des plus religieuses du diocèse d'Amiens.

Cette intensité de vie chrétienne était le résultat
du zèle éclairé et du dévouement d'un saint prêtre,
M. l'abbé Hurdequint, qui se faisait l'esclave de son
ministère. Il tenait aussi à l'éducation soignée donnée
à la jeunesse du pays par trois frères des Écoles chrétiennes et par trois religieuses de la Sainte Famille,
d'Amiens. On la devait encore au puissant concours
donné par Mademoiselle Elise Blin de Bourdon à tout
élément du bien. Cette pieuse demoiselle avait fait
de son Petit-Château, sa demeure, le lieu de réunion
des nombreuses personnes pieuses de l'endroit. On
ne comptait pas moins de quarante huit membres
de la seule fraternité du Tiers-Ordre de Saint François, en 1875. Le prestige de sa haute personnalité
maintenait parmi tout ce monde l'harmonie nécessaire à la bonne édification de la paroisse. Dans le
petit cénacle qu'était devenu sa chapelle avait lieu
tous les jours la méditation faite à haute voix par
M. le curé du Quesnel. A la méditation du matin suc-
cédaient, le soir, le chant du salut, ou tout au moins
la récitation des prières d'usage.

Un règlement de vie chrétienne laissé par M. l'abbé Hurdequint nous dit ce qu'était le dimanche au
Quesnel. A 7 heures et au son de la cloche, prière
du matin suivie de la méditation. A 8 heures, messe
basse suivie de 10 à 12 minutes d'actions de grâces.
A 10 heures, grand'messe qui durait, particulièrement aux fêtes, jusqu'à 12 heures ½. A une heure
et demie, catéchisme. A 2 heures, vêpres suivies des
complies. A un moment donné, le curé dut deman-
mander à l'Evêché l'autorisation de supprimer ces

complies, tant étaient nombreuses les prières commandées et récitées pour les défunts. Après les recommandations d'usage, réunion chez les sœurs pour les jeunes filles et pour les mères chrétiennes. Lecture faite, par le curé, de traits édifiants. Vers le soir, récitation du chapelet, lecture de piété ou réflexions pieuses, chant des Vêpres de la Sainte Vierge et cantique, prière du soir, récitation des litanies et salut du Saint-Sacrement.

Aux fêtes de la Toussaint, de la Dédicace, de l'Epiphanie, Pâques, l'Ascension, la Pentecôte, le Saint-Sacrement, l'Assomption, la fête des Saintes Reliques, matines avant la grand'messe. A Noël, sonnerie des matines à 3 heures du matin et messe de minuit à 6 heures.

Tous les premiers dimanches du mois, exposition du Saint-Sacrement à la grand'messe; procession au salut célébré en l'honneur du Très Saint et Immaculé Cœur de Marie pour la conversion des pécheurs. Tous les premiers vendredis du mois et le vendredi après l'octave du Saint-Sacrement, messe chantée en l'honneur du Sacré-Cœur avec exposition du Saint-Sacrement. Ces dernières prières fondées par. M l'abbé Hurdequint.

Le 25 août 1839, érection en confrérie paroissiale de l'archiconfrérie de Notre-Dame des Victoires dite du Saint et Immaculé Cœur de Marie. Le registre, mentionne l'affiliation de la paroisse d'Erches qui, le 8 septembre 1843, fournit 40 associés. Ceux du Quesnel furent, jusqu'en 1911, au nombre de 1472.

Le 28 juin 1846, jour de la fête du Sacré-Cœur et de la réception du Sacrement de Confirmation par quatre-vingt enfants du Quesnel, Cayeux, Beaucourt, et Fresnoy; bénédiction par sa Grandeur Mgr Jean-Marie Mioland du Calvaire de la rue de Beaucourt, autrefois Croix Saint Honoré.

Du 13 janvier au 4 février 1861, splendide mission donnée par les R. P. Fransciscains Jean-Baptiste et Vincent-Marie, de Barcelone. « Bien immense produit » est-il écrit; « presque la totalité des paroissiens reçurent les sacrements. » Pendant cette mission, quarante trois enfants font leur première communion, le 27 janvier, jour de la Septuagésime et le 3 février pour clore la mission, 900 Quesnellois vont en procession à Notre Dame de la Délivrance, à Arvillers.

Le 28 août 1861, érection dans la paroisse, du Tiers Ordre de Saint François « en fraternité ». Cette fraternité, dont le curé est le directeur, ne compte pas moins de quarante huit membres, de l'année 1861 à l'année 1875.

Le 7 janvier 1864, érection du chemin de la Croix par M. l'abbé Bruno Morel, chanoine, vicaire général, qui donne le sermon.

Le 8 avril 1866, bénédiction de la statue du Sacré Cœur, du Tabernacle et de l'autel de Saint Marius dont les vêtements et le matelas ont été renouvelés. Inauguration d'une nouvelle Compagnie de Sapeurs-Pompiers. Sermon par le R. P. Euguérant, de la Compagnie de Jésus. Le 5 août suivant, consécration de la paroisse au Sacré-Cœur de Jésus à l'occasion du choléra.

Du 5 au 26 décembre 1866, mission donnée à l'occasion d'un jubilé, par deux prêtres de Saint-Lazare, Guédon et Chapuis.

Année d'épreuves pour la paroisse que celle de 1870. Le mardi 22 novembre, première apparition des hulans au Petit-Hangest. Ils se retirent sur Roye vers le soir. Le mercredi 23, nouvelle apparition des hulans, vers les huit heures du matin, au Petit-Hangest. Ils retournent à midi, jusque vers Rouchoir. Cependant les mobiles avertis arrivèrent au Petit-Hangest et se dirigèrent vers le bois Chaussée. Ayant vu les Prussiens revenir, ils se jettent dans le jeune bois. Vers une heure et demie commence une fusillade horrible de la part des mobiles. Les Prussiens ripostent avec leurs canons. Plus de cent coups sont tirés sur le jeune bois et le jardin de Mademoiselle Elise Blin de Bourdon, réfugiée avec ses domestiques dans les sous-sols du Petit-Château. Les projectiles percent les murailles en plusieurs endroits, causent des ravages dans le parc, s'égarent et pénètrent à travers les volets jusque dans la maison actuelle de M. Tramecourt. Les mobiles, ayant fui à travers le village vers le bois Jacquin et le bois Vallée, y sont poursuivis. Prise à parti par les Prussiens pour avoir hospitalisé des mobiles, Mademoiselle Elise leur répond, avec sa dignité native : « J'ai obéi à un sentiment d'humanité et j'aurais cru devoir en agir de la même façon à votre égard ». Il y eut, après cela, combat assez sérieux et Caix fut en même temps bombardé. Emérence Catoire, femme de Jules Legras, est tuée au sortir de sa cave dans laquelle elle s'était réfugiée. Les deux maisons du Petit Hangest sont incendiées, un individu d'Hangest est tué et Mercier, vétérinaire, lié pendant trois heures pour être fusillé, échappe cependant à la mort. Trois Prussiens avaient été victimes de la fusillade des mobiles. Le 24, terrible combat au delà de Beaucourt en face de Mézières, à la Maison-Blanche. Le 26, grand combat à Berteaucourt, Thézy. Le 27, combat meurtrier dans les plaines de Domart, Démuin, Marcelave et Villers-Bretonneux où deux cents Français et trois cents Prussiens restent sur le carreau. Pendant ces six jours, la commune fut ruinée par le logement des Prussiens.

Le 14 février 1871, le 27 février, 6 mars et 13 mars suivants, services funèbres pour :

1° *Biennaimé Goret* décédé, à Paris le 14 janvier pendant le siège de la ville. Il avait 24 ans.

2° *Léopold Fétré*, époux d'Euphrosine Harlé, décédé à 24 ans ½ pendant le siège de Paris.

3° *Edouard Doublet* décédé à 22 ans, pendant le siège, le 8 décembre.

4° *Léon Daigny* décédé à 21 ans, le 4 décembre, dans de semblables circonstances.

Le 16 mai 1874, visite pastorale de Sa Grandeur Monseigneur Bataille qui reste au Quesnel les 16, 17, 18. Une cavalcade de cinquante jeunes gens va le prendre au château de Beaucourt. 280 confirmants.

Le 4 décembre 1876, acte de donation par Mademoiselle Elise Blin de Bourdon à la Commune, pour l'établissement d'un cimetière, de 46 ares 34 centiares de terre. L'ancien cimetière lui est abandonné.

Le 29 avril 1882, confirmation, dans l'église du Quesnel par Monseigneur Aimé Guilbert.

En 1885, peintures murales d'un goût douteux dans le sanctuaire. La même année, restauration des orgues sous la direction de M. Sandford et aux frais du Château.

Le 17 juillet 1887, bénédiction par M. l'abbé Vion, curé-doyen de Moreuil, du chemin de croix actuel.

Le 25 juillet 1889, érection par M. l'abbé Dessaint de la Confrérie du Sacré-Cœur qui a compté jusqu'à 60 membres.

Le 24 avril 1892, le conseil de fabrique accorde 10 francs aux pompiers et aux musiciens pour assistance aux processions.

Le 29 mai 1900, administration dans l'église du Quesnel, du sacrement de confirmation par sa Grandeur Monseigneur Jean-Marie Léon Dizien qui garda le précieux souvenir de ce passage dans la paroisse.

Le 5 mars 1906, inventaire des objets mobiliers et immobiliers de l'église fait à la suite de la loi de séparation du 5 mars 1906. Protestation de M. le Curé et de M. le Vicomte Blin de Bourdon, président du Conseil de fabrique.

Le mercredi 20 février 1907, main-mise par l'Etat sur les propriétés de la Fabrique de l'église.

Le 31 octobre 1908, érection canonique d'une Congrégation de la Sainte Vierge.

Le 24 janvier 1909, fondation par M. l'abbé Leroy, curé, grâce au généreux concours de M. le Vicomte Blin de Bourdon, d'une Société de Secours mutuels. Le 18 septembre 1910, bénédiction de son étendard par M. l'abbé Cadot, chanoine, vicaire général, archidiacre d'Abbeville.

CHAPITRE SEPTIÈME

Choses d'autrefois

§ I. — Clocheteurs des trépassés.

C'était un usage assez répandu que celui d'aller
dans les rues d'un village, la nuit avant l'office de la
Commémoration des fidèles trépassés, afin de solli-
citer des prières en leur faveur. Il y avait dans cet
usage ceci de particulier, au Quesnel, qu'un seul individu ne s'acquittait pas, en la circonstance, de cette fonction charitable. Elle appartenait aux sonneurs
qui faisaient le tour du cimetière et se partageaient
ensuite le pays pour le parcourir. Ils allaient ainsi
de maison en maison, frappaient et redisaient d'une
voix d'outre-tombe :

> Réveillez-vous, gens qui dormez,
> Priez Dieu pour les âmes des trépassés,
> Priez Dieu pour les pauvres âmes abandonnées.

On attachait tant d'importance à cette pratique
de prier, en cette nuit, pour les défunts, que les enfants demandaient aux parents de les éveiller, dans
la crainte de n'arriver pas à s'acquitter de ce pieux
devoir. Cet usage existait encore au Quesnel en
1890. Il a disparu comme tant d'autres, par suite du
fléchissement de la foi. Les sonneurs ont cependant
gardé la coutume de mettre les cloches en branle
pendant une bonne partie de la soirée du jour de la
Toussaint. Ils passent ensuite, à huit jours d'inter-
valle, deux fois en chaque habitation, afin d'y recevoir, pour prix de leurs fatigues, un salaire bien
mérité.

§ II. — Stations aux calvaires.

Elles avaient lieu le Jeudi-Saint après le *grand salut*. Quand ils avaient entendu le récit de la Passion,
les jeunes gens se rendaient en groupe, au chant du

Vexilla Regis, du cantique *Au sang qu'un Dieu va répandre*, de celui commençant ainsi : *Vive Jésus, vive sa croix* etc... à chacun des calvaires situés aux abords du village. Leur pieux pèlerinage accompli, ils s'en revenaient à l'église faire leur prière au Sépulcre et recevoir les encouragements que ne leur ménageait pas le pieux curé de l'endroit.

§ III. — ELECTION DES SAGES-FEMMES.

Nous touchons à cette question parce qu'elle semble avoir ici son intérêt. Les sages-femmes étant appelées à conférer, dans le cas de nécessité, le sacrement de Baptême, des règlements furent introduits à leur sujet dans les statuts synodaux. Ceux de Monseigneur François Faure, évêque d'Amiens, de l'année 1662, s'expriment ainsi : « Les sages-femmes seront instruites de tout ce qui est nécessaire pour bien conférer le baptême et, pour donner des preuves de leur instruction, elles seront tenues de se trouver à nos visites et à celles de nos archidiacres. » (1)

Le choix de ces personnes était autrefois l'affaire des curés, et, preuve de ceci, le passage suivant du registre aux actes de baptême de 1714.

Le 23 janvier 1714, je soussigné Anthoine Mathorel, curé, accompagné de M. Jean-Baptiste Courtois, vicaire, voulant procéder à l'élection d'une sage-femme, avons, pour ce, fait assembler dans la sacristie, issue de messe, cinq femmes de probité, lesquelles ont déclaré bien connaître Anne Boudenaille, femme de Charles de Bains, étant constituée capable de faire cette charge. Sur cette déclaration, nous avons reçu et approuvé la dite Anne Boudenaille pour faire la charge de sage-femme dans notre paroisse du Quesnel et lui avons fait prêter serment dans notre rituel lequel a fait le dit jour et an que dessus et a fait sa marque avec nous ayant déclaré ne savoir ni lire, ni écrire, de ce interpellée. »

(1) **Actes de l'Eglise d'Amiens. T. 1, p. 343,**

§ IV. — Fées et sorciers. — Sorts et contre-sorts.

Chez les Gaulois, de temps immémorial et même pendant la première période de l'histoire de France, on croyait généralement que les druidesses pénétraient les secrets de la nature et disparaissaient du monde visible. Elles ressemblaient en puissance aux magiciennes des Orientaux. A une époque plus rapprochée de nous, on en a fait des fées. On disait d'elles qu'elles habitaient au fond des puits, au bout des torrents, dans de sombres cavernes. Celles du Quesnel, particulièrement malfaisantes, vivaient avec les sorciers, non pas dans le village où elles auraient trouvé difficilement pleine sécurité pour la tenue de ce qu'on appelait leurs « Sabbats » mais dans le bois Couvel dit « bois des sorciers ». Il n'y a pas à nier cela : elles s'y sont rendues parfois visibles, vous diront les anciens du pays. Particulièrement un jour, deux jeunes filles, gardant leurs vaches en cet endroit, raconte-t-on, en virent une tout de vert habillée.

Personne ne fut surpris de la réalité du fait. C'était au XVIIe siècle, et la lecture des contes de Charles Perrault, où se mêlait le réel au merveilleux, n'était pas fait pour détromper le vulgaire sur le pouvoir de ces êtres la plupart du temps invisibles. On croyait d'autant plus à leur puissance malfaisante qu'on raconte encore l'anecdote suivante.

A certaine époque, les seigneurs du Quesnel avaient fait construire, en faveur de leur tenanciers, ce qu'on appelait un four banal. Là devait être cuit, moyennant une modique rétribution, tout le pain du pays. Chacun avait son tour et son jour assignés pour la cuisson de ce pain ; l'essentiel était de ne pas devancer l'heure voulue, pour qu'il n'y ait pas encombrement. Or, il arriva que les fées du bois Couvel poussées à mal, un soir d'hiver, vinrent frapper aux croisées de chaque maison du village. « Vous pouvez pétrir, dirent-elles, demain l'on cuira votre pain. » Aussitôt les ménagères de se mettre à l'ouvrage et le lendemain d'arriver toutes ensembles au four banal. On voit d'ici l'effarement des bonnes femmes et la perte éprouvée par plusieurs d'entre elles. Les fées malfaisantes pouvaient s'applaudir de leur succès, mais il fut unique. D'un commun accord et sur l'avis du curé, l'on convint de s'exprimer ainsi désormais quand il y aurait avis de se préparer à la cuisson du pain : « Vous pouvez pétrir, pour l'amour de Dieu. » Les fées arrivaient bien à dire : « Vous pouvez pétrir ». Il leur était impossible d'ajouter : « Pour l'amour de Dieu ».

Contes de ma grand'mère, me dira quelqu'un. Je n'y contredis pas, mais toujours est-il qu'on craignait les fées, à cause des mauvais tours qu'elles étaient réputées jouer parfois aux hommes. De même redoutait-on les sorciers en raison de maléfices qui leur étaient attribués. Jetaient-ils des sorts? On avait chez soi des contre-sorts. Y allaient-ils de leurs maléfices ? On imaginait des formules pour les conjurer. Témoin la suivante qui nous est récemment tombée sous la main et qui nous paraît fort intéressante. Elle est en latin. Nous en donnons ici seulement la traduction :

« Dieu immortel, Dieu aux yeux de qui rien n'est caché. Dieu éternel, Père de tous les siècles, mets Charles à l'abri de tout artifice diabolique. (1) Qu'il jouisse toujours d'une excellente santé; qu'il coule des jours heureux; que s'épanouisse sa vie, loin de toute atteinte nuisible et qu'il soit préservé d'une mort violente. Que son épouse, Marguerite, florisse également à l'abri de tout artifice diabolique ; que ses chevaux, ses vaches, ses veaux, ses pourceaux, ses brebis, son gros bétail, en un mot, soient joyeux et bien portants. Qu'époux et épouse n'aient jamais à redouter aucun maléfice ; qu'une mort naturelle vienne fermer leurs yeux au temps déterminé par l'arrêt divin. »

Pour naïve que soit cette espèce d'exorcisme, de loger à la même enseigne : hommes, chevaux, veaux, cochons et brebis, elle nous paraîtrait assez inoffensive, si la formule finale, d'aspect cabalistique, ne venait tout y gâter. Elle se termine, en effet, comme

(1) Il s'agit de Charles de Bains et de Marguerite de Saint Léger, sa femme, en 1772. (arch. de la famille Cardon-Thory.)

il suit : Alpha, Gamma, Omicron, Omega, Tetragram-
maton.

Le Tétragrammaton, ou Tétragramme, était une
formule composée de quatre lettres inscrites dans
un triangle pour y figurer le nom mystérieux de Dieu.
Il était employé dans la plupart des conjurations
qui évoquaient le diable. La prière sus-indiquée semble donc se rattacher, par sa finale, à la famille des
Abraxas d'invention basilidienne ou gnostique tout
à fait condamnée par l'Eglise. Il s'ensuit que son
auteur, dont le but était évidemment d'éloigner le
démon et non de l'appeler, a copié cette finale dans
quelque ouvrage de cabale, sans chercher à s'en expliquer la portée. Elle n'en marque pas moins l'attention que l'on avait au Quesnel de se mettre en
garde contre tout maléfice, au XVIIIᵉ siècle.

Quand l'un de ces maléfices était réputé s'exer-
cer contre les animaux au point d'occasionner la
mort de l'un deux, voici ce qui arrivait.

Le cœur de l'animal, extrait avec soin de sa cavité thoracique, était percé et tout environné d'épin-
gles. On le plaçait ensuite dans un récipient et on le
faisait bouillir à grande eau. Cependant, raconte-t-on,
l'auteur du maléfice cause de la mort de l'animal
éprouvait tous les tourments occasionnés par le feu
et par une succession non interrompue de piqures
meurtrières. Il souffrait au point d'en être amené
à se dénoncer lui-même et à demander grâce pour
ses méfaits ainsi rendus publics.

SEPTIÈME PARTIE

SOUVENIRS DE GUERRE

1914-1918

Données relatives au Quesnel

CHAPITRE PREMIER

Sous le joug allemand

Déclaration de guerre : impressions du premier moment. — État d'esprit des mobilisés et celui des membres de leur famille au double point de vue patriotique et religieux. — Inepties mises en circulation contre le clergé ! — Caravanes de fugitifs. — Bataille de Proyart. — Recul de nos troupes. — Exode des habitants du Quesnel à l'approche de l'ennemi. — Arrivée des allemands et leur attitude. — Sous le joug pendant tout un mois.

1. La guerre faite, en France, à la religion battait encore son plein en 1914. Le *Journal Officiel* du premier juillet publiait une arrêté du ministre Malvy ordonnant la fermeture de 137 écoles Congréganistes. Les communautés hospitalières elles-mêmes étaient menacées de disparition. Soudainement l'Allemagne mit fin à ce dernier complot par la guerre. De fait, le 28 juillet, l'Autriche se soulève contre la Serbie. Le 1er Août, la France mobilise et l'Allemagne déclare la guerre à la Russie. Le 3 Août, même déclaration par l'Allemagne à la France et annonce de son intention de violer la neutralité de la Belgique,

Le 5, l'Angleterre à son tour entre en guerre contre l'Allemagne et l'Autriche et cette dernière contre la la Russie. L'Europe est en feu.

Ce fut grande surprise au Quesnel. Il avait été si souvent, par le passé, parlé d'hostilités entre l'Allemagne et la France, et nos gouvernants avaient tant multiplié les concessions pour les éviter que personne ne se faisait à l'idée de la guerre.

La réalité cependant étant telle, les mobilisés de l'endroit, ainsi que les membres de leur famille, comprirent leur devoir au point de vue patriotique. Ni murmures ni récriminations. Chacun de songer au contraire au besoin des armées. Maîtres et Maîtresses d'écoles de recueillir linges et pansements nécessaires aux dames de la Croix-Rouge. Le curé de son côté fit un appel au peuple et fournit toute une voiture de draps, chemises, serviettes de toilette et autres objets réclamés par Madame Branche, d'Arvillers, qui les recueillait. Il eut été à souhaiter que le même élan fut constaté au point de vue religieux chez les mobilisés. A l'appel qui leur fut fait, en chaire, d'avoir à mettre ordre aux affaires de leur conscience,un seul répondit. Par contre, parents et amis suppléèrent, dans la mesure du possible, cette apparente indifférence. L'assistance à la messe devint plus nombreuse, les retours à Dieu se multiplièrent, les sacrements furent davantage et mieux fréquentés, il fut même admirable de voir chaque soir la foule se porter à l'église ou à la chapelle des champs pour l'assistance aux saluts. La dévotion à la protectrice du pays, N.-D. Auxiliatrice, y gagna en intensité comme en étendue. La chapelle toujours ouverte recevait de nombreux visiteurs. Un fait à citer : du 1er août 1914 au 26 mars 1918, jour de l'évacuation du pays, il fut brûlé pour une somme de 2.500 francs de cierges devant la statue de la Madone.

2. — Ces démonstrations de piété n'empêchèrent point la malignité publique de déverser, même au Quesnel, à propos de la guerre, l'odieux, sur les représentants de la religion. Des « exotiques » mirent en avant que la guerre était occasionnée par

les prêtres. La tactique des ennemis de l'Eglise ne change point. En 1870, on accusait Pie IX, de sainte et vénérée mémoire, de fournir contre nous des subsides d'argent aux peuples de la Germanie. Ce fut fait en pure perte. Le bon sens populaire fit justice de ces dires qui trouvèrent crédit en nos régions uniquement chez les gens à courte vue et chez ceux disposés à tout admettre pourvu que ce nous soit nuisible.

3. — Pendant que se colportaient ces ineptics, les journaux nous laissaient à peu près tout ignorer de nos défaites. Bientôt on entendit le bruit du canon. Ce sont des exercices de tir de la région de La Fère, nous disaient-ils. Cependant la réalité se fit jour. On parlait d'atrocités commises par nos ennemis en Belgique. En même temps aussi, un employé des postes arrivait de la région du Nord, disant en feu la gare de Somain. Une carte de visite reçue de la région de Bapaume par l'auteur de ces lignes parlait de « malheureuse guerre » faisant allusion sans doute aux combats de la région de Combles. Le confrère ajoutait dans un laconisme laissant tout entrevoir : « Je n'en dis pas davantage, la censure interdirait à ma missive de vous arriver. » En même temps que ce mot ouvrait à notre pensée de tristes horizons, la voix du canon se faisait plus menaçante, l'on apprenait non sans effroi la présence de l'ennemi à proximité de Péronne. Le moral cependant était bon. On comptait sur la Somme, en cet endroit non endiguée, pour arrêter sa marche. On racontait qu'elle charriait une multitude de cadavres allemands. Toutefois avait déjà commencée l'émigration des Belges fuyant leur pays. Bientôt arrivèrent les habitants de la région de Roisel, Bray, Péronne, tout le Bas-Santerre. C'était une suite interminable de piétons portant quelques hardes, de voitures chargées de vivres et de mobilier, des troupeaux d'animaux de toute espèce. Tout ce monde, gens et bêtes, se dirigeait vers l'Oise et la Normandie par Hangest et Pierrepont, Mézières et Moreuil. Les moins apeurés restaient au Quesnel où leur était offerte une hospitalité bien-

veillante. Un épisode de guerre qui a son cachet : pendant une nuit assez obscure des derniers jours d'Août 1914, une personne du peuple vit au loin, sur la route conduisant de Beaufort au Quesnel, une longue suite de voitures éclairées par la faible lueur de leur lanterne. Cette multiplicité de feux lui fit croire à l'arrivée des ennemis. Aussitôt de parcourir les rues en criant : « Les Prussiens ! les Prussiens ! Levez-vous ! — Ma vieille mère se lève. Que voit-elle ! Une longue file de 17 voitures momentanément arrêtées et échelonnées le long de la route bordant les murs du château.

4. — Nous arrivons à la date du 29 août : bataille de la région de Proyart. Jamais plus formidables détonations de pièces d'artillerie ne furent entendues par nous au cours des opérations qui suivirent. Il est à croire que l'ennemi, dans quel but je ne saurais le dire, lâchait toutes ses batteries en même temps. C'était un samedi. Vers les 5 ou 6 heures du soir, des régiments français, exclusivement composés de réservistes qui arrêtaient la marche des allemands sous un feu meurtrier, se virent obligés de se replier et marchaient en arrière suivant la route de Rosières, Beaufort, Hangest-en-Santerre. Il faisait une chaleur torride et chacun d'offrir aux cavaliers force boisson et fruits savoureux.

Questions qui leur étaient posées :

Vous battez en retraite ? — Nous allons au repos pour deux ou trois jours.

Y a-t-il danger pour nous ? — Aucun danger : vous pouvez dormir sur vos deux oreilles.

— Où sont les ennemis ? — Les Anglais arrivent et les repoussent avec avantage.

Je demande à un officier qui me paraît payer de mine : Est-ce que nous sommes exposés à voir l'ennemi ? — Monsieur, si je savais que oui, je ne vous le dirais pas. — Dans ces conditions une solution était la bonne : s'en remettre à la garde de Dieu et prendre son repos. C'est ce que firent les moins apeurés. Cependant, d'une part, nombre d'habitants du Quesnel terrifiés par les bruits alarmants colportés de pays en pays avaient pris la fuite. On disait, par exemple, qu'à Herleville avaient été massacrés tous les gens du pays; d'autre part, sur les 9 heures du soir arrivaient au château du Quesnel 39 blessés de la bataille de Proyart. Portes closes! j'avais les clefs, je fis ouvrir. Ni charbon, ni couchette, ni vivres, ni gens d'ambulances, ni docteur, rien qu'un aide-médecin. En un clin d'œil, de la paille est étendue dans la cuisine, ses dépendances et chambres avoisinantes.

Des personnes immédiatement averties procurent l'indispensable aux blessés. Les plus malmenés par la mitraille se confessent et sont administrés. Au cours de la nuit, des voitures enlèvent la plupart d'entre eux, leurs armes et bagages les suivent quoiqu'on se refuse à les emporter. Ce qui en reste est par prudence mis hors de portée des ennemis.

Deux ou trois blessés le matin se désolent et réclament à grands cris leur évacuation. On arrive difficilement à les satisfaire sur réquisition par l'adjoint municipal de voitures qui sont introuvables. Où les déposer ? L'Hospice d'Hangest, trop voisin du front, n'en veut pas. Celui de Montdidier fait de même mais les accepte enfin après maintes explications. Il est 8 heures du matin, le 30 Août. C'est dimanche. La cloche annonce la messe qui commence sans encombre. Au moment de l'offertoire, l'une des portes de l'église est ouverte et une bonne femme de l'endroit de s'écrier : « Mes enfants, ou sommes perdus ! Ché Prussiens sont à l' gare éd Quesnel ! » Et en effet, un cheval des leurs venait de tomber grièvement blessé sous son cavalier. L'église se vide, je rentre chez moi. Pas question de grand'messe. Ni chantres, ni sacristain, ni servant de messe qui avaient suivi le mouvement de recul. Point davantage de paroissiens. Il en restait à peine et ces derniers veillaient à leur sécurité chez eux.

5 — Dès l'avant-midi du 30 août, quelques cavaliers postés aux environs du cimetière observent les routes aboutissant au Quesnel. Leur présence est rassurante. Ce sont, croit-on, les Anglais annoncés

la veille. Pas d'incidents nouveaux jusque midi. Il est une heure, je me dirige rue de Caix, en la ferme Charles Thory, où se trouve un officier français traversé par une balle de part en part, lequel n'a pu être évacué pour cette raison. Nous causions ensemble quand un bruit inaccoutumé attire notre attention. J'avance et considère. Débouchent par le chemin de Cayeux force piétons, cavaliers, canons, équipages de toute nature. Evidemment, c'est l'Anglais qu'on attend. J'en avise un dans la rue : « Do you speak english ? » lui dis-je. « Parlez vous Anglais ? » Il me regarde avec deux grands yeux semblant dire : singulier langage ! Je me dis à mon tour : singulier Anglais qui ne sait pas sa langue. J'en aborde un autre, brillant officier. — C'est l'armée allemande qui arrive ici ? — Oui, elle-même, me répond-il. — Je continue : Est-ce qu'il y a danger pour mes paroissiens ? — Quel danger voulez-vous qu'il y ait. — Le dialogue se poursuit. — C'est qu'on vous dit très méchants. On vous accuse de malmener, même de tuer les gens quand vous arrivez en un pays. — Qui dit cela ? — La rumeur publique et les journaux. — Mauvaise presse, très mauvaise presse en France. Dites à vos paroissiens qu'ils n'ont rien à craindre; nous ne sommes pas des barbares, mais des gens civilisés. — Je n'y manquerai pas.

Dans la rue de Caix et dans la Ville il se faisait un tintamarre assourdissant. Il était même difficile d'y circuler tellement était dense le détachement de l'armée de Von Kluck. Heureusement de ce tohubohu qui rendait imperceptible le bruit des paroles. D'aucuns criaient : vive l'Angleterre! Ce sont les Allemands, leur dis-je. Méfiez-vous. On ne voulait pas me croire. Je parlais encore. — Un chef qui vous demande, me dit-on. — J'arrive difficilement jusqu'à lui. Nouveau dialogue. Y a-t-il un château au Quesnel ? — Question oiseuse ; je sus ensuite que depuis 15 jours les officiers de l'état-major n'avaient pas couché dans un lit et qu'ils venaient précisément au repos chez M. le Vicomte Blin de Bourdon. Il y a un château, lui dis-je. — Est-il éloigné ? — Non, à 200 mètres d'ici. — Est-il habité ?

— Non ! — Pourquoi ? — Le propriétaire en a plusieurs. Il ne vient ici qu'en septembre. — Quel âge a-t-il ? — Respectable : il a 75 ans ou environ. — A-t-il des enfants ? — Deux demoiselles dont l'une vient de se marier. — Il y a un régisseur ? — Il n'habite pas ici, mais à Bourdon, pays dont est originaire la famille du châtelain. — Y a-t-il un gardien ? Oui et non. Il est absent. — Pourquoi son absence ? Il a eu peur de vous et il s'en est allé avec les siens.— Pourquoi peur de nous?—On vous dit très méchants. — Qui dit cela ? — La rumeur publique et la presse toute entière. C'est la crainte et non pas le refus de vous recevoir qui a fait émigrer la plupart de mes paroissiens. — Mauvaise presse en France ! — Je ne dis pas non, mais les faits sont tels. — Qui nous installera au château ? — Moi, si vous le voulez. — Vous bourgmestre ? — Non pas, mais curé, le « pastor » du lieu. En France, séparation entre l'Etat et l'Eglise. Au curé, aucune responsabilité civile. — Eh bien, dans deux heures, il nous faut 25 lits. — Vous les aurez si je trouve des draps et quelqu'un pour les faire. — Le château avait été ouvert par l'adjoint municipal. Nous arrivons à la cuisine. — Qu'est-ce ceci, dit l'Allemand ? — De la paille, du sang, des pansements. — Comment cela ? — Hier soir, j'avais 39 blessés de la bataille de Proyart et environs. — Des Allemands ? — Non, des Français. — Où sont-ils ? — Evacués pendant la nuit. — Fourt ! Fourt ! — Oui, je vais tout faire approprier, mais laissez m'en le temps. — De la cuisine nous passons à la lingerie où nous trouvons 12 paires de drap. — Pas assez, me dit-il. — Je n'en ai pas davantage, enfoncez ces armoires, vous en trouverez d'autres. — Vous ouvrir.— Moi pas de clefs. — L'adjoint municipal étant arrivé voulut mettre comme on dit vulgairement son liard au jeu. Il fut culbuté dans un coin et mon allemand plutôt que de forcer les portes d'armoires se contenta de 12 paires de drap pour 25 officiers.

Ceci réglé, nous en arrivons à la visite du château. Pas fiers nos Prussiens devant le danger même chimérique ! Mon compagnon craignait un guet-apens.— Passez en avant, me dit-il. Cependant il prend son révolver. — Cet instrument me fait peur. Faites m'en grâce, lui dis-je. Personne n'est ici et je vous le déclare, aucun de mes paroissiens n'en agira mal envers vous, s'il n'y a pas provocation de votre part. — Il me fit grâce de son arme à feu. Du grenier, nous descendons à la cave. — Du champagne, du champagne, clame mon compagnon. — Pas de champagne ici, mais du vin tant que vous en voulez. — Je fais grâce au lecteur du reste du discours cependant bien intéressant et de quelques péripéties qui me firent rire sous cape. Il y avait des centaines de soldats au château, je dois à la vérité de dire qu'ils n'abusèrent de rien. A peine y fut-il consommé 20 ou 25 bouteilles de vin. Quant à la propreté, elle laissa trop à désirer. Les nappes de table furent maculées de confitures. Après leur départ, il se dégageait une telle infection des chambres à coucher qu'à peine osait-on y entrer. — Atroce, me disais-je! L'on devine pour quel motif.

Pendant que je m'occupais des mille détails de circonstance, un appareil de télégraphie sans fil était installé au château et l'état-major bluffait à son sujet, annonçant une victoire plutôt imaginaire.

Rentré chez moi, je trouve 6 officiers dont un aumônier protestant à la figure assez revêche mais qui se mit bientôt à l'unisson de son collègue, aumônier catholique admirable de prévenances vis-à-vis de moi. Comme les soldats forçaient, enfonçaient la porte des maisons et que je m'en plaignais à lui : nos règlements, me dit-il, nous interdisent tout acte répréhensible chez le particulier qui nous reçoit. S'absente-t-il pour nous refuser l'hospitalité, nous avons tout droit chez lui, même celui de faire flamber sa maison si elle est isolée. Et de fait, à Mézières, Rouvroy, Bouchoir furent incendiées plusieurs habitations et fermes. A Hangest, un particulier, qui voulait défendre la propriété de son maître absent, fut tué; un autre atteint d'un coup de révolver parce qu'il s'enfuyait; à Folies, croyant à l'arrivée des Anglais, un habitant du lieu de s'écrier : Vive l'Angleterre! Il ajouta : Capout à Guillaume. Les Allemands le fixèrent au mur du cimetière et l'y fusillèrent. Rien de grave à leur reprocher à Beaufort, Warvillers, Davenescourt où les châtelains, maires de ces pays, étaient restés au poste pour défendre les intérêts de leurs administrés. Dans la circonstance, on fit avec justesse une remarque. La voici : seuls les conservateurs de la région, représentants de leur pays demeurèrent, furent fidèles à leur mandat et attendirent de pied ferme l'ennemi. Je ne dis rien des autres. La plupart laissèrent tout et s'enfuirent. A Guerbigny, le curé lui-même fut désigné comme maire du pays.

Rien ou presque rien à reprocher aux soldats dans les maisons gardées par leurs propriétaires. Partout ailleurs, linge, objets de toilette, habits, volailles, devinrent leur butin de guerre. Après leur départ, il est honteux de l'avouer, des hommes du pays achevèrent l'œuvre dévastatrice inaugurée par l'Allemand. Encore le Quesnel fut-il favorisé par la Providence. Dès l'arrivée des ennemis, leur aumônier de me dire : « Vous aurez ici la bataille cette nuit, ou demain matin dès le moment de notre départ. Nous savons que les Français se préparent à la défense entre ce pays et le pays voisin. » Il parlait de Hangest. De fait, leurs canons étaient en position de tir sur la route de Beaufort et dans le parc du château de Cayeux. Tout changea au cours de la nuit. A son retour du château où il était allé aux renseignements, un officier de me dire : « Pas de bataille cette nuit ni demain. Les Français renoncent à la lutte et se retirent. » Avant de quitter le pays, le général de dire à l'adjoint municipal, M. Harlé Théodule : « Bien vous en a pris de nous avoir attendus. Si le château avait été fermé, nous l'eussions fait sauter avant notre départ et nous aurions incendié le village. » Il n'en fut rien. Dès cinq heures du matin, le lundi 31 août, l'armée se dirigea vers Montdidier par le chemin vert conduisant de la rue de Beaufort à l'arrêt de Bouchoir. Leur but était la prise de Paris qui mettrait fin à la guerre avec la France, disaient-ils. Ils se retournaient ensuite contre les Russes qu'ils considéraient comme mauvais soldats. Affaire encore de six semaines !

6. — Après leur départ, une escarmouche eut lieu entre Bouchoir et Arvillers. Il y eut des blessés. Le Quesnel était libre, momentanément. Momentanément, car durant plusieurs semaines nous demeurâmes en région occupée; conséquemment sous le joug allemand. Des détachements allaient et venaient à travers le pays. Une auto-mitrailleuse les accompagnait assez souvent. Les soldats s'approvisionnaient chez l'habitant des choses nécessaires à la vie, les payant largement. Il en fut ainsi jusqu'au moment de la stabilisation du front allemand sur la ligne Fouquescourt, Parvillers, Le Quesnoy, Erches et Andechy. Du 30 août au 1er octobre 1914, ni lettres, ni journaux, ni nouvelles du dehors. Rien que des colportages de nouvelles la plupart du temps invraisemblables. Ce fut le vide complet de relations avec le monde extérieur. Le saint pontife Pie X était décédé à la date du 20 août, son successeur, Benoît XV avait été élu le 3 septembre suivant. Nous n'en savions rien, au 15 septembre. A cette dernière date, c'est-à-dire après la bataille de la Marne et le départ de l'état-major allemand qui gardait Amiens, des patrouilles de l'armée française commencèrent à circuler en nos pays pour surprendre celles qui demeuraient de l'ennemi. Plusieurs échauffourées eurent lieu aux environs du Quesnel. A certains moments l'on entendait le sifflement des balles. Des habitations de la rue de la Chapelle et de la rue de Caix furent touchées par elles. Deux verrières du chœur de l'église, une de chaque côté, en portaient les traces. Entre le Quesnel et Hangest, trois allemands poursuivis par nos soldats furent désarçonnés. Deux d'entre eux levèrent les bras et firent « Camarades ». Le troisième, leur officier, blessé et couché à terre refusait de se rendre et menaçait les nôtres de son révolver. La réponse à ces menaces fut qu'on lui brûla la cervelle.

CHAPITRE DEUXIÈME

Sur la ligne de feu

Retour offensif. — Secours inattendu. — Ambulance improvisée. — Division sédentaire. Fixation du front. — Combat de Rouvroy-Fouquescourt. — Eglise-Hôpital. Attitude des blessés et des malades. — Formations sanitaires. — Vie religieuse : fêtes et cérémonies. — Respect ou violation de la neutralité religieuse. — Causes qui diminuent la première ardeur religieuse : longueur de l'épreuve, présence prolongée des troupes, prédominance des intérêts matériels. — Mentalité des soldats au point de vue social, religieux et moral.

1. — Lors de la bataille de la Marne, l'on avait trop auguré de la défaite de l'Allemagne. Les Allemands se ressaisirent et se répandirent à nouveau comme un flot en nos régions où ils ne pensaient plus revenir en militants de la guerre. Nous entendîmes de nouveau la voix du canon, d'abord assez lointaine, puis plus rapproché quand, le 25 septembre 1914, les obus incendiaires tombèrent sur Fouquescourt ; quand, 5 jours après, Roye un instant libéré retombait aux mains de l'Allemand. A partir de là, on voyait, chaque soir, flamber sur le front meules des champs et maisons des villages.

2. — L'ennemi donc nous menaçait. Heureusement pour nous l'armée de l'Est arrivait en hâte, repoussait l'ennemi au delà de Parvillers et confiait la garde de la frontière française à la 62e division de réserve qui établit son quartier général en avant de Beaufort et ses ambulances à Folies.

3. — Toutefois auparavant 29 ou 30 blessés du 1er engagement nous étaient arrivés et avaient, comme leurs devanciers, élu domicile au château. Les deux religieuses de la Sainte Famille d'Amiens, en résidence dans la localité, leur donnèrent, aidées d'autres personnes, les soins que réclamait leur état. Les plus touchés reçurent les sacrements et tous furent enlevés pour une destination inconnue.

LE CHATEAU

4. — Cependant la 62e division, un moment refoulée par l'ennemi supérieur en nombre, perdait Parvillers et quelques autres localités voisines. Il me souvient que l'aumônier de cette division, M. l'abbé David, curé de Vars près d'Angoulême, récemment mobilisé, m'arrive un soir disant : l'ennemi est près des hayes de Rouvroy. Le pays est défendu par le colonel Deroye qui a 500 hommes. Il demande du renfort qui n'arrive pas. Je le connais. Il se laissera hâcher avec les siens, plutôt que de lâcher pied. Le moment était critique. Le secours arriva et nous fûmes sauvés. En face de nous, du côté français, le front fut ainsi stabilisé : Rouvroy, Parvillers, Beaufort, Folies, Bouchoir, Arvillers, Saulchoy; la proximité de l'ennemi oblige l'état-major de la 62e au recul. Il s'en vint au château du Quesnel. Nous eûmes ainsi, avec le général Beaumgarten, chef de division, le général Ruault, commandant d'artillerie légère, plusieurs batteries d'artillerie de campagne, deux états majors, les services d'automobile à eux nécessaires et 500 dragons avec leurs chevaux. Ce fut la part du château.

Non loin de lui se trouvaient les formations sanitaires composées de jeunes soldats, de 30 prêtres brancardiers ou aides d'ambulance avec leur major. Les formations d'infanterie étaient composées, en temps normal, des 205e, 307e et 308e régiments qui allaient successivement aux tranchées et en revenaient au repos. Le ravitaillement de l'armée avait également chez nous ses formations. Il y avait aussi le Génie et les services d télégraphie avec et sans fil, les troupes de passage momentanément employées aux travaux du front, au service des tranchées et autres. Tout ce monde formait un contingent de 4 à 5 mille hommes séjournant au Quesnel et en ravitaillant 10.000 quotidiennement.

Avec l'arrivée d'armées régulières stationnant chez nous arrivèrent, par leurs moyens, des nouvelles du dehors. Celui qui écrit ces lignes en profita pour remettre au vaguemestre tout un colis de correspondances à destination de la France et plus encore de l'Angleterre. Ce colis, saisi à un facteur rural de la région de Péronne, avait été, par les Allemands, oublié au château lors de leur passage au Quesnel, en août 1914. Immédiatement mis en lieu sûr, il avait échappé aux recherches des contingents de troupes laissées dans la région. Ces missives portèrent la joie — joie peut-être bien éphémère — au sein de nombreuses familles avides de nouvelles des leurs.

5. — Tout ne fut point calme sur le front, comme on pourrait le croire, quand il fut stabilisé. Les Allemands ne pouvant se faire à l'idée de leur rejet de la commune de Rouvroy sur Fouquescourt voulurent prendre leur revanche. Dès le premier ou le deux octobre un combat avait lieu entre ces deux localités qui laissa 1500 ennemis sur le terrain. Ils y demeurèrent pendant six mois et plus sans inhumation. Les nôtres paraissaient-ils pour les inhumer, l'on tirait sur eux. Cette attitude suscitait des représailles. Nos soldats en agissaient de même.

6. — A l'occasion de ce combat Rouvroy-Fouquescourt arrivèrent au Quesnel une foule de gens de ces deux localités ayant auparavant ou à ce moment là quitté leur pays. Il en vint également d'Hattencourt, Parvillers, Le Quesnoy, Warvillers, Bouchoir, Erches, Arvillers qui doublèrent presque le chiffre de la population civile de notre commune. Toutes les habitations du lieu leur furent largement ouvertes. On se réfugiait en tous endroits. On couchait jusque dans les demeures sur la paille, mais on avait le couvert. Le vivre était fourni par les personnes du lieu et principalement par l'Armée trop abondamment pourvue de toutes choses nécessaires à la vie. Pendant une bonne partie de la guerre, pain, viande, légumes secs, riz et autres denrées, trainaient dans les cours, dans les chemins du village, sur les routes, partout. Cependant, pour décongestionner le front et laisser sans doute plus de place aux hommes de guerre, le Gouvernement accorda seulement des allocations temporaires aux évacués de l'arrière. C'en fut assez pour en faire partir un bon

nombre. Quoiqu'il en soit, nous ne restâmes pas moins de 1.500 civils au Quesnel.

7. — Le combat de Fouquescourt nous valut un bon nombre de nouveaux blessés. Dans la nuit du 1er au 2 octobre 1914, un aide-major frappe à ma porte. — Qui est là ? — Un sanitaire qui réclame la clef de l'église pour y déposer des blessés. — On la lui donne. Le lendemain matin, le curé arrive pour sa messe. Spectacle émouvant ! 400 blessés dans son église, une centaine à l'école des filles y attenant et où le major fait les opérations d'urgence. Il y a là une femme de Rouvroy dans un état qui la rend méconnaissable. Comme elle sortait de sa cave après le bombardement un obus éclate près d'elle dont les éclats mettent sa tête en sang. Transportée à l'hospice de Mézières, elle y guérit à la surprise générale. A l'église, c'étaient des blessés assis dans les bancs, perdant leur sang sur des civières, couchés sur la paille et agonisant. Aux plus atteints, les prêtres brancardiers et moi offrons le secours de la religion par tous bien acceptés. Un seul de me dire : « Je suis de la religion réformée ; je vous remercie quand même ; je vous sais gré de vos offres et vous demande de prier réciproquement l'un pour l'autre. » Devant cette assistance digne d'une immense commisération, je dis la sainte messe. Tous la suivirent avec respect. Au cours de la guerre, je fus par tous les blessés sympathiquement accueilli toutes les fois que, aumônier de fait, j'eus à traiter avec eux des intérêts de leur éternité. Pas un ne refusa l'offre de mon ministère. Le 28 octobre 1914, la reprise du Quesnoy valut encore au Quesnel plus de 300 blessés qui furent, en raison de la rigueur de la saison, déposés cette fois dans la vacherie du château et dans les écoles. Quelques jours après le colonel Deroye faisait déposer, chez le curé du Quesnel, tous les objets du culte et ornements sacerdotaux de l'église du Quesnoy.

8. — L'issue de la bataille de Rouvroy-Fouquescourt et la reprise du Quesnoy firent toucher du doigt la nécessité de pourvoir grandement à des installations sanitaires. Les moyens ne manquaient pas.

Nous avions trente prêtres qui, pour se réserver uniquement au soin des malades, disaient, pour la plupart, la messe de très grand matin. Des locaux leur furent aménagés pour y recevoir des blessés. On les établit dans la rue d'Hangest, à proximité de la maroquinerie. Cet établissement lui-même, devenu d'abord établissement de bains et de douches pour les troupes du Quesnel et pour celles du voisinage, fut plus tard transformé en hôpital temporaire et en salle d'opération pour les blessés réclamant des soins immédiats. En juillet 1916, lors de l'attaque de la Somme, ces formations sanitaires étant insuffisantes et trop éloignées de la région Rosières-Chaulnes-Chilly, il en fut créé d'autres dans les « fonds de Caix ». Quand il y avait à procéder, ce qui n'était pas rare, à plusieurs inhumations de soldats à la fois, le rendez-vous était à l'église. Après les services d'usage, enfants de chœurs, chantres et curé, aumôniers parfois également, se rendaient de là processionnellement au cimetière.

9. — A certains moments passaient par le Quesnel des aumôniers divisionnaires accompagnant les éléments mobiles des armées du front. Le désir d'aucuns de vouloir tout ramener à leurs idées particularistes, quitte à rompre avec les usages établis, amena parfois quelques heurts, heurts sans gravité je le dis, avec le curé du lieu. Les rapports étaient généralement plus faciles, ils furent même très cordiaux avec les aumôniers sédentaires qui se rendaient mieux compte des possibilités locales.

Avec les prêtres mobilisés résidant au Quesnel ou y venant des tranchées au repos, rarement une difficulté. Ils étaient cependant nombreux à certaines époques. En 1916, en septembre, octobre et novembre, il n'y eut pas moins de 60 messes par jour dites dans l'église du Quesnel. Grâce à leur complaisance, au savoir faire d'un très grand nombre, à la bonne volonté d'intelligents et dévoués séminaristes, de soldats aussi, habiles musiciens, nous eûmes à certains moments des offices d'un éclat incomparable. Incomparables comme exécution de chants; incomparables à cause du nombre de ceux s'y sentant attirés. Quand le 308 était chez nous au repos, toujours église comble. Il en fut de même quand se fixèrent momentanément au Quesnel les troupes de la Savoie, celles de la Haute-Loire, même celles de l'Hérault, celles de Bretagne surtout. En vain, afin d'arriver à avoir une assistance moins dense le curé suppliait-il ses paroissiennes de se réserver pour la messe paroissiale. Rien n'y faisait. Les unes par simple attirance pieuse, les autres par curiosité légitime, d'autres parce qu'elles trouvaient l'heure plus commode pour elles, d'autres encore par esprit de contradiction peut-être, d'autres enfin par secret espoir de conquête très légitime se rendaient de préférence aux offices où paraissaient les soldats précédés de leurs brillants états-majors. La journée d'un curé du front : confessions dès 5 ou 6 heures selon la saison. La messe à 8 heures, Réceptions, consultations, correspondances de 9 h. à 12 h. Après le dîner, visite des malades et des ambulances. Mêmes occupations que le matin à partir de 3 ou 4 heures. Salut, sermon, confessions à 7 heures. Son dimanche : comme en semaine pour la matinée, messe et sermon à 8 heures, messe militaire dite par l'aumônier et souvent sermon à 9 h., messe paroissiale et sermon à 10 h. ½, Vêpres et catéchismes à 2 h. ½. Salut et sermon à 7 heures. Heureusement la journée était moins chargée le dimanche quand l'aumônier ou quelques prêtres mobilisés assuraient en partie la charge de la prédication. Il y eut des instructions très intéressantes de M. l'abbé David, curé de Vars, aumônier divisionnaire de la 62ᵉ division de réserve, de M. le chanoine Coubée, chargé des œuvres diocésaines à Paris, d'un père Assomptionniste et d'un missionnaire diocésain de Cambrai.

Deux faits à citer pour montrer ce qu'était une messe militaire en 1914, en 1915 et en 1916. A celle de Noël 1914, messe de minuit, la vaste église comble; toutes les allées bondées d'hommes se tenant debout. A la date du 16 juillet 1919, le général Ruault m'écrivait : « Voilà une messe de minuit dont je garderai toujours le souvenir. » A la messe militaire de la la fête de Pâques, en 1915, deux soldats postés aux portes de l'église et chargés de cet office comptèrent à la sortie 1400 des leurs. Le 15 août 1919, M. l'abbé David, aumônier divisionnaire, m'écrivait : « Je revis par la pensée les belles cérémonies du Quesnel ; cérémonies inoubliables et comme nous n'en avons jamais plus eu ailleurs. »

10. — En dehors des manifestations du dimanche avaient lieu des offices funèbres pour les soldats tombés devant l'ennemi. En plus d'une circonstance, près du catafalque, parut le drapeau du Sacré-Cœur devenu celui du régiment sans que personne s'en offusquât. Les soldats du reste étaient chargés de médailles, d'insignes du Sacré-Cœur qu'ils rendaient apparents et que l'autorité militaire leur faisait enlever. C'est dire leurs sentiments ; c'est dire s'ils voyaient de mauvais œil toute atteinte portée à l'exercice de leur religion. Il en fut ainsi rarement, mais enfin il faut l'avouer : l'on vit des étudiants capucins convertis en balayeurs des rues, des soldats réduits au rôle de casseurs de cailloux, des capitaines ou autres chefs entraînant leurs hommes à l'exercice pendant les messes du dimanche. L'un d'entre eux s'oublia jusqu'à employer les siens à je ne sais quel genre de futiles occupations pendant un office funèbre célébré sur la demande de ses chefs pour les morts de leur contingent. Je n'ai pas à citer les quolibets qui ne lui furent pas ménagés.

9. — Certaines causes vinrent diminuer la ferveur religieuse des hommes de guerre et de nos populations surtout. Ce fut la longueur de l'épreuve pour nos soldats du front. Il fallait voir en quel état ils revenaient des tranchées, couverts de boue des pieds à la tête, pour comprendre ce qu'il leur en coûtait de sacrifices quotidiens. C'est à se demander comment un organisme humain est capable de telles résistances. Combien de fois leur ai-je dit, au cours d'allocutions faites à leur adresse : Il vous suffirait de supporter pour l'amour de Dieu ce que vous endurez de souffrances pour le salut de la patrie pour devenir des saints. Il s'en trouvait parmi eux qui, sans en avoir

le titre, en méritaient les honneurs. Combien de fois j'ai admiré leur vertu et je me suis efforcé de les copier comme modèles.

La fatigue morale, pour le peuple, de voir maisons, cours, bâtiments de toute nature encombrés d'hommes ou de chevaux à tous instants du jour et de la nuit, la peine éprouvée en voyant tout dévasté chez soi et autour de soi, l'obligation surtout d'avoir l'œil vigilant pour que rien ne disparaisse d'objets ou d'animaux domestiques faciles à enlever, furent également cause d'un relâchement de vie chrétienne. Chez les mercantis qui se firent légion, ce fut l'âpreté du gain. Pour eux ne comptaient plus que les intérêts de temps. Plusieurs sacrifièrent leur conscience à des spéculations qui n'avaient rien d'honorable. Il est juste de le dire : ce fut l'exception.

10. — Nous l'avons précédemment insinué, le soldat en général n'avait pas le respect de la propriété d'autrui. Tout ce qui lui tombait sous la main était pour lui de bonne prise. On eut difficilement compris que l'ennemi en eût agi de la sorte en violation du droit des gens. Mais que penser des gens qui, envoyés pour vous défendre, s'emparent de tout, détériorent tout, brisent tout, renversent tout. Un exemple typique. Jusqu'en 1916, le mobilier de l'église de Folies avait été respecté par la troupe. Arrive un bataillon auquel il manque, comme d'ordinaire, le combustible indispensable. Le « débrouille-toi » ordinaire est prononcé. Aussitôt bancs, stalles, autels et autres objets mobiliers deviennent la proie des flammes. Autres faits : dans le presbytère d'Arvillers, j'ai vu toutes les cheminées en marbre brisées à coups de pioche; dans celui de Beaufort parquets et planchers disparus; chez nous maints arbres du Petit-Bois et tous les ormes de la superbe grande allée du château gravement compromis par la dent des chevaux qu'on y attachait. Il restait aux ennemis de compléter l'œuvre. Il y aurait à ce sujet plus à dire, mais comme tout ceci n'est pas à l'honneur de nos hommes de guerre, tirons le voile et passons.

Quand nous avons parlé du grand concours de soldats aux offices, nous ne prétendîmes pas en faire l'application à la généralité, j'estime à un tiers le nombre de ceux qui venaient à l'église et de ce tiers doit-on retrancher deux autres tiers s'il s'agit de la réception des Sacrements au moins à Pâques. Un bon nombre des non-pratiquants étaient arrêtés par le qu'en dira-t-on, par les gouailleries des camarades. Presque tous, excellents pris en particulier au point de vue des sentiments religieux, étaient dominés par la peur quand ils paraissaient en public. Que de fois l'auteur de ces lignes leur a-t-il dit : Vous n'hésitez pas à faire de vos corps une barrière infranchissable à l'ennemi, vous affrontez allègrement balles, obus, et gaz délétères et vous êtes paralysés devant le sourire d'un voisin qui vaut moins que vous. Il en était ainsi !

Au point de vue du respect de l'autorité, il y avait beaucoup à faire. Le soldat français est frondeur. Sa première balle sera pour le chef ! Il ne marchera pas ! L'action se déclare-t-elle ? Vite il va de l'avant, se presse autour des caporaux, sergents et officiers, obéit à leurs ordres mieux que ne le fait un collégien à la voix du surveillant de sa division. Je parle de ce que j'ai vu et non de ce qui a pu se passer ailleurs. Un seul cas je crois, d'un individu tellement dominé par la peur qu'il n'osait avancer. Il fallut le traîner à l'ennemi. Le conseil de guerre, pour l'exemple, fut impitoyable à son endroit. Il en fut de même au début des hostilités à l'endroit des jeunes recrues qui crurent intelligent de se mutiler dans l'espoir d'être mis à la réforme ou de passer à l'arrière. Il y eut également deux ou trois suicides de soldats dont le moral était atteint par excès de fatigues et de chagrins peut-être. Qui le trouverait étrange !

Quant à la moralité, elle eut pu laisser davantage à désirer. Il y eut bien un ou deux scandales venant de haut. Ils prêtèrent plutôt à rire et furent vite oubliés. Le simple soldat avait surtout la passion du vin. Il en usait et en abusait. On le vendait partout ce vin. Grâce à cette vente d'aucuns édifièrent une fortune. Pendant trois ans que nous passâmes sur le front, il s'en consomma, soit dit par exagération, de quoi faire tourner tous les moulins de la Somme.

CHAPITRE TROISIEME

Sous le bombardement et près des nappes de gaz.

1. — Qui sème le vent récolte la tempête, est-il dit au livre de la Sagesse. Il en fut ainsi dès le début de février 1915. Dans la nuit du 4 au 5, le général Ruault qui prenait plaisir à surprendre l'ennemi fit avancer, en tête de nos lignes, une pièce à longue portée et bombarda le lieu de son état-major. Sans plus attendre l'ennemi lui renvoya la monnaie de sa pièce. De 7 h. ½ à 8 h. 20, furent dirigés vers le château du Quesnel 11 obus de 210 qui ne l'épargnèrent que grâce à la déviation opérée sur eux par le vent. Quatre tombèrent dans les jardins du voisinage. Le tir allongé, quatre furent reçus par le parc du Petit-Château. Le 9e s'enterra au pied même de la construction qui trébucha et en partie s'affaissa. Le 10e trancha comme des fétus de paille trois énormes sapins situés à une vingtaine de mètres en face du château. Murs et fenêtres furent criblés de débris d'acier. Le général Ruault placé en ce moment en face d'une fenêtre dut son salut à l'énorme mélèze lui faisant vis-à-vis. Le 5e obus pulvérisa, dans la rue d'Enfer, une maison où le major du génie faisait la visite des malades. N'eut été le premier vendredi du mois qui lui fit changer son heure de service à cause de la messe qu'il voulait entendre, 25 ou 30 soldats avec lui eussent infailliblement trouvé la mort. La locataire de la maison, Mme Harlé, était au jardin avec son enfant, Marc, âgé de 9 ans. Le pauvre petit, touché au

cœur, sans blessure apparente, rendit quelques instants après son dernier soupir.

2. — Le premier soin de l'état-major fut de descendre, à cette menace, dans les souterrains du château. Le calme revenu, vers les 9 heures, lui et les
formations sanitaires de s'éloigner du danger et de
prendre le chemin du château de Beaucourt. Ils nous
laissèrent, comme fiche de consolation, la grande
probabilité sinon la certitude de bombardements
subséquents. Il n'en fut rien heureusement.

A cette occasion, une épisode de guerre qui ne
manque pas de saveur. Depuis quelque temps, au-
tomobilistes de l'état-major et autres visitaient le
souterrain et non pas lui seul mais ce qu'on y appelait non sans raison la cave du vin. La porte avait été
plus d'une fois forcée et le reste se devine. Plainte
fut portée, à ce sujet, devant l'état-major par le curé du lieu honoré de la confiance de M. le Vicomte
Blin de Bourdon et chargé par lui de veiller sur ses
intérêts. Une enquête eut lieu. Le résultat en fut que
le vin avait été soustrait par les Allemands à leur passage, lesquels, soit dit en passant, n'étaient même
pas descendus dans le souterrain.

Affaire classée, me disais-je ! Il en fut autrement et
le destin se chargea de nous donner la clef du mystère. Les pièces du délit, j'entends les bouteilles vides, furent retrouvées dans leurs bureaux.

3. — Du 5 février au 15 août, rien d'anormal en
fait de tranquillité. Ce jour-là, si mes souvenirs ne me
trompent pas, le Président de la République, M. Poin-
caré, venait en grand secret et dans le plus complet
incognito sur notre front. Personne, même dans l'armée, n'était mis au courant. Il arrive à Montdidier.
Obus sur Montdidier. Il va de Montdidier au château de Davenescourt, pays qui n'avait pas encore
connu le bombardement. Pendant le déjeûner chez
Monsieur le Vicomte de Villeneuve, obus sur Davenescourt. Devait-il passer par le Quesnel pour aller au
delà, je ne saurais plus le dire, mais pendant le chant
du Credo de la messe solennelle, 4 obus de 130 autrichien tombent dans le parc du château. Vide

complet dans l'église, les chantres tiennent bon et
le Docteur du lieu, M. Wargnier, remplit seul le rôle
d'enfant de chœur. Le même jour, obus sur Caix.
« Petit bonhomme allemand » vivait encore. On
s'en aperçut en la circonstance.

4. — Si les obus habituellement nous ménageaient
il n'en était pas de même des raids d'avions. Les avions
survolaient le Quesnel continuellement et ne se faisaient pas scrupule de nous envoyer leurs bombes.

Il en tomba souvent à la Biqueterie où se trouvait
un train des équipages, aux abords du village; l'une
d'elles fit voler en éclats le puits de la petite cour attenante à la demeure Turcq-Sené. La vieille dame Sené qui s'y trouvait fut culbutée, elle et son fauteuil.
Dans la maison située au fond de la cour la femme Pillot Octave fut atteinte de blessures sans gravité. Une
autre bombe tomba, rue des Moines, sur une grange
dont toutes les pannes disparurent. Deux autres furent lancées dans la basse-cour du château, un soir
à 10 heures. L'une tomba dans le fumier qui en amor-
tit le choc; l'autre sur le mur de la mare qui fut gravement endommagé. Le plus grand danger en cas
d'apparition d'un avion ennemi consistait dans le
tir de nos 75 contre lui. Quand leurs obus n'éclataient
pas en l'air, ils retombaient dans les rues et dans les
habitations du lieu. L'un deux tomba sur une maison
située en face de la Vierge de la rue de la Ville et resta suspendu entre deux poutrelles, d'autres s'enter-
rèrent rue de Ville, rue d'Enfer et en maints autres
endroits. Le 23 janvier ou février 1917, il en tomba
un rue d'Enfer, sur la maison d'Alphonse Harlé qui
dormait en son fauteuil. Il lui emporta la moitié de la
tête, traversa la voûte de la cave, y dégrada la muraille mais n'éclata pas. Quand sa femme qui venait
de sortir rentra chez elle, elle trouva les murs macu-
lés de sang et de fragments de cervelle enlevés à son
mari. Pendant le service funèbre, le 25, le bombardement devint tel et fut si rapproché que le curé et les
employés d'église tinrent seuls compagnie au défunt.
Le 11 février de la dite année, Héléna Lemaire,
femme Douvry, qui s'était retirée à Moreuil pour fuir

le danger, fut en même temps qu'un soldat avec lequel elle causait, tuée devant la porte de sa maison par une bombe d'avion. Son jeune fils blessé échappa à la mort. Elle fut inhumée au Quesnel le 13 suivant.

5. — Au général Beaumgarten avait succédé le général François, puis au général François d'autres généraux de passage. En juillet 1916, arriva le général Antoine qui devint un peu plus tard le bras droit de Pétain; puis avec les Bretons, et pour préparer sur notre front l'attaque de la Somme, le général Hennocque. Alors furent construites, au Quesnel, de nouvelles voies de chemin de fer. L'une d'elles, qui partait de Moreuil, passait au Plessier, à Mézières pour aboutir à la ligne Amiens-Tergnier. Elle se bifurquait à Hangest ou au-delà pour aboutir au Petit-Bois, derrière le château du Quesnel. De l'entrée du Petit-Bois, elle rayonnait vers le château, vers les pâtures à la naissance desquelles elle s'arrêtait, au-delà des pâtures dans le Bois-Chaussée, dans la direction de Bouchoir aussi, derrière le Bois des Prés, par rapport à la route de Roye-Amiens. Sur la ligne aboutissant aux murailles du château étaient les wagons contenant lits, vivres, cuisines, munitions. Sur les trois autres circulaient des trains blindés pourvus d'énormes canons. L'un deux, « Lisette », c'était son nom, n'avait pas moins de 15 m. de long. C'était un 305. Le 1er coup tiré par elle occasionna un tel déplacement d'air que furent arrachées les branches d'arbres la dissimulant aux regards. En même temps furent déplacées les briques de l'une des cheminées du presbytère et cassés des carreaux des maisons de la rue de Beaufort. Cette pièce à mitrailles et autres avaient-elles lancé leurs obus, elles revenaient en arrière appelant sur nous seuls les représailles qui ne faisaient pas défaut. Des pièces de même calibre et des 400 postées à Fresnoy déversaient également au-dessus de nous leurs obus. Du village on voyait même en plein jour la flamme des canons. Leurs explosions formidables ébranlaient tout. Les déplacements d'air occasionnés par elles arrachaient les verrières de l'église. Il me fallut les consolider avec force barres de fer

et planchettes. Elles ne m'en coûtèrent pas moins de 300 francs pour leur restauration en 1917. Des obus éclatant au départ par suite de mauvaise confection laissaient tomber dans la localité des fragments plus ou moins volumineux. Il en tomba d'énorme dimension dans la rue de Caix. L'un d'eux, recueilli dans la rue de Beaucourt, pesait 80 kilos. D'autres canons de fort calibre se dissimulaient aussi dans le Bois-Vallée. C'était, autour de nous, une demi-circonférence d'engins destructeurs. Ciel, quels dangers et quel tintamarre !

La seconde série de bombardement de l'ennemi fut inaugurée le 14 août 1916. Ce jour-là, vers les 9 h. du matin, 19 obus de canon autrichien envoyés de Dreslincourt tombèrent en majeure partie près et à l'est de l'église. Deux d'entre eux lancés plus loin éclatèrent au point de jonction de la rue de la Ville et de celle des Vieux-Charrons. Le 1er tua net un soldat et en blessa d'autres. Pendant que Monsieur l'abbé Umbricht (1) se baissait pour porter secours à la victime, le second tombant derrière lui déchira sa soutane et le frappa de surdité. Il demeura sourd. Ce fut son souvenir du Quesnel. Un peu plus tard il perdit un bras dans la bataille, souvenir de Verdun, si je ne me trompe.

A partir de cette époque, sauf pendant une durée de six semaines en novembre et en décembre, nous fûmes gratifiés, chaque période de 24 heures, de 4 séries de bombardement. Ils avaient lieu le matin vers 6 heures, avant ou après le déjeûner, vers le soir à 8 ou 9 heures, enfin pendant la nuit. Il en fut ainsi pendant une période de 6 mois. Nous reçûmes de la sorte, et je suis au-dessous du chiffre réel, à raison de 40 par jour, environ 6000 obus. Ils tombaient surtout sur la rue de Beaufort et le chemin de la gare par où le ravitaillement passait. Merveille de la Providence ! En dehors des accidents cités plus haut,

(1) Le 21 août 1920, à Strasbourg, M le chanoine Umbricht, prêtre du diocèse de Nancy, aujourd'hui aumônier militaire au territoire d'Alsace, a été promu commandeur de la Légion d'Honneur. Mutilé de la guerre, son héroïsme l'a rendu légendaire : 12 citations sont venues lui dire la reconnaissance de la France.

pendant ces 6 mois, pas un homme ne fut blessé, pas le ravitaillement touché, pas une maison gravement endommagée. Seulement -- et c'est déjà trop -- 4 chevaux tués dans l'écurie de la ferme Blondiaux, sans que le bâtiment en souffrît. Le dernier bombardement eut lieu à la veille de l'arrivée des Anglais, en janvier 1917. Un soir à 10 heures, trois obus envoyés d'Andechy tombèrent le 1er dans la cour des sœurs et près de leur maison, le deuxième dans la pâture d'en face, le 3e, destiné à l'église sans doute, à peu de distance de la sacristie.

6. — Pour la surveillance des mouvements de l'ennemi arrivèrent d'abord chez nous des aérostats d'observation. Ils furent bientôt remplacés par ce que le public nommait communément des « saucisses ».

On en voyait du côté des Allemands, dans la direction de Beaufort-Warvillers, cinq ou six dominant les bois qui ferment l'horizon. Chez nous, l'on était moins regardant quant à leur nombre. J'en ai compté parfois vingt et quelques-uns, tous échelonnés à l'infini dans la direction du fond du jardin du presbytère. Les plus éloignés étaient à peine visibles. Un jour l'un d'entre eux s'étant trop avancé vers Beaufort agaçait par son audace l'ennemi qui se mit à tirer dessus. Je le vois encore. Le cable de direction est touché, rompu ; la saucisse part à la dérive. Le vent la pousse vers les lignes ennemis. Le pilote lance à terre ce qui peut compromettre les secrets à garder. Il saute hors de sa nacelle muni de son appareil de sauvetage qui s'ouvre au même instant. Il descend lentement, lentement, tandis que des aviateurs, conscients du péril, vont à son secours, effectuant autour de lui des déplacements d'air qui arrêtent son vol en avant. Il descend, il descend et atterrit dans nos lignes en face de Parvillers. Les explosions d'obus envoyés par l'ennemi ne font point défaut. Il n'est pas touché mais sauvé. Une auto militaire lancée à son secours le ramène joyeux. La saucisse, dit-on, serait tombée dans les environs de Laon.

7. — Nos états-majors ne se contentèrent point de ces moyens de surveillance des armées ennemies.

Ils les multiplièrent et se servirent même de nos clochers comme postes d'observation. Celui du Quesnel, dominant la plaine du Santerre à 12 ou 15 kilomètres en tous sens, tentait surtout la curiosité des hommes de guerre. Jusqu'à l'arrivée du général Antoine, j'étais toujours arrivé par des moyens de douceur ou d'énergie à en interdire l'accès. Il y avait une clef à l'état-major qui la gardait par mesure de précaution. On s'en empara et on installa dans la flèche un poste d'observation mis en rapport, par une série de fils téléphoniques, avec quatre batteries du front de Chaulnes. C'est de là que, nuit et jour, partaient les ordres indiquant dans quelles directions tirer. Ce fut grand danger pour l'église et le village. Il eut suffi de l'indiscrétion d'un prisonnier, de la vue des observateurs pour tout compromettre. Il n'en fut rien, les prisonniers furent discrets et prudents les observateurs. Il en fut ainsi jusqu'en mars 1917.

8. — La proximité d'engins destructeurs pour l'alimentation des pièces de gros calibre et pour celles de moindre importance du front nécessita la création de Decauvilles. L'un d'eux allait de Mézières à Cayeux, Caix et au-delà. Une ligne s'en détachait dans les fonds de Beaucourt et arrivait à la Croix de la rue de Caix. Elle allait de là à la gare. Passant ensuite derrière le parc du château de Beaufort elle gagnait Warvillers et autres localités voisines. De cette voie principale, une autre s'orientait vers le chemin de la Chapelle et aboutissait, longeant les haies de la rue, à la pâture de M. Blanchard-Scellier, donnant sur la rue de Beaufort. D'immenses dépôts de munitions encerclaient au sud-ouest, au nord-ouest et au nord-est le village. Il y en avait ainsi depuis le Petit-Hangest jusque y compris le chemin de Lihons, passé le Cimetière. Mais le principal dépôt était en plein village, dans la pâture citée ci-dessus. Le 14 août 1916, les observateurs allemands qui voyaient le Decauville allant et venant en cet endroit en firent sauter les rails. Ce fut merveille que le dépôt situé à 25 m. de la voie ne fut pas touché. S'il l'avait été, il fut survenu une explosion semblable à celle de Cerisy-

Gailly, du 6 au 7 novembre 1916, et le village eut sauté.

Pire que cela, j'appris du lieutenant chargé du service des munitions qu'il s'y trouvait 1000 obus asphyxiants. C'en fut assez pour faire écrire et pour écrire un mot de protestation au ministère que la chose intéressait. Quelques jours après M. Chéron et M. Klotz étaient sur les lieux. A la suite de leur voyage, 17 auto-camions anglais enlevaient les obus délétères, on mit plus de trois semaines à enlever les autres au moyen du Decauville.

9. — Le danger que faisait courir le bombardement par gros effectifs inspira à l'état major la pensée d'aménager les souterrains, dans un but de sécurité, pour l'élément militaire comme pour le public. A cet effet fut créé un corridor donnant accès, de l'une des portes du château, à la rampe y conduisant. Une ouverture y donnant également accès fut établie dans le mur extérieur du château, juste à côté des deux grands ormes de la place de l'église. La galerie donnant autrefois accès dans la vieille église fut mise en communication avec l'extérieur. Enfin, sous la maison Cardon fut pratiquée une descente dans le puits d'aération qu'elle recouvre. En même temps, les hommes du génie créaient un poste de télégraphie dans l'une des chambres contiguës à l'escalier de descente. Ce poste fut relié avec le front par des fils souterrains qui furent tranchés par un obus le 14 août 1916. Des prisons furent aménagées dans certaines chambres. Tout allait au gré de mes désirs. Sur mon conseil, le Génie explorait la galerie donnant sous le château et dans le parc, quand des travaux plus pressants l'appelèrent ailleurs, ce qui me désola ; j'avais provoqué ce travail dans le but de savoir ce que contient et où aboutit cette galerie. Les Anglais aussi bien que les Français songèrent à tirer parti du souterrain pour s'y mettre en sécurité, en février 1917. Leur général me déclara que soldats et population du Quesnel y trouveraient place. Ce furent surtout les Allemands qui en tirèrent le meilleur parti en 1918. Une pancarte extérieure écrite dans leur langue indiquait qu'il

s'y trouvait place pour 1000 soldats. Pour y être à l'abri de toute surprise, ils fermèrent certaines issues avec des portes. Pour n'y courir point de danger en cas de bombardement, ils soutinrent avec des madriers les ogives des chambres les plus grandes. Dans le puits Daigny qu'ils comblèrent au niveau du sol du souterrain, ils firent une nouvelle descente, ils en créèrent une autre encore dans l'excavation faite sous le mur de la rue Blanche. Les Allemands se réfugièrent là, lors de la prise du Quesnel et il fut assez pénible de les en déloger. Les Canadiens s'en servirent à leur tour pendant que l'ennemi chassé du pays en opérait le bombardement. Il est regrettable que les infiltrations d'eau de réservoirs pour les chevaux accolés aux murs du château aient nui considérablement à leur résistance et les ait mis en facheux état.

En 1916, à partir de juillet, les Allemands imaginèrent l'envoi de gaz délétères, comme ils l'avaient fait ailleurs. Des masques nous furent distribués comme garantie contre leur nocivité. On sonna deux ou trois fois l'alerte les annonçant pour habituer le public à s'en servir. Il en arriva qu'en cas d'alerte vraie on ne songeait même plus à les utiliser. Par mesure de prudence, une sentinelle avait été apostée à l'une des portes de l'église pour sonner la cloche en cas de danger, ce qui arriva un jour à 9 heures du matin. C'était dans la seconde moitié de l'année 1916. Une émission favorisée par le vent vint jusqu'à l'entrée du Quesnel mais dévia dans la vallée de la Luce. On prétendit qu'elle se fît sentir jusque Boves, Amiens et même Picquigny. Le résultat en fut qu'un grand nombre de soldats faute de précautions périrent. J'eus à en inhumer plusieurs. Deux cents furent inhumés dans le cimetière militaire d'Hangest.

10. — Les inhumations se multiplient surtout au Quesnel lors de l'attaque de la Somme. Il n'y en eut pas moins de 110 de juillet 1916 au premier janvier 1917. La prise de Chilly, le 4 septembre, nous en valut peu. Chilly fut surpris par les Bretons du géné-

ral Hennocque qui résidait au château du Quesnel (1). L'ennemi attendait l'assaut le 5. Il était réfugié dans des souterrains splendidement aménagés et pourvus de vivres. Tous furent faits prisonniers et nous eûmes seulement trois victimes. Il en fut autrement le 10 octobre et le 7 novembre aux combats d'Ablaincourt et environs où se distinguèrent les soldats de la 62ᵉ division de réserve avec leur vaillant aumônier, Monsieur l'abbé David, si connu au Quesnel. Si celui-là, ai-je écrit un jour, n'a pas la Légion d'Honneur, je la lui décernerai dans le volume que je me propose d'écrire comme souvenirs de guerre. Elle sera plus durable que celle qui pourrait être épinglée sur sa soutane de prêtre (2). C'est fait ! Il l'a méritée. M. l'abbé David fut toujours au premier rang du danger. « Aumônier divisionnaire d'un zèle et d'un dévouement, d'une abnégation au-dessus de tout éloge, écrivit à son sujet le général Francois, son général, n'a cessé depuis le début de la mobilisation de se rendre aux endroits les plus avancés pour encourager ses hommes et a ainsi contribué à entretenir leur moral. Blessé le 2 septembre 1916 dans l'exercice de ses fonctions à l'emplacement d'une batterie particulièrement exposée ». M. l'abbé David a eu vers cette époque la Croix de guerre. Il avait alors à son acquit les combats du Quesnoy et de Fouquescourt. après ceux d'Ablaincourt, Pressoir, Moulin-Laffaux, Lassigny,

(1) C'est le général Hennocque qui, du 4 au 12 avril 1918, avec sa division, la 2ᵉ de cavalerie à pied, arrêta l'armée allemande devant Ailly-sur-Noye, Castel et le bois de Hangard. Accrochés au bois Sénécat, les cuirassiers n'ont pas lâché pied. Quant à lui, du cimetière de Rouvrel où il avait établi son P. C. à 800 mètres de l'ennemi, il soutenait les efforts de ses hommes d'armes dont les résultats eurent une influence sur les évènements ultérieurs. La 2ᵉ division de cavalerie à pied, en effet, a maintenu la liaison entre les Français et les Anglais et interdit à l'ennemi l'accès de la mer. Elle a permis de continuer la campagne et d'avoir ainsi la victoire. Le général Hennocque est ensuite allé à Villers-Cotterets, sur l'Aisne, à Saint-Mihiel, à Mézières, à Mayence, en Tchéco-Slovaquie, puis enfin de nouveau à Mayence, prêt à faire rendre à l'Allemand les comptes qu'il doit à la France.

(2) J'avais devancé l' « Officiel » du 5 septembre 1920. Il cite M. l'abbé David parmi les chevaliers nouvellement nommés de la Légion d'Honneur.

Ressons-sur-Martz, Mont des Singes, Candor, Cany-sur-Martz. Ainsi le colonel Piet de Lestrade pouvait-il écrire à l'intéressé le 24 juin 1919 : « Vous méritez la légion d'honneur cent fois pour une ».

11. D'aucuns peuvent se demander quelle fut l'attitude de la population du Quesnel en face du danger. Elle fut tout simplement admirable d'endurance, de constance et d'énergie. Quelques familles seulement passèrent à l'arrière, s'éloignant ainsi du péril, lors du bombardement si souvent renouvelé de 1916. Le reste de la population se contenta d'envoyer son mobilier chez des amis, plus inquiet pour son sort que pour sa propre vie. Les habitants de la rue de Beaufort, la plus menacée, quittaient le soir leur maison pour chercher leur repos en des endroits plus tranquilles. Ils regagnaient leur demeure chaque matin, s'en rapportant à la grâce de Dieu au sujet de ce qui pouvait leur arriver pendant le jour. C'est le cas de le dire : on s'habitue à tout, même aux plus grands dangers. Tous les tempéraments cependant ne sont pas faits pour résister aux émotions souvent renouvelées. Un exemple. Arrivent un jour par la rue de Caix deux prisonniers allemands. Tiens, les prussiens, dit une voix gouailleuse! Un rentier ami du calme était assis à sa porte. Il croit à l'arrivée de l'ennemi, l'émotion le foudroie et il succombe. Ainsi s'explique comment il y eut au Quesnel, 31 décès en 1914; 32 en 1915, 28 en 1916 et seulement 8 en 1917.

12. En février 1917 arrivent les Anglais. La route d'Amiens à Roye était la ligne de démarcation, en face du Quesnel, entre eux et les Français. Leur arrivée, espérions-nous, devait nous débarrasser de nos très gênants voisins les Allemands. Tout était prêt pour l'attaque qui devait avoir lieu au commencement de mars et le général de me dire : Vos cloches encore muettes pourront bientôt sonner à toutes volées. Cependant, vers le milieu du mois, le bruit courait de la retraite des ennemis. Des aviateurs parlaient de mouvement de recul à l'arrière et de villages qui flambaient. Des soldats français avaient trouvé vides les tranchées de Beuvraignes. L'attaque devait avoir

lieu un vendredi. Elle fut, je ne sais pour quel motif, remise au dimanche. Le samedi, tir de barrage formidable de l'ennemi dans la région de Chaulnes. Tiens! une surprise, se dit-on, on les croyait morts et ils sont plus vivants que jamais. Ce procédé est dans leur manière de faire. Leur vacarme terminé, ils disparaissent. Le 18 mars, les Anglais occupaient déjà Chaulnes, Nesle, Péronne et plus de 60 villages. C'était la délivrance... provisoire!

CHAPITRE QUATRIÈME

Aux chemins de l'exil.

1. — A la date de mars 1918, depuis au moins six mois les Allemands nous berçaient avec leur intention de faire une attaque victorieuse sur le front évacué par eux en 1917. Comme ils dissimulaient en temps ordinaire leurs secrets desseins, personne ne les prit au sérieux. Ce fut au contraire une raison de n'ajouter point foi à leur parole. La réalité fut telle cependant et ils en arrivèrent ainsi à tromper l'opinion.

Donc, dès le 21 mars 1918, ayant massé leurs troupes sur une étendue de 80 kilomètres de La Fère à Croisilles, ils foncent sur les Anglais avec une violence inouïe, dépassent immédiatement leurs avant-postes et pénètrent dans les positions de combat des alliés. Le 23, ils sont à Ham et Tergnier, refoulant l'aile droite de l'ennemi. Le 24, ils franchissent la Somme au sud de Péronne. Le 25, les Français qui avaient relevé le 23 une partie des troupes anglaises entre Péronne et Noyon cèdent du terrain pied à pied sous une formidable pression. Nesle et Noyon sont abandonnés. La ligne du front passe à l'ouest de Chaulnes et de Roye. On peut penser que nous serons bientôt, au Quesnel, sous les coups de l'ennemi. L'on devait s'y attendre et il n'en était rien.

L'on devait s'y attendre. Depuis deux ou trois jours, on n'entendait plus le bruit du canon. Le samedi, un des anglais battant en retraite de me dire, en face du Petit-Hangest : Germains à Nesle. Il répondait à ma question : Où sont les Allemands ? Lui d'ajouter : Oui, à Nesle. C'est la guerre ! — Bel-

le consolation, vraiment ! — Le lundi passaient au-
dessus du Quesnel des raids d'avions français qui devaient bien faire penser à quelque chose d'anormal.
En même temps, on voyait nos alliés revenir du front
en désordre. Dès le dimanche, panique à Rosières.
Les officiers Anglais de dire aux habitants : « Vous
partir; Boches venir. » En effet, la nuit précédente,
l'avant-garde allemande avait pénétré jusqu'à deux
kilomètres de Rosières. L'évacuation avait été annoncée mais décommandée dès le lundi. Cependant, il y
avait d'autant plus lieu de craindre que pas, ou si
peu que rien, en nos régions, de troupes de soutien.
On s'y perdait en conjectures quand le lundi à midi
m'arrive un interprète anglais. Au nom de ses chefs,
il venait me demander de soutenir le moral de mes
paroissiens; de les dissuader de penser au départ. Pas
de danger, disait-il. L'ennemi ne passera pas, mais
des émissaires envoyés par lui sous le costume des
soldats britaniques parcouraient le pays y jetant l'a-
larme. De là le nombre d'émigrés de la région de
Chaulnes qui arrivaient chez nous. Aussi les empê-
chait-on d'aller plus loin. Quoiqu'il en soit, les plus
craintifs préparaient leur départ, mais non pas les
autres. Nous avions tant vécu en face de l'ennemi et
constaté son impuissance à franchir nos lignes que
nous comptions sur elles pour les arrêter. On en était
là quand, le lendemain, j'apprends qu'on laisse à mes
paroissiens la liberté de quitter le pays. Il était midi.
Dès deux heures j'avance à l'Etat-major. « Est-il
vrai qu'on peut quitter le Quesnel ? — Oui ! — Pourquoi aujourd'hui et pas hier ? — Parce que les circonstances ont varié. — Faut-il partir ? » — Mes in-
terlocuteurs s'interrogent du regard. L'un d'eux de
me dire : « M. le Curé, le moment est venu de partir ».
— Quoi ! le Curé comme les autres ? — Le curé
comme ses paroissiens. — Je puis donc donner cet
avis autour de moi ? — Vous le devez, dans l'intérêt
de tous. — En ce cas, pourquoi ne pas faire annoncer publiquement l'évacuation ? — Nous n'avons
plus de fil de communication avec la Préfecture.
Nous attendons les ordres demandés.

2. — L'ordre arriva, l'évacuation fut annoncée. Il n'y avait plus qu'à prendre le chemin de l'exil. Il en était temps pour ne pas-être exposé à coucher à la belle étoile. Pensons-y ! Le Plessier fut évacué à 8 h. du soir ! D'ailleurs le danger était grand. Les obus pleuvaient sur Fouquescourt et Rouvroy. La plaine était couverte d'artillerie aux environs de Beaufort et, dès l'après-midi de mardi, des Allemands furent arrêtés et repoussés, au Quesnel, dans les fonds de Caix. Chacun se mit en marche comme le Juif-Errant, les cultivateurs suivis ou précédés de leurs voitures chargées à comble. Le vulgaire, semblablement au Curé, partit les bras pendants ou avec si peu de chose que rien.

Après notre départ arriva chez moi M. le Curé de Vrely de qui je tiens certains détails intéressant le Quesnel. Mon confrère avait passé la nuit dans la plaine au Moulin Dophin et s'en était allé dire la messe chez lui le matin du mardi 26. A son arrivée, il trouva tout retourné, tout bousculé dans sa maison. Une toile représentant la Sainte Vierge était éventrée. Tout bouleversé également à l'église où les cordons des chasubles avaient disparu. Arrivé chez moi, il trouve tout ouvert et y passe imprudemment la nuit. Pendant la nuit reprend la canonnade. Grande agitation dans les rues. Ce sont de nombreux blessés arrivant au château. Dans la journée, vers 3 heures, le Sous-Préfet de Montdidier vient évacuer les retardataires. Le bombardement de la route de Beaufort commence. Le tir s'allonge et mon confrère a toutes les peines du monde à passer par le Petit-Haugest où tombent les obus. Cependant les Anglais fuient, abandonnant casques, fusils et sacs. Beaucoup sillonnent la route de leurs zig-zags comme ils disent. Fresnoy est évacué. Mézières où couche M. l'abbé Letesse n'a presque plus d'habitants. Les soldats en profitent la nuit pour visiter et piller les maisons. Le lendemain les émigrés du Quesnel à Conty, verront vendre pour 40 sous une paire de draps. Depuis la veille, nos soldats, eux, arrivaient dans l'espoir d'arrêter la marche de l'ennemi. Le mercredi, les dragons sont tout étonnés de se trouver déjà en face des Allemands.

3. — Je n'ai pas à décrire ici longuement les tristesses du départ, les incertitudes du voyage, les routes encombrées de Français arrivant au front et de Britanniques fuyant la bataille. Il fallait quelquefois des heures entières pour arriver à traverser les rues par où passaient les défilés des troupes. Ce n'était partout que chariots, voitures, chevaux, vaches, troupeaux de moutons, autos d'ambulances, trains des équipages, instruments de culture s'éloignant du front, piétons obligés de marcher dans les champs qui bordaient les routes devenues impraticables, gens conduisant brouettes et voitures d'enfants, traînant de ces derniers derrière eux. Pauvres petits réduits à coucher dans la plaine. Spectacle navrant et propre à fendre le cœur ! Des personnes dignes de foi m'ont affirmé avoir vu deux de ces enfants étendus morts sur le bord de la route et abandonnés par leurs parents qui n'en savaient que faire. C'est ainsi que, au cours de notre montée au Calvaire, du 26 mars au 3 avril, soir de mon arrivée à Rouen, j'ai vu partout et toujours les routes de la même manière encombrées. Encombrées de matériel et de gens ; encombrées d'Anglais se trouvant à l'arrière. Quelques traits ou récits feront saisir sur le vif les horreurs de ces jours mauvais. C'est d'abord une lettre de mon vieux chantre de 80 ans qui m'écrit à la date du 29 août 1918 : « Après avoir trouvé porte close chez des amis d'Abbeville, je me suis réfugié à Béthencourt-sur-Mer. Les soldats anglais nous ont dit qu'il fallait partir, que les vieillards on les conduirait dans un hospice à Amiens, ce qui a été complétement faux. On nous a descendus bien loin d'Amiens ». Il en fut ainsi à l'endroit des malades en faveur desquels l'adjoint municipal, M. Théodule Harlé, et au prix de quel dévouement et de quelles instances, obtint une ou plusieurs voitures sanitaires.

De *Conty*, cette autre lettre du 2 décembre 1918.

« Maman est partie le mercredi après-midi en auto et moi le jeudi avec une brouette. En arrivant à Moreuil plus de train ni de voiture. L'attaque a commencé et le bombardement n'eut plus de cesse. On s'est mis dans une cave où l'on est resté 22 jours sans pain, sans feu. Ensuite les Allemands nous ont conduits à Cambrai où j'ai perdu maman le 24 juin. »

La lettre qu'on va lire en dit assez pour qu'il ne soit plus besoin d'illustrer par d'autres exemples ceux lamentables dont suit le récit. Elle émane de l'une des religieuses de N.-D. des Sept-Douleurs qui aidaient à l'exercice de mon ministère au Quesnel. Elle m'écrit de *Talence* le 29 octobre 1918.

« Le bon Dieu a enfin exaucé mon désir d'avoir de vos nouvelles. Je comprends, M. le Curé, combien vous avez dû souffrir avant d'être fixé à peu près. Comme nous, vous avez fait le tour du monde. Nous avons traversé 18 départements avant de nous fixer. Que de fois je pense à vous, bon M. le Curé. Vous êtes parti sans rien, même pas une soutane de rechange. C'est encore providentiel que M. le Vicomte Blin de Bourdon vous ait offert l'hospitalité chez son gendre en Loir-et-Cher.... Ecoutez un peu notre histoire.

« Nous avons quitté comme vous, le 6 mars. Notre trousseau ainsi que nos affaires personnelles sont restés au Quesnel. Les Anglais nous ont dirigées sur Mézières. Là, nous avons trouvé un désordre complet. L'ordre était donné d'évacuer le pays. A l'hospice, c'était la consternation. Nous avons passé toute la nuit à emballer les affaires et malgré celà, les pauvres vieux n'ont pas pu emporter le moindre paquet. Le mercredi, nous attendions en vain des autos pour transporter vieillards et infirmes. Le jeudi-saint, voyant le danger presque immédiat, la mère Saint-Pierre m'a ordonné de me sauver avec la sœur Saint-Jules et la sœur Saint-Riquier et les plus valides des vieillards. Nous avons fait le chemin à pied jusqu'à Moreuil. Arrivées là, les trains ne fonctionnent plus ; impossible de trouver une auto tellement il y avait des blessés à transporter. Ordre était donné d'évacuer la ville. Que faire ? Rester là sur le pavé avec une quinzaine de vieillards et deux sœurs n'était pas possible. J'ai pris mon courage à deux mains et j'ai dirigé ma caravane à Conty. Le soir nous avons couché à Jumel, au presbytère, M. le Curé étant déjà parti. J'ai trouvé des pommes de terre que j'ai fait cuire pour nos bons vieux. Le lendemain matin (vendredi-saint) nous avons continué notre route toujours à pied jusqu'à Conty, au milieu d'un vacarme épouvantable. C'était une vraie montée au Calvaire. Arrivée là avec tout mon monde, la supérieure de Conty m'a fait une réception des plus amicales. Nous étions méconnaissables. Il avait plu une grande partie de la journée. Nous voilà installés à Conty avec espoir de ne plus quitter. Hélas! au bout de quelques jours on veut prendre l'hospice pour en faire un hôpital militaire. Les supérieures se sont débattues. Il n'y avait rien à faire et il fallut partir le 17 avril. Je m'en souviendrai toute ma vie. Quel chantier! Enlever 110 vieillards et infirmes! Nous avons mis une trentaine d'infirmes sur des matelas. Les ambulances les ont transportés à la gare de Poix. Les autos ont transporté les vieillards et les sœurs également à la gare de Poix. Quatre religieuses mobilisées sont restées à l'hospice pour soigner les blessés. La supérieure et la seconde avaient ordre de rester pour garder la maison. J'étais nommée pour le départ et rien de mieux que de mettre toute la lourde charge sur mes épaules. Départ de la gare de Poix à 7 h. du soir. Arrivée à Rouen le lendemain à 9 h. du matin. Tout de suite on nous a pris tous nos infirmes pour l'hôpital civil de Rouen. Les vieillards et les sœurs ont été transportés à la caserne de Jeanne d'Arc. Nous voilà là depuis jeudi 18 jusqu'au samedi 20 avril. Tout à coup on vint nous chercher pour nous conduire à la gare d'Orléans. Là, on nous tasse avec nos pauvres vieux, comme des sardines, dans des wagons à bestiaux, sans bancs, sans chaises, un peu de paille par terre pour ceux qui ne tenaient pas debout. Il est huit heures du soir. Nous n'avons pas de lumière; nous partons pour une destination inconnue. On roule toute la nuit, toute la journée du dimanche, sans messe, sans manger, car on nous avait oubliés. Nous traversons département sur département sans savoir quoi. Il est dimanche soir, toujours sur le train, pas de lumière. Nos vieux n'y tiennent plus. Les uns deviennent fous, les autres se congestionnent, les autres meurent.

Il fallait pourtant se résigner. La nuit passe, vers le matin on nous arrête à Agen. Là, on nous laisse toute la journée sur le quai, toujours dans les wagons à bestiaux. Pendant cette journée, j'ai fait des démarches à la préfecture d'Agen pour qu'on ait pitié de nous, leur disant que c'était le préfet de la Somme qui nous a fait partir avec promesse de nous donner un local pour la continuation de l'œuvre. Bon ! Ils téléphonent au ministre de l'Intérieur, et, après avoir reçu la réponse, ils nous font partir pour Auch. A notre arrivée le lundi soir, personne ne veut de nous. Il n'y a de place nulle part. Il pleuvait à torrents. Que faire ? Nous voilà toujours sur le quai. Vers 9 h. du soir, on nous embarque de nouveau pour Agen. Nous y arrivons vers 3 h. du matin et restons sur le quai dans les mêmes wagons jusqu'à 8 h. du soir. Il est mardi 23 avril. Cette fois l'heure de la délivrance approche ! On nous dirige sur Bordeaux où nous arrivâmes à 3 h. du matin. On nous apporte de la soupe, de la viande, des haricots, du fromage, tout comme pour le repas de midi. Personne n'a faim, tout le monde malade, fatigué, mal à l'aise, non débarbouillé depuis samedi. Il était 4 h. du matin. On nous conduit aux tramways disposés pour nous recevoir et on nous dépose à la caserne de Passage. Est-ce tout ? Oui, pour le moment. Nous restons là quelques jours, ravitaillés par la Croix Rouge. On voulait placer nos vieillards dans différentes maisons et séparer les sœurs, mais nous avons tenu bon. Je suis allée à la Préfecture et j'ai déclaré que jamais je ne quitterais nos vieux; qu'on était obligé de nous donner un local puisque le nôtre avait été pris à Conty. A force de plaider j'ai eu gain de cause. Ils ont fini par nous trouver l'ancien couvent des Clarisses qui n'est pas habité. M. le Maire de Talence nous a fait donner les ustensiles nécessaires pour faire la cuisine et les ménages ; l'autorité militaire nous a procuré des châlits avec une paillasse et nous voilà partis jusqu'à la fin de la guerre. Vous me demandez ce que je fais. Je conduis la barque, la charge est écrasante, tout est hors de prix et encore on ne trouve pas de légumes. Je ne sais comment je ferai pour procurer à la sœur cuisinière ce dont elle a besoin pour faire à manger à 48 personnes, j'aimerais mieux obéir à la dernière postulante que d'avoir une aussi lourde charge. »

Pas de réflexions à faire après le récit de cela. Cent et un vieux au départ ; 48 le 29 octobre. Le lecteur est fixé sur le sens du mot *fraternité* écrit en grosses lettres sur les monuments publics.

4. — Les Allemands arrivèrent définitivement au Quesnel le jeudi 28 mars. Dès le mercredi soir, était-il écrit dans un journal de la région, de Mézières, on voyait une colonne ennemie se diriger du Plessier vers le village. Le jeudi, M. Blanchard, l'un de mes paroissiens, eut toutes les peines du monde à quitter le pays bombardé par l'artillerie. Il n'y parvint qu'en suivant les fonds de Beaucourt, guidé dans sa marche par deux gendarmes et en passant parmi les cadavres épars déjà çà et là. Quelle fut la lutte engagée entre soldats ennemis ? Je ne saurais le dire, mais elle est réelle.

Le 2 mai 1919, de l'Orne on me demande des renseignements sur Emile Oresne, classe 17, matricule 497, tombé le 28 mars au combat du Quesnel. D'après les renseignements fournis par M. Théodule Harlé adjoint municipal qui demeura au Quesnel, lors de la prise du pays, il n'y eut pas moins de 200 allemands enterrés à cette époque dans le vieux cimetière. On y creusa des fosses énormes et ils y furent déposés jusqu'au nombre de 5 ou 6 les uns sur les autres. Il ne leur fut pas mis de croix. Le temps manquait sans doute et trop grande était la confusion entre individus peut-être.

5. — L'accueil fait aux émigrés fut plutôt froid en certaines régions. Il en est où on les appelait les Boches du Nord. Dans tel pays du Loir-et-Cher, on refusait à quelques-uns le beurre en détail, à cause de la manipulation qu'il exigeait. Il était plus simple de le vendre à la motte dans la ville voisine. Dans un assez grand centre dont je pourrais citer le nom, l'on entendit une bonne femme dire à son fils récalcitrant : Prends garde ! si tu n'es pas sage je te ferai manger par les émigrés. Dans la Vienne, un horticulteur avait pro-

mis 4 fr. par jour à l'un de mes paroissiens pour prix de son labeur. Il le lui réduisit à 3. Prétexte invoqué : L'ouvrier réclamait le repos du dimanche.

Bref ! si certains émigrés eurent à se plaindre de l'attitude qu'on avait envers eux, ceux chez lesquels ils demeuraient avaient également à leur endroit de légitimes sujets de mécontentement parfois. Ainsi m'écrivait-on du Tarn-et-Garonne : « Si vous avez souffert, nous également croyez-le bien. Nous avons eu des réfugiés non de la Somme, mais de l'Est de la France. Ces réfugiés ne songeaient qu'à festoyer, à se saouler (4 à 6 litres de vin par jour) et à ne rien faire, alors que nous avions, nous les maîtres, la bêche à la main. On a critiqué dans certains milieux la conduite des habitants vis-à-vis des réfugiés. Tout n'est pas exact dans ces critiques. Nous demandions que les réfugiés nous aidassent un peu dans notre dure et ingrate besogne. Or, ils ne voulaient rien faire et ne songeaient qu'à se livrer au plaisir de la table et surtout des liqueurs fortes et à la débauche. » Donc à chacun son dù. Quoi qu'il en soit, en général, surtout dans les pays à la foi vive encore, les réfugié furent traités comme des frères. Ainsi, de Gonruay-en-Bray m'écrivait-on : « Nous avons demandé à loger chez des personnes très bien et depuis ils ne veulent pas nous laisser partir ».

De *Corsept*, en (Bretagne); « Tout le monde va à la messe; personne ne travaille le dimanche quand même tout serait perdu. Nous ne sommes pas mal. M. le Curé, le Maire, enfin tous les administrés sont très bons pour nous. »

De *Noyers :* « Nos chevaux sont employés chez un grand industriel qui ne veut pas abuser de la situation des émigrés comme il y en a beaucoup trop, lesquels profitent de leur malheur pour ne les payer que très peu et ils semblent encore leur faire une grâce. »

De *Mérangle :* « A chaque endroit où nous avons stationné nous avons toujours trouvé de bonnes personnes pour nous recevoir, nous faisant coucher dans des lits. N'étant plus en sécurité à Grandvilliers, nous avons pris le chemin de l'Eure-et-Loir. Les habitants sont excessivement bons pour nous. » On pourrait multiplier les citations. Ceci nous dédommage de l'attitude de châtelains d'un petit pays de l'extrémité de la Somme où l'on ne trouva point place pour un pauvre prêtre émigré remplissant pourtant dans la région le rôle de curé, ses confrères étant absents. Avant son arrivée l'on trouvait moyen d'offrir le gîte à 10 officiers de passage.

Il est toujours odieux de parler de soi quand il n'y a pas nécessité de le faire. Qu'on m'exuse donc de me mettre ici en évidence. Je dois à la reconnaissance de dire comment les miens et moi avons été recueillis à bras ouverts à Saint-Amant-de-Boixe par la municipalité du lieu. Pendant 10 ou 12 jours, nous fûmes grâce à elle hébergés gratuitement à l'hôtel, alors qu'une sainte veuve de l'endroit, Mme Michel Giraud, qui avait déjà deux émigrés chez elle, trouva encore moyen de recevoir trois nouveaux venus. En même temps Monseigneur Arlet, évêque d'Angoulême, mis au courant de ma situation par M. le Doyen de Saint-Amant, me donnait tous pouvoirs pour l'exercice de mon ministère dans son diocèse. Il m'offrait en même temps le choix entre trois doyennés vacants. De plus, à la date du 7 juillet 1918, il avait la bonté de m'écrire : « J'ai vivement regretté que vous n'ayez pu vous installer chez nous. Mais je comprends votre désir de profiter d'offres qui vous sont faites et de rejoindre des compatriotes. »

Il s'agissait pour moi de répondre au vœu de mon châtelain, M. le Vicomte Blin de Bourdon, m'offrant un refuge chez son gendre, M. le Comte de Lussac, en Loir-et-Cher, à St-Agil. Mis au courant de ce désir, Mgr Mélisson, évêque de Blois, m'écrivait à son tour avec une amabilité touchante pour m'encourager à venr remplacer le curé mobilisé de cette paroisse. En même temps il m'accordait tous pouvoirs nécessaires à l'exercice de cette fonction. Je ne crois pas avoir payé ma dette de reconnaissance par ces quelques lignes. Il me serait également impossible de la payer à mon hôte qui fut d'une extrême bonté pour moi. Je dois en dire autant à l'endroit des confrères du voisinage par qui je fus toujours considéré comme l'un des leurs.

6. — Mes paroissiens du Quesnel comme tant d'autres se créaient des occupations pour arriver à vivre plus commodément, leur allocation de l'Etat, vu le prix toujours grandissant des choses, étant insuffisante à leur subsistance. L'un d'eux ayant dépensé 130 fr. de voyage pour aller au loin chercher un travail rémunérateur l'avait trouvé au dessus de ses possibilités physiques. On n'en était chez lui que davantage dans la gêne. Deux autres, des fermiers, occupaient eux et leurs chevaux dans la ferme de deux châteaux. Ils s'y trouvaient nourris et logés gratuitement. Les femmes allaient à la fenaison et travaux des champs.

A la date du 4 septembre 1918, M. le Baron de Fournas m'écrivait de son château du Castelet (Ariège) qu'un voisin de chez moi, un brave homme, actif et vaillant malgré son âge, s'occupait avec un soin particulier de son potager. Le petit-fils du même était placé, disait-il, à Tarascon chez un riche propriétaire où l'on admirait son appétit. Heureusement il n'était pas soumis à la carte de pain. On le cuisait dans la maison.

De *l'Eure*, un autre, gros propriétaire de chez moi, m'écrivait : « Personnellement, je me suis fait bûcheron et j'ai assez réussi dans ma nouvelle profession. Le garde de la forêt veut à tout prix, en raison du fini de mon travail, que je sois un professionnel N'étaient les circonstances, ce serait pour moi un rêve, je pars le matin et rentre le soir. Mes goûts de chasseur se trouvent sinon satisfaits, du moins agréablement émus par la vue des faisans et des chevreuils qui ne sont pas trop sauvages. »

Telles étaient les occupations de tous ou à peu près. La grande préoccupation était d'avoir des nouvelles de ses proches et de ses amis; de savoir aussi ce qui se passait au Quesnel. Il était resté 44 Quenellois avec les Allemands. L'inquiétude à leur sujet torturait le moral des leurs. De Noyers l'on m'écrivait : « Pourvu que ceux qui nous sont chers reviennent, c'est tout ce que nous demandons à Dieu dans nos supplications quotidiennes ». — « Le chagrin m'a fait maigrir de 30 livres », m'écrivait une autre, et ainsi de suite. Bien entendu, que de fausses nouvelles circulaient et se répandaient, de lettres en lettres, jusqu'aux quatre coins de la France. Un tel avait été tué dans les souterrains du château, une telle sur le chemin de Mézières, d'autres dans leur habitation à cause du bombardement par les Allemands du village. Des rues entières étaient détruites, telles et telles maisons, les mieux conservées de l'endroit, étaient devenues la proie des flammes. D'où procédaient ces fausses nouvelles ? Qui pourrait le dire !

La grande préoccupation de presque tous était surtout le sort réservé à la représentation en cire et aux reliques de Saint Marius ; à la statue aussi de N.-D. Auxiliatrice de la chapelle du cimetière.

De Saint Marius. Il fut bien près d'être enlevé par les Allemands. J'en ai retrouvé la preuve évidente. Je ne sais pour quel motif ils ne donnèrent pas suite à leur projet. D'Alençon l'on m'écrivait à la date du 17 octobre 1918 : « Heureusement, ils ont laissé Saint Marius ». — Du fond des tranchées où il gardait le front et où il a probablement péri puisque lui ayant écrit je n'ai plus eu de ses nouvelles, un poilu disait dans une lettre : « Ci-joint 5 fr. pour une messe en l'honneur de Saint Marius que j'ai appris à connaître pendant mon séjour au Quesnel. Messe d'actions de grâces comme suite à une neuvaine faite en l'honneur du Saint. L'un de mes neveux, à la suite d'une grave maladie, avait perdu l'usage de la raison ; au dernier jour de la neuvaine il le recouvra subitement. Gloire à Saint Marius ! »

Un évacué en pays allemand qui avait fort souffert sous le régime de fer de l'ennemi me demandait également une messe en l'honneur du Saint et disait : « Quand on a passé tout ce que j'ai passé avec nos ennemis on est résigné à tout. Mon soutien fut Saint Marius mon patron. Il m'a toujours valu courage et protection. Aussitôt libre je me rendrai en son autel pour le remercier de la liberté obtenue par son intercession après 16 mois de captivité. » Le même tint à sa parole et vint faire son pèlerinage au cours de l'année 1919.

Des *Petites Dalles* : Heureusement pour le pays, Saint Marius y est encore. »

Il n'est presque pas de lettre où il ne soit question également et davantage encore de N.-D. Auxiliatrice. Ce fut une désolation quand on apprit que la statue avait disparu de sa chapelle.

D'*Alençon* l'on m'écrit : « Mon beau-frère m'écrit que N.-D. Auxiliatrice n'est plus à sa place, ni la cloche de sa chapelle. C'est une perte irréparable ».

Des *Petites Dalles*. « Mon fils qui revient du Quesnel a été surpris de ne plus voir la statue de N. D. Auxiliatrice. Il se demande où elle est partie et nous en sommes tous bien inquiets. »

Du *Petit-Saint-Jean*. « La belle relique de Saint Marius, qu'est-elle devenue ? Et N.-D. Auxiliatrice si chère aux habitants du Quesnel, qu'est-elle devenue aussi ? » D'Alençon encore « Le Quesnel n'est pas trop abîmé. Nous avons toujours espoir que N. D. Auxiliatrice nous protègera ».

Des *Armées*. « Je continue à prier tous les jours N.-D. Auxiliatrice. » Et encore : « J'ai confiance que N.-D. Auxiliatrice va enfin mettre un terme au fléau de la guerre. » Et enfin : « Prions N.-D. Auxiliatrice pour la fin de la guerre le plus vite possible. »

« Nous ne saurions trop prier N.-D. Auxiliatrice pour la remercier d'avoir protégé notre habitation. »

« N. D. Auxiliatrice a bien protégé notre pays, car j'ai appris que tous les pays d'alentour ont plus souffert que le Quesnel... puisse-t-elle nous accorder bientôt la paix avec la victoire. »

Concernant la statue de N.-D., j'appris en Loir-et-Cher qu'elle devait se trouver dans un réduit de la maison communale. Je me suis immédiatement occupé de cette question et je recevais bientôt cette réponse à mes lettres. « Sur votre demande, je suis allé chercher la Sainte Vierge N.-D. Auxiliatrice dans la buanderie de l'école des garçons, je l'ai mise chez nous en attendant votre retour ». Les Allemands ou autres avaient enlevé cette vierge d'un grand mérite et de grande valeur comme antiquité. Elle date du 14e siècle. Dans leur précipitation à partir elle fut oubliée sans doute. Deo Gratias!

7. — Comme me l'écrivait du *Fort de Vanves* le curé de mon pays natal, Morlancourt : «L'amour de la petite patrie est décidément très fort ». J'en ai la preuve dans les mille lettres reçues pendant mon séjour à Saint-Agil. Il en est qui font penser à la captivité des Juifs à Babylone et qui démontrent que le chagrin n'est pas toujours antipathique à la poésie.

Ainsi un fragment de la suivante qui me vint en droite ligne de Vernon :

« Nous sommes heureux de savoir que vous avez trouvé, au château de Saint-Agil un abri sûr et un accueil réconfortant pour vous et pour votre famille. Quant à nous, semblables aux Israélites emmenés en captivité, nous avons suspendu nos harpes aux arbres de la rive, et si nous ne songeons pas à entonner sur la terre étrangère une hymne d'allégresse,au moins supportons-nous notre exil sans plaintes inutiles. Sans être pleinement satisfaits du présent, nous espérons des compensations dans un avenir que nous espérons n'être pas trop tardif. »

De *Belves* (Dordogne) à la date du 19 juillet 1918· « Je m'ennuie bien. Où est notre pauvre Quesnel ? où ma petite maison qui me plaisait tant ? Les reverrons-nous jamais ? »

En août, de *Saint-Romain* de Colbosc : « J'ai été envoyé à Saint-Romain le 3 juin dernier. Inutile de vous dire que je m'y ennuie beaucoup. »

Des *Petites Dalles*, le 31 août 1918. « Depuis que notre pauvre pays est repris, on s'ennuie encore plus qu'auparavant. »

De *Saint-Joseph de Rivière*, 11 septembre. « Nos intentions sont de rentrer vers le commencement d'octobre, si toutefois nos demandes sont accordées. »

De *Feuquières* (Oise). « Notre désir est de rentrer le plus tôt possible. Je vous dirai même que si la correspondance pouvait nous parvenir, ce serait chose faite, mais nous ne pouvons rester sans nouvelles de notre fils mobilisé. »

Des *Essards*, le 16 septembre. « Nous avons reçu nos imprimés pour le retour. Il y est dit que toute personne désirant se rendre dans les régions libérées aurait à pourvoir à son logement et à sa nourriture. Comment se risquer dans ces conditions. »

D'*Alençon*, le 27 septembre. « Espérons que bientôt nous aurons le bonheur de rentrer tous là-bas et que notre exil ne sera plus de longue durée. »

De *Morlaix*, le 26 janvier 1919. « Si je pouvais rentrer et avoir un peu d'occupation pour arriver à vivre, je ne demanderais pas davantage, car il n'y a que son pays pour vivre tranquille. »

Enfin, de *Castres* (Tarn), 28 janvier 1919. « J'ai hâte de revenir dans la Somme, car les us et coutumes du Midi ne sont pas les nôtres et je suis trop vieux pour essayer de me les assimiler. Ici je vis en exilé et l'exilé partout est seul. »

N'avais-je pas raison de donner comme titre à cet alinéa : *Les soupirs de l'exilé*.

8. — Depuis le 18 juillet 1918, l'initiative des opérations militaires était aux alliés et le maréchal Foch manœuvrait l'ennemi avec un succès grandissant. Dès le 2 août les allemands, menacés par l'avance française au nord de Montdidier, se décident à évacuer leurs anciennes positions, abandonnant Braches et Hargicourt. Le 6 les troupes françaises progressent sur l'Avre entre Braches et Moreuil. Le 8 se déclanche par surprise de l'ennemi l'attaque sur Moreuil qui est enlevé et le lendemain, c'était la délivrance pour le Quesnel. La prise du Quesnel au point de vue de l'intérêt local est de majeure importance. Pour avoir à son sujet des données de toute première valeur et incontestables, j'écrivis au lieutenant-colonel Harbotte, du 75e bataillon Canadien qu'il commandait et qui reprit le Quesnel, de m'en préciser les détails. Le 16 avril 1919 me fut envoyé la lettre suivante qui est un document officiel.

En réponse à votre demande sur les faits particuliers de l'attaque et de la prise du Quesnel contre les Allemands, je suis heureux de pouvoir vous donner les détails suivants.

L'opération capitale commença à Domart, le bataillon ayant été formé derrière le bois de Gentelles, la nuit d'avant l'attaque. A minuit moins cinq, le 8 août, nous ouvrimes le barrage. Le 75e bataillon continua de marcher à travers le terrain nouvellement capturé, jusqu'à un mille derrière Beaucourt. Le bataillon prit ensuite ses positions pour l'attaque du Quesnel qui fut suivie de la prise de Beaucourt vers 5 heures de l'après-midi. Le 54e bataillon ne parvint qu'avec de grandes difficultés à mettre l'ennemi en déroute du bois situé à l'est de Beaucourt et notre attaque fut considérablement retardée. Vers 7 heures du soir environ, le bataillon avance en formation d'attaque et prend ses positions devant le 54e bataillon à environ 500 mètres à l'est du village de Beaucourt. Pendant que nous préparions notre attaque, nous avons essuyé le feu intense d'une batterie de canon venant du Quesnel, de la route de Roye et de Fresnoy. Nous supposions que ce dernier village avait été pris par les Français sur notre droite, mais leur attaque avait manqué et nous n'en fûmes avertis qu'après avoir passé le village. Nos pertes devenaient sérieuses et comme nous avions avancé trop rapidement, notre artillerie ne pouvait plus porter sur le Quesnel et nous reçûmes l'ordre de faire l'attaque sans l'assistance du feu de l'artillerie, de la cavalerie, des canons et des aéroplanes. Devant ces circonstances, j'ai décidé, après une soigneuse reconnaissance, de retarder notre attaque jusqu'au point du jour suivant. A 5 heures du matin le 9 août, nous avancions en ordre de bataille devant le village, mais avant que nous l'eussions atteint le canon ennemi commence de nouveau son carnage sur nos troupes. Peu après le point du jour, nous entrâmes par le Nord et l'Ouest dans le village et nous primes 92 prisonniers qui étaient restés derrière pour résister à notre avance. A ce moment, le village n'avait pas été touché par le feu de l'artillerie et j'occupai une cave dont je fis le quartier général de notre bataillon, au N° 92 de la rue principale (1). Aussitôt après avoir chassé les Allemands du village, un terrible bombardement eut lieu sur la localité et nous perdimes un nombre considérable d'officiers supérieurs et d'autres rangs. Le village et les tranchées situées derrière le village restèrent entre nos mains vers environ 9 h. du matin.

J'ai remarqué, en faisant un tour récent au Quesnel, que les horloges de la tour de l'église s'étaient arrêtées à 6 heures 5. Cette heure correspond avec celle du bombardement ennemi sur le village. Il est possible que l'obus qui frappa la tour ait arrêté les horloges à ce moment. C'est mon intention de placer, dans le village, une plaque en mémoire de ce fait d'armes qui est un de ces rares exemples où un bataillon individuel attaqua et vainquit l'ennemi fortifié, sans aucune assistance étrangère.

Je vous écrirai plus tard au sujet de cette plaque.

Le bataillon a reçu l'ordre de se rendre au Hâvre le 18 au matin, aussi voici mon adresse : 75e Bataillon Canadien. Army Post Office, London, England.

Recevez l'expression de mes meilleurs sentiments pour vous et pour tous les bons citoyens du Quesnel.

Fidèlement votre,

C. C. Harbotte

Lieut.-col. du 75e bataillon Canadien. »

Le détail du triomphe de nos armées en nos pays se trouve confirmé par un rapport d'un des généraux de Ludendorff qui est du 31 décembre 1918. On y lit :

« Le début de notre retraite date du 1er août, avec point de départ Amiens et sous la pression constante des armées Gouraud, Mangin, Degoutte. Le 8 août, la 1re armée française, Debeney, en liaison avec la 4e armée anglaise, sous Rawlinson, a porté un coup

---

(1) Habitation de M. Legras-Demorsy, boucher.

décisif près de Moreuil, qui entraîna la perte totale de notre artillerie lourde. Ici, l'ennemi réussit, en outre, avec un élan formidable, à enfoncer notre front et à nous rejeter sur Roye. Nous avons perdu Soissons; en 3 jours, nous dûmes reculer de 25 kilomètres et perdîmes par là Montdidier, tandis qu'au nord des troupes anglaises nous infligeaient les mêmes pertes et l'abandon de Péronne. Les 9 et 10 août nous valurent des pertes nouvelles, plus de 40.000 prisonniers, 500 pièces d'artillerie lourde.

Le maréchal Foch a reconnu immédiatement que sa mission, qui consistait à maintenir Amiens, était devenue sans objet, et par la brèche il jeta toute son armée contre nous. A ces effort réunis des adversaires, soutenus par des troupes fraiches américaines et anglaises, nos hommes usés par les combats incessants livrés dans une lourde lutte depuis le printemps, ne purent pas résister davantage. Les coups succédèrent aux coups, les pertes aux pertes, par suite du manque de réserves. La question de l'armistice devint de jour en jour plus urgente. »

La plaque commémorative dont il est parlé plus haut a été envoyée par le lieutenant-colonel Harbotte et placée dans la chapelle-église provisoire en attendant sa pose définitive dans la grande église après restauration complète. On y lit :

To The Memory of

. The Officers NCO⁸ and Men·

of The

75 th Canadian Infantry Battalion

Toronto

Who fell in the Capture of

Le Quesnel

From the Germans

8 et 9ᵗʰ August 1918.

En voici la traduction : *A la mémoire des officiers, sous-officiers et soldats du 75ᵉ bataillon d'Infanterie canadienne de Toronto tombés lors de la prise du Quesnel contre les Allemands les 8 et 9 août 1918.*

Le 75e Bataillon Canadien qui a repris le Quesnel laissa parmi les morts :

1e Le capitaine Bell Commins.

2e Le lieutenant C. E. Swayze.

3e Le lieutenant A. W. Pike.

4e Le lieutenant A. D. Magdonald.

5e Le major J. H. Bull.

6e Le capitaine Davis, aumônier militaire, et 111 soldats inhumés en des endroits qui seront désignés plus loin.

9. — Les Allemands avaient quitté le Quesnel le 9 août. Le rapatriement commença un mois plus tard. Vers la mi-septembre, les personnes non trop éloignées de chez elles et pouvant y rentrer en voiture ou à pied tentèrent le voyage. D'aucunes réussirent. D'autres moins favorisées furent arrêtées et renvoyées à l'arrière par la police de la région. Les autorisations de rentrée étaient difficiles à obtenir. C'était prudence ! Le ravitaillement n'était pas assuré et il y avait des rues, particulièrement celle de Beaufort, où il était interdit de pénétrer : les cadavres n'avaient pas encore disparu. C'est ce que m'apprenait une lettre reçue de Morgny, le 7 septembre. De même m'écrivait-on de Noyers : « Le Sous-Préfet des Andelys n'encourage pas au retour avant l'hiver, ce serait dur et pénible » disait-il. Cependant dès le 15 septembre, le Quesnel revoyait quelques-uns des anciens habitants. Le 27, je recevais une lettre ainsi conçue : « Nous sommes ici depuis 8 jours. Le temps passe on ne sait comment, car dans de pareilles ruines tout est à faire. Impossible de donner son avis, car pour habiter le pays il ne faut compter que sur soi, arriver avec du ravitaillement. En ce moment, nous n'avons rien, absolument rien. Nous pensons la semaine prochaine, être une vingtaine de personnes. Pour les correspondances, on n'a qu'à les adresser au major de cantonnement ». Même son de cloche, quoique moins aigu, le 6 octobre. « Nous sommes arrivés au Quesnel lundi 30, m'écrivait M. Marest, instituteur et greffier de la Mairie. C'était bien triste. Nous serons heureux de vous

voir rentrer. Nous ne sommes pas encore organisés pour le ravitaillement, mais on n'est pas encore mort de faim jusqu'à présent. »

Rentrer. C'était la grave question, question ardue pour ceux qui devaient le faire par la voie ferrée.

Les autorisations de retour étaient rares et tardives. Ayant fait ma demande par la voie ordinaire, pas de réponse. Lettre au Préfet de la Somme, lettre au Préfet du Loir-et-Cher, lettre à notre député-ministre des finances qui me répond, mettant tout au point :

6 Septembre

Monsieur le Curé,

« La demande de sauf conduit que vous avez adressée à M. le Préfet de la Somme sera l'objet du plus bienveillant examen et une réponse vous sera donnée dans un délai assez proche. Il convient cependant de patienter un peu en raison du grand nombre de demandes de cette nature que reçoit tous les jours la préfecture, demandes qui sont examinées à tour de rôle, suivant la date de réception. Je signale votre désir à M. le Préfet. L'autorisation ne se fera pas attendre. »

Au commencement de novembre, j'eus un permis de retour m'autorisant à rentrer entre le 9 et le 16. Le samedi 15, à 5 heures du soir, le pasteur arrivait au milieu des rares brebis de son bercail. Tous ceux qui ont voulu rentrer chez eux en 1918 et dans les premiers mois de 1919 ont connu les mêmes dificultés. Du cas du curé dont la présence était nécessaire au milieu des siens, on peut juger de celui des autres. Heureux ceux qui pouvaient rentrer dans ces conditions. Quelles amertumes pour les malades et les vieillards évacués dans le Nord ou en Belgique, par les Allemands. L'une de mes paroissiennes rentrait le 6 février 1919. De la Belgique elle mit 10 jours pour parvenir à Amiens. Elle fut, avec plusieurs vieillards et malades, parquée dans un compartiment à bestiaux, sans feu en cette saison d'hiver, sans ravitaillement, sans secours d'aucune sorte quand il s'agissait des soins de première nécessité.

Les misérables étaient étranglés de vermine. Situation infecte ! — Arrivée à Amiens, elle est expédiée à l'Ecole normale. Personne à son service pour lui aider à monter les escaliers et gagner sa chambre. Elle demeure plusieurs jours au réfectoire. Son fils averti vient la prendre. Inutiles recherches ! on ne la trouve pas dans les dortoirs. Il attend l'heure de la soupe. Il faudra bien qu'elle descende pour manger, disait-il. A l'heure du déjeûner, il la trouve au réfectoire qu'elle n'avait pas quitté. Bagages égarés. Elle arrive au Quesnel juste pour y mourir. Elle n'en demandait pas davantage.

CHAPITRE CINQUIÈME

Sous la botte de l'ennemi

Adieu veau, vache, cochon, couvée. — Ravitaillement civil. — Déprédations et ravages de guerre. — La terre, le ciel et l'onde. — Église-Ambulance. — Incendie et bombardement.

1. — Lors de l'évacuation du Quesnel, M. Théodule Harlé, adjoint municipal remplissant les fonctions de Maire, se montra à la hauteur de la situation comme toujours.

Dès le mardi 26 mars, il s'occupe de l'évacuation des malades et des vieillards, se disant : je partirai le dernier, mercredi soir. Le mercredi les obus pleuvent sur le village. Il descend dans sa cave pour s'y mettre en sûreté. Quand il lui est donné d'en remonter, que trouve-t-il dans sa cour ? Une nuée d'Allemands, sous la surveillance de deux officiers, tordant le cou aux poules de sa basse-cour. Un petit coq, au cri de ces dernières, se met à chanter. L'un des deux chefs, sans doute, songe au coq gaulois et l'abat, pour l'en punir, d'un coup de bâton. Indignation du propriétaire qui toise de haut en bas l'auteur du méfait et pleure de rage. Sans plus s'émouvoir, l'allemand se saisit de sa personne et le pousse au milieu de la rue. Sur sa porte cette inscription : « Ici Maire ». Passe un chef. C'est vous maire, dit-il ? Avez bien fait de rester. — C'est ce que je regrette, dit M. Harlé. — Pourquoi cela ? — Entrez et voyez. — Le lieutenant entre dans la cour pour remettre tout en ordre. A la vue des deux chefs il change d'attitude. Il tourne le dos disant : « C'est la guerre, que voulez-vous ? » A partir de là, l'adjoint municipal n'eut plus le droit de rentrer dans sa maison. Il cherche un refuge chez M. Defoly, rue des Quatre Coins, et y demeure jusqu'au moment de l'évacuation. Il restait au Quesnel 44 personnes du lieu. Ce nombre s'accrut de l'apport des demeurants des pays limitrophes. On fut ainsi 147 jusqu'au jour du départ pour Cambrai, le 17 avril. A cette époque il n'y avait plus moyen de tenir au Quesnel. Les avions bombardaient le village la nuit et le jour, mais surtout la nuit qu'on passait dans les caves.

C'est dans la sienne que s'était réfugié M. Ulysse Mourier, attendant le moment favorable pour fuir avec sa voiture chargée de mobilier. Quand il en remonte, plus de cheval, de voiture, tout avait disparu. En revanche, sa cour était remplie de soldats se disputant les poules de son poulailler et se les arrachant. Ils mouraient de faim, dit-il. Ce fut à ce point que chez son voisin, M. Chantrelle-Rhuin, ils firent cuire tels quels les cochons de lait. Ce qu'ils avaient dans le corps leur servit de piment. Le même jour, dans la rue de Caix, Mme Baillet-Brayette les vit tuer quatre chiens. Elle ne sait s'ils les mangèrent, mais les chats furent généralement épargnés. Nous les retrouvâmes vivants, quoique rachitiques. Chez M. Pillot-Defoly, ils enfumèrent les abeilles et en mangèrent le miel. En même temps ils incendièrent le corbillard et volèrent la vache.

2. — Le ravitaillement se fit ensuite de façon régulière par l'entremise du Maire. Le commandant de place lui présentait le chiffre de la quantité de nourriture adjugée au pays. S'il la trouvait insuffisante, il en faisait la remarque et sur le champ on se rendait à ses désirs.

3. — A partir de l'arrivée de l'ennemi, les dépradations et dommages de guerre ne se comptent plus. Il y eut à ce sujet tout un système savamment organisé tout à fait contraire au droit des gens. Il n'y a pas à le nier. Un ordre émané de haut et transmis aux compagnies de pionniers allemands prouve irréfutablement la préméditation ennemie dans la dévastation. Je lis un ordre du jour du 5 septembre, ordre n° 2 pour les arrière-gardes, en suite de l'ordre de l'armée prescrivant de procéder avec méthode et hâte aux destructions indiquées.

« Les divisions ont été avisées déjà qu'elles seraient responsables de la non-destruction des baraquements situés dans leur zône... Le lieutenant Krauss a déjà reçu des ordres pour participer à la destruction des localités... Toutes les troupes ont le devoir de contribuer de leur mieux à l'exécution de cette mission. Il y a lieu de rappeler qu'il y a lieu de contaminer les puits. En dehors des unités désignées, il est du devoir de chacun de coopérer à ces destructions. » — Et il en fut ainsi. Quand un village était occupé, de l'arrière arrivaient meubles et literie pour les officiers. Les premiers réintégrés du Quesnel trouvèrent au château des lits de fer encore entourés de papier attestant qu'ils avaient été volés chez les marchands des villes environnantes. En revanche, ils emportaient ailleurs ce qu'ils trouvaient sur place. Un habitant de Vrély vit un jour passer tout une voiture de chaises. Chez le menuisier Deléens, au Quesnel, fut enlevé tout le mobilier de la maison. Chez M. Defoly, ils s'emparèrent de tous ses habits, lui présent. Un trait à leur décharge, M. Defoly avait enterré ses valeurs dans son jardin. Une équipe de soldats faisant des tranchées met la main dessus et les confie à l'officier. Celui-ci appelle le propriétaire, lui rend le tout et lui dit de mieux cacher une autre fois ce qui lui appartient. Chez Madame Clain-Baillet, ils enlevèrent les bestiaux. La dame de se mettre à pleurer. Un lieutenant de lui demander pourquoi ses larmes ? — Parce que vous m'enlevez tout, lui dit-elle. — Lui de répondre : C'est la guerre. — Comme il fait briser sous ses yeux les instruments de culture de la maison : pourquoi tout briser ainsi, sans profit pour vous, lui dit-elle ? — Même réponse : C'est la guerre ! — Sa belle-mère étant morte, elle lui demande d'avoir un peu d'égards pour eux. — Ma mère est morte aussi, répond-il. Et il ajoute : «Nous vous laisserons seulement le ciel, la terre, l'eau et vos deux yeux pour pleurer. Chez M. Garbet-Pillot on trouve enterrées dans le jardin jusqu'à des couronnes mortuaires. Au presbytère, ils placent sur un abri qu'ils recouvrent de terre tous les volumes d'une bibliothèque. Ils enterrent de même au jardin statues de saints,

reliques et reliquaires, crucifix, vases à fleurs, jusqu'au timbre de la fabrique.Les volumes des autres
bibliothèques, il y en avait 3000, sont éparpillés
par terre et dans le grenier pour s'en servir en guise
de matelas. On casse le dos des volumes, on arra-
che les pages, on y met le feu par imprudence, s'ex-
posant à brûler la maison; dans ceux de luxe on enlève avec soin les illustrations; tout est foulé aux
pieds, tout maculé de sang. Chez les voisins, les
meubles sont enterrés dans le jardin, histoire de faire
le mal pour le mal.

4. — A peine arrivés au Quesnel, les Allemands
convertirent l'église en ambulance. En même temps,
ils enlevaient une bonne partie du mobilier et dé-
truisaient le reste. Mme Baillet-Brayette vit emporter les grands chandeliers dorés. Les bancs furent
à leur tour enlevés et déposés dans la cour attenante à l'église. A l'adjoint municipal qui s'en plaignait au commandant de place : « Je vais y avoir
l'œil, lui dit-il. » Le lendemain tout avait disparu.
De ces bancs, les uns furent brûlés, les autres servirent à confectionner des cercueils, d'autres encore entraînés dans les caves et jusque dans les
abris de la plaine. Au Quesnel, furent respectés
les autels, les confessionnaux, la plupart des statues
de saints et la chaire. Disparurent tous les tuyaux
des orgues, un cul de lampe d'une grande valeur,
toutes les tentures qui décoraient l'église, les ornements sacerdotaux; pour le reste, ce qui demeura
fut endommagé et rendu inutilisable. Dans la grande
nef ils construisirent deux grands chauffoirs en briques et placèrent une cuisine roulante sous la tour.
Ils détruisirent tout, aussi, à la chapelle du cimetière et j'ai bien peur qu'ils n'aient pas été les seuls
à en agir ainsi, car, à mon retour, je lus sur le mur
intérieur de la chapelle cette parole qui en dit long,
écrite par un canadien protestant : « Je prie mes camarades de ne pas endommager cette chapelle plus
qu'elle ne l'est actuellement. » On retrouva des lambeaux de chapes jusque dans les bois. Un soldat dit
à Madame Rouge-Dive avoir vu la bannière de la

société de musique du Quesnel traîner dans les
champs au village de Sancourt, aux environs de
Ham. Ainsi quelqu'un, dont le fils mobilisé avait
visité le Quesnel à la date du 19 août, pouvait m'é-
crire : « En fait de l'enlèvement du mobilier, il n'y
aura pas de jaloux. Ils n'ont rien laissé, absolument
rien, pas un morceau de papier, pas un chiffon, les
murs sont nus comme ver ; plus un bouton aux
portes, plus le moindre bout de fer. Le déménage-
ment a été fait avec ordre et méthode, mais plus heureux qu'à Hangest et aux environs, il nous reste généralement nos portes et fenêtres. Les privilégiés doivent se contenter d'une carcasse de maison. Les Allemands croyaient sans doute demeurer longtemps
dans la région car ils avaient commencé à labourer les terres.

5. — Dès l'arrivée de l'ennemi, le pays eut à es-
suyer le feu des obus français lancés contre lui pour
arrêter sa marche. Dès le mercredi soir, par l'un de
ces obus, l'église avait été touchée. Une rosace du
chœur, sinon deux, avaient brisé dans leur chute
grands candélabres en cuivre et autres objets de
prix. En même temps furent incendiées, dans la
rue de Caix, les maisons Pillot-Laloue et Edmond
Baillet; dans la Ville celles de Gossuin, Tincourt et
Sené-Mourier. Mais point de ménagement par l'ennemi après son recul. Il s'attaqua avec une rage
satanique surtout à l'église.

Les Anglais, l'ayant ménagée parce que devenue
ambulance, crurent pouvoir compter sur la récipro-
cité de la part de l'ennemi. Il n'en fut rien. Leurs
avions lancèrent des torpilles aux environs; deux
bombes tombèrent sur la toiture qu'ils mirent à
mal. Toutefois, c'est surtout le clocher à cause de
son élévation qui attirait leur haine. Pendant que
de Parvillers et environs ils frappaient l'église, de
Lignières-les-Roye, m'a dit un officier, ils envoyaient
sur lui leurs 120 et 150. Le monument reçut ainsi
une vingtaine d'obus sans toutefois avoir été touché dans ses parties vives. Le devis de restauration
est de 400.000 francs. C'est cher, évidemment, mais

l'église survivra. L'un des obus frappa la petite cloche et la mit en morceaux; ces morceaux furent transportés à la gare de Fresnoy-les-Roye d'où ils nous revinrent à la date du 15 mars 1919. Les trois plus grosses cloches étaient appelées à disparaître aussi. Des madriers avaient été placés dessous et des morceaux de charpente sciés. On renonça ensuite à leur enlèvement. L'enclos du presbytère, placé dans la direction du tir ennemi, reçut 20 obus. Une bombe éclata dans la chambre de M. le Curé; le château eut sa part sans être très gravement endommagé; ses dépendances souffrirent davantage. Le 20 août, des aéroplanes survolant les écuries y tuèrent 24 soldats et 33 chevaux. Comme résultat du bombardement prolongé pendant deux ou trois semaines on compte une trentaine de maisons difficiles à habiter; une cinquantaine d'autres réclamant des réparations urgentes. Il y en eut deux, rue de la Chapelle, qui disparurent totalement et une aussi, rue de Beaufort, dont il ne reste pas trace.

CHAPITRE SIXIÈME

Situation d'après guerre

*Organisations de la première heure. — Dangers et ennuis du premier
moment. — Aumônier allemand bien inspiré. — Recherches
vaines. — Consolations et sympathies. — Aide et assistance.*

1. — Les organisations de la première heure furent nécessitées par la présence des armées victorieuses et par la création d'ambulances indispensables au soulagement et au traitement des blessés. Le château du Quesnel avec ses frais ombrages, ses dépendances, l'élévation de ses murailles, l'isolant de tout contact avec le dehors, y parut fort approprié. Il l'était d'autant plus que l'ennemi y avait créé un confortable presque de luxe. Etablissement de bains et salle de douches, création d'abreuvoirs, puits à moteur et à source intarissable, rien ne manquait. Les canadiens ou autres soldats réparèrent les brèches faites à la toiture et, dès le 2 septembre, l'ambulance 16/21 attachée au 3ᵉ corps de l'armée britannique y établissait son séjour. Ces détails me furent communiqués par la lettre d'une personne attachée à l'ambulance, Mlle M.-C. Jones. Cette demoiselle m'écrivait à la date du 10 janvier 1920 : « En l'année 1918, j'étais infirmière anglaise de la Croix-Rouge et pendant un moment nous étions logés au château et au presbytère. Tout le village était en ruine et l'église remplie de poussière, triste témoin de tous les dégâts faits par les Allemands et par nos bombardements. La seule chose vivante que j'ai pu découvrir dans le village pendant mes promenades, c'était un chat avec sa famille de petits chats. Maintenant tout est changé, mais je pense souvent aux pays dévastés que j'ai traversés les dernières années de la guerre. »

Ayant demandé d'autres détails concernant ma

paroisse, Mlle Jones m'écrivit le 15 février : « Nous étions arrivés au Quesnel le 2 septembre 1918 et nous avons tout de suite installé notre ambulance 16/21 du 3e corps dans le château. Il y avait un très grand nombre de blessés et on était obligé de les coucher par terre sur des brancards. Nous sommes restés au Quesnel jusqu'au 17 septembre quand nous sommes partis pour Voyennes. Il n'y avait personne dans le village, sauf quelques soldats français. Quand j'étais de garde de nuit au château, une nuit, il y avait un grand bruit de chevaux, vers minuit. Je suis sortie et j'ai trouvé des soldats anglais qui cherchaient de l'eau pour leurs chevaux. Il y en avait dans le jardin et je les ai conduits à l'endroit avec ma petite lampe électrique pour lumière. En ce moment là toute sorte de lumière était défendue à cause des taubes qui venaient tous les soirs. »

Avant le départ de l'ambulance 16/21 du 3e corps d'armée, avait passé au Quesnel l'aumônier d'une section d'automobile. Il chargea l'un de mes paroissiens mobilisés, en visite au pays, de me dire que par lui, pour la première fois depuis le recul de l'ennemi, la messe avait été dite dans l'église du lieu, le dimanche 8 septembre, jour de la Nativité de la Très Sainte Vierge.

Quelque temps après, mon confrère de Vrély, M. l'abbé Letesse, avait pu parvenir jusqu'au Quesnel, Beaufort, Warvillers et sa paroisse. Il trouva au presbytère du Quesnel, où il passa la nuit, l'aumônier d'une section de troupes françaises, M. le curé mobilisé de Somain. Il y logeait avec 40 soldats cantonnés dans chacun des appartements. Il y avait encore une ambulance au château où il dit la messe sur un autel portatif. Ce qu'il m'écrivit à la date du 21 septembre 1918.

2. — L'une des raisons pour lesquelles la Préfecture de la Somme s'opposait avec raison au rapatriement trop précipité des habitants du Quesnel et des pays libérés, c'était le danger à courir en raison des procédés anti-humains de l'ennemi. La plupart des puits étaient contaminés. C'est ce que m'ap-

prenait une lettre envoyée de Feuquières à la date du 12 septembre 1918. « Le puits du château fonctionne, disait-on, l'armée l'a remis en état pour l'hôpital des grands blessés, toutes les citernes et les puits sont infectés. »

La plupart des citernes, en effet, étaient remplies de fumier, de déchets de toute nature, de grenades qui rendaient dangereux tout travail ayant pour but de les assainir. Il y en eut même dont il fut impossible de tirer parti. L'allemand s'en était servi à des usages que la plume se refuse à décrire. Autres dangers : l'on craignait non sans raison l'explosion de mines à retardements. Pendant quelque temps les abords de l'église furent, en raison de cela, interdits. L'on voyait à l'intérieur du monument, dans le mur donnant sur la cour de l'école des filles, un vide qu'on croit avoir été destiné à recevoir un explosif. De même les excavations creusées au dehors et contre les fondations des murs du clocher ne disaient rien de rasssurant. Dans tous les cas, voilà un fait acquis : dans la cave de M. Bruniaux-Breucq, rue de Beaufort, fut trouvé une mine destinée à faire sauter la route. Elle n'explosa pas et ce furent les prisonniers allemands eux-mêmes qui firent disparaitre l'engin destructeur en février 1919.

3. — Tous n'étaient pas malfaisants, menteurs et voleurs parmi les allemands. On trouva des exceptions, sous ce rapport. Surtout le prêtre mobilisé fut la plupart du temps, l'homme de Dieu avant d'être celui de son Empereur. L'un de ces aumôniers attaché au service de l'ambulance de l'église du Quesnel sauva de la sorte mille objets d'église qui furent déposés sous le maître-autel et jusque sur des armoires qui demeurèrent dans l'une des sacristies. C'est au sujet de sa conduite que le frère Arsène, supérieur du pensionnat de Saint-Jean-Baptiste de la Salle, à Reims-Momignies, (Belgique) écrivait, le 22 décembre 1918, à l'Evêque d'Amiens :

MONSEIGNEUR,

Un aumônier allemand nous a laissé, en dépôt, quelques vases sacrés de l'église de Kennel-en-Santerre. Ce dépôt comprend : deux ciboires, deux ostensoirs sans custode, deux patènes, un calice et un pied de calice. Tous ces objets, recueillis dans les ruines de l'église par le dit aumônier, sont ici, à la disposition de Votre Grandeur ou de la paroisse du Kennel, si elle existe encore, etc.... »

L'expédition de ces vases sacrés me fut faite en juillet 1919. Le troisième de ces ostensoirs, et celui-là d'une grande valeur puisqu'il coûta mille francs vers 1840, disparut avec tous les vases sacrés renfermés dans le coffre-fort du presbytère. Je le croyais volé avec tout le reste. Il n'était que détruit au moins en partie. Le 4 mars 1919, dans un tas de décombres chez Madame Paul Warconsin, ma voisine, quatre prisonniers Allemands en découvrirent les rayons estimés 450 francs. J'ai préféré, plutôt que de les vendre, faire restaurer cet ostensoir comme souvenir de guerre et de vandalisme allemand. Cette restauration coûta mille francs. Ces mille francs me furent remis par une famille industrielle de Roubaix, celle de M. André Lepoutre, en souvenir de leur fils Jean, inhumé par moi dans le cimetière du Quesnel en 1916, lors de l'attaque projetée de la Somme. Un charmant missel bleu, celui de la chapelle, me fut également rendu. Un soldat anglais qui l'avait trouvé dans les tranchées, a-t-il dit à M. le Curé de Sainte Anne à Amiens, le lui remit le 15 août 1918. Je fus moins heureux dans deux tentatives de récupération d'autres objets. Le récit, je pense, n'en sera point sans saveur. Il nous prouvera qu'en fait de soustraction et de déprédations, il ne convient pas d'accuser seulement nos ennemis quoique très condamnables et coupables.

4. — Le 25 août 1918 m'arrivait, à Saint-Agil, une lettre m'annonçant comme probable le dépôt de « 3 statues de saints de l'église, emballées dans des caisses et prêtes à être enlevées. » Les statues se seraient trouvées dans la cave de M. Ernest Sené, entrepreneur de battages, rue des Quatre Coins.

Il s'agissait d'un Saint François d'Assise en chêne sans valeur artistique, d'une sainte Apolline en platre donnée récemment à l'église et d'une statue de saint Nicolas accompagnée des trois enfants de la légende. Cette statue en chêne naturel provenait de l'ancienne église et avait une grande valeur artistique. Elle avait fait pendant l'occupation des troupes françaises l'admiration des connaisseurs qui me disaient : « Veillez sur elle, M. le curé, un jour ou l'autre elle pourrait disparaître pendant votre absence. » Dès le lendemain de cette nouvelle que je considérai comme d'heureux augure, je pris à mon tour la plume et écrivis au major de zone des camps et cantonnements de Rosières. Je lui demandais de voir en mon presbytère ce qu'étaient devenues les archives paroissiales, les registres et documents de la Société de secours mutuels fondée par moi et dont, par le fait, j'étais président, les vases sacrés, le dossier concernant le culte et l'histoire de Saint Marius. J'abordais ensuite la question des statues lui disant ce qu'on devine. Le 8 octobre seulement, je reçus du lieutenant adjoint au major de zone le communiqué suivant :

« J'ai l'honneur de vous rendre compte que, de tout ce qui concerne les documents... il ne reste rien. Une assez grande quantité de volumes sont épars dans les mansardes. Une statue est aux écoles, mais rien chez M. Sené. Plus trace des tuyaux d'orgues, trois cloches, les plus grosses en bon état et à leur place et l'horloge non endommagée etc... »

Une lueur d'espoir me restait. Dès le 13 septembre, j'avais écrit à l'aumônier de la 1re division que je savais au Quesnel, pour lui demander quelques renseignements concernant le mobilier de l'église et celui du presbytère. Je reçus, au sujet de ma demande, de la mission militaire française attachée à l'armée britannique, la réponse suivante qui est du 22 septembre 1918.

Monsieur le Curé,

Le chapelain principal de cette division me remet votre lettre du 13 courant. Je la transmets à mon collègue M. Miriel, officier interprète de la 3e division canadienne qui a séjourné avant moi au Quesnel et y a sauvé un certain nombre d'objets du culte. Je lui demande de vous renseigner à ce sujet. Pendant mon séjour au Quesnel, j'ai remarqué qu'il ne restait presque rien dans l'église très endommagée. Je regrette de ne pouvoir vous donner plus de détails. J'espère que mon collègue sera plus à même que moi de vous renseigner.

L'officier interprète : GILON

J'attendis en vain la réponse de M. Miriel. Voyant qu'elle ne venait pas, je lui écrivis. Pas de réponse. J'écrivis à la mission militaire française attachée à l'armée britannique; je reçus, le 3 novembre, la réponse suivante :

MONSIEUR LE CURÉ

En réponse à votre honorée lettre du 6 écoulé je vous informe que tous les objets que nous avons pu sauver lors de notre avance de la Somme dernièrement ont été confiés au service des monuments et objets d'art de la Mission française attachée à la 4e armée britannique à qui vous pouvez vous adresser. Veuillez etc...

Lieutenant VERMESSE

Je suivis le conseil donné et écrivis de suite à l'adresse indiquée le 14 décembre 1918. Je reçus la réponse suivante :« Je regrette de ne pouvoir vous donner de renseignements au sujet d'objets enlevés de votre église par l'armée anglaise. Le service des monuments et œuvres d'art n'a dans son répertoire aucun objet en charge du Quesnel etc...

L'officier du Génie : SABBATÉ

Le 23 décembre j'écrivis de nouveau à M. Sabbaté lui disant : « Vous savez, vous, où trouver M. Miriel qui a enlevé les objets du culte de mon église. Ayez donc la bonté de lui écrire en mon nom. »

La réponse ne se fit pas attendre. Elle date du 21 décembre :

Monsieur le Curé,

Je reçois votre nouvelle lettre..... je vais demander de faire des recherches dans le sens que vous m'indiquez, car je comprends très bien le désir que vous avez de rentrer en possession d'objets qui vous sont doublement chers. Veuillez agréer..... L. Sabbaté

J'attendis vainement une réponse jusqu'au 9 juin 1919. A cette date, j'eus l'avantage et l'honneur de m'entretenir avec le colonel Harbotte auquel j'exposai mon cas. Il me donna l'adresse du général Currie, commandant du corps canadien qui me fit répondre de Londres le 17 suivant :

Cher Monsieur,

Le général Currie, commandant du corps canadien, me prie de vous adresser réception de votre lettre du 9 juin. Il me charge de vous dire qu'il regrette infiniment que vous n'ayez pas réussi dans vos recherches d'objets du culte qui vous sont doublement précieux et il espère que vous les retrouverez avant longtemps. Malheureusement le corps canadien est maintenant démobilisé, toutes les unités canadiennes se sont rendues au Canada ou sont sur l'Océan. Les officiers interprètes français sont démobilisés depuis quelques mois, il est donc difficile de les rejoindre, même impossible. Sachant comme ces objets vous sont chers ainsi qu'à vos paroissiens, le commandant du corps canadien regrette d'autant plus qu'il lui est impossible de vous aider à vous les faire parvenir. Recevez etc.....

Et l'affaire forcément en resta là. Au lecteur d'en tirer la conclusion qu'il voudra.

5 — Les déceptions semblables à celles précédemment exposées n'étaient point sans consolations et sympathies à l'adresse des paroissiens du Quesnel et de leur curé. Ces sympathies furent un réconfort sur la terre d'exil et au moment matériellement si pénible de la réintégration. Ainsi, dès le 2 août 1918, M. l'abbé Dufayet, curé-doyen de Saint-Amant-de-Boixe que j'avais quitté pour me retirer à Saint-

Agil, m'écrivait-il : « Comme je déplore votre départ !
Je vous aurais demandé de compléter mes archives
paroissiales. Vraiment, je ne puis admettre qu'on
s'inquiète si peu des prêtres réfugiés, doublement
victimes de cette guerre. Pour moi, croyez bien que
je n'ai qu'un regret, c'est celui de n'avoir pu vous
garder près de moi. »

De Brest, 12 août 1918.

« Je viens de voir que les Anglais ont repris le
Quesnoy. Quand nous le prîmes nous-mêmes en 1914,
nous pensions bien que les Allemands n'y rentreraient
jamais et que le Quesnel ne serait pas souillé par
leur présence. Dieu a permis que vous subissiez cette épreuve. Heureux si vous n'avez pas eu trop à
souffrir de la brutalité des Boches etc...

Général RUAULT

De Quarré-les-Tombes, 30 décembre 1918.

« Vous êtes bien à plaindre ; la foi seule peut vous
soutenir dans une pareille épreuve. Mais courage !
Tout se refera petit à petit et dans vos vieux jours,
vous bénirez Dieu d'avoir ainsi, comme Il *semble*
avoir abandonné son Fils, semblé vous abandonner
vous-même. »

De Saint-Nazaire, 21 juillet 1918.

« Tout de même comme vous avez dû souffrir !
Moralement, lorsque est vous arrivé tout à coup
l'ordre d'évacuer sans délai votre chère paroisse ;
physiquement, lorsque vous vous êtes trouvé sur
la grand'route, à la recherche d'un toit pour abriter
votre exil. J'imagine que, tout en bénissant la Providence de vous avoir procuré un refuge, vous res-
tez insensible aux charmes de la région et que vous
regrettez la grande et belle plaine du Santerre, ses
champs fertiles dont les fruits murissent sous la protection de votre gracieux clocher et ce presbytère
où, dans le silence et la paix, vous écriviez pour les
générations à venir les fastes de votre province. Ce
presbytère où vous m'avez tant de fois si paternelle-
ment accueilli, je l'aimais, je crois, bien autant que

vous l'aimiez vous-même et je me suis senti profondément ému à la seule pensée que des Boches grossiers avaient pu en profaner la sainteté, en piller les riches collections lentement et patiemment recueillies au cours d'une longue et féconde carrière de prêtre. »

De Montpellier, 21 juillet 1918.

« Au lieu de vous diriger vers les Charentes, que n'avez vous eu l'inspiration de venir vers notre midi ? Vous eussiez trouvé le plus fraternel accueil. C'est dans l'adversité que l'on reconnaît ses amis sincères. Quand j'étais malheureux, vous m'avez secouru, vous m'avez aidé à supporter avec résignation des heures d'angoisse, vous m'avez appris à les offrir en sacrifice au divin Maître, à les rendre profitables pour mon salut. Je ne l'oublierai jamais. Maintenant, les rôles sont intervertis. J'ai retrouvé tous les miens, et vous voilà chassé d'un pays où s'est exercé votre zèle, où dorment tous vos morts, auxquels vous attachent une longue tradition. Laissez-moi vous dire ce que je pense et que je n'écris qu'en tremblant, tant j'ai peur de vous froisser, connaissant votre délicatesse. Si quelque chose vous manque qu'un mortel puisse vous procurer, faites moi l'extrême honneur de m'en faire la confidence, je serai heureux de vous montrer autrement que par des mots quelle est l'étendue de ma reconnaissance. »

Des sentiments si délicatement et si cordialement exprimés mériteraient d'être burinés sur l'airain.

De Léojac, 3 août 1918.

« Si, en qualité d'évacué, le sort vous avait conduit dans le Tarn-et-Garonne, je vous aurai demandé de venir villégiaturer à Léojac où, malgré une installation modeste, j'aurais été heureux de vous recevoir et de vous héberger. »

Des Cottaves de Saint-Pierre-de-Chartreuse.

« Combien nous avons partagé vos peines et vos angoisses. Nous aurions voulu, lors des invasions des barbares, vous offrir l'hospitalité en notre pays. Nous n'avons su où adresser nos lettres.Si j'avais su votre résidence, je vous aurais fait adresser un appel d'hospitalité dans notre pays chartreusien. »

De Carcassonne 10 janvier 1919.

« J'avais écrit à la Supérieure de la Sainte Famille d'Amiens pour savoir l'adresse de l'une de vos paroissiennes, la petite Germaine Cordier. Après entente avec ma femme, nous avions l'intention de l'appeler à Carcassonne où elle aurait trouvé une autre famille en attendant de pouvoir rentrer auprès des siens. Nous aurions été heureux de vous offrir à vous même l'hospitalité. Et peut-être auriez-vous moins souffert dans votre exil, etc... »

De Versailles, 16 septembre 1919.

« Mes parents ne savent comment vous remercier. Ils déplorent que, lors de votre odyssée, vous n'ayez pas gardé mémoire de notre maison de campagne et que vous ne soyez venu vous y réfugier en attendant la victoire. Je profite de cela pour vous rappeler l'adresse : M. Fontalirant ou Mme Nebout (sa fille) Châlet des Chaves, à Cubjac (Dordogne).

Mes paroissiens pourraient, à mon exemple, multiplier ces citations.Il faut avoir parcouru comme nous toute la zone des tribulations, des privations et des épreuves de toute sorte pour comprendre ce que de semblables paroles ont de saveur pour le cœur et de réconfort pour la volonté.

6. — D'aucuns pourraient dire, semblablement au fabuliste, de la sympathie, des consolations dans l'adversité, c'est deja fort appréciable parce qu'ordinairement la bouche parle de l'abondance du cœur, toutefois, dans la circonstance,

« Le plus petit grain de mil »

un geste pratique aurait mieux fait l'affaire que des condoléances, vous laissant dans la gêne, sinon dans un état voisin de la misère.

J'ai hâte de le dire : ce grain de mil, qui prit parfois des proportions inattendues, ne fît généralement pas défaut à mes paroissiens les plus dépourvus d'objets indispensables à leur réinstallation dans leurs demeures désorganisées. Il en est, et combien! qui revinrent pourvus d'objets mobiliers de toute nature. Encore est-il entendu que je ne parle pas ici de secours accordés par des œuvres françaises, américaines ou autres, telle, celle de la « Somme dévastée » ayant son siège au n° 3 de la rue Oudinot, à Paris, dont les largesses et la bienfaisance en arrivent à étonner le monde. Il est ici question de ceux qui, ayant hospitalisé certains de mes paroissiens malheureux, ne les ont pas laissés s'en aller les mains vides. Il y aurait ici beaucoup à dire. Sans doute, je ne puis sans indiscrétion parler de faits qui me sont étrangers. Qu'on me laisse au moins la liberté de citer de nouveau quelques paroles destinées à illustrer l'aide et l'assistance qui ne firent défaut ni au curé, ni à son église.

C'est d'abord une lettre d'un Sous-Ingénieur des Ponts-et-Chaussées de Carcassonne, mon auditeur de chaque soir, à l'église, au temps où il était mobilisé dans ma paroisse. Elle se ramène à dire qu'il désire me rendre en objets matériels ce que je lui ai procuré de bienfaits d'ordre surnaturel. A moi, il envoie du linge et des assiettes qui me furent très utiles : celles-ci étaient introuvables à Amiens en novembre 1918 et depuis six semaines nous en étions réduits à manger dans des gamelles de soldats. A mon église il donne abondance d'objets indispensables au service divin.

De *Lons-le-Saulnier*, une lettre du 30 mars 1919 m'annonce, en souvenir du trop court séjour au Quesnel d'un sous-lieutenant qui s'y comportait comme un saint, linge sacré et splendide antependium en tapisserie pour le maître-autel.

De *Barbezieux* (Charente) une demoiselle, fille d'un mobilisé qui se rapprocha de Dieu par mon ministère, m'annonce qu'une collecte faite parmi ses amies en faveur de l'église du Quesnel a produit la somme de 230 francs.

De *Montpellier*, une série de lettres m'annonçant pour ma pauvre église provisoire des objets de toute nature. J'y admire cette phrase qui mériterait d'être gravée en style lapidaire comme expression de délicatesse de sentiments vraiment peu communs : « Je compatis à toutes vos peines et voudrais pouvoir vous aider. Si vous en découvrez le moyen, souffrez que je le redise encore, n'hésitez pas à me mettre à contribution : quoi que vous me demandiez et que je vous donne, je resterai encore votre obligé. Je n'oublie pas. » Et à propos d'un envoi : « Je me permets de vous demander de ne pas me remercier dès que vous parviendra cette lettre. »

Il était si difficile de se procurer du vin pour le Saint-Sacrifice ! Une lettre du 24 mars 1919 m'en annonce un colis de 4 kilos. La bonne âme ! Le lieutenant, mon ami, pensait que son envoi arriverait à destination. Que n'a-t-il eu la foi de Saint-Thomas relativement à la sécurité des colis postaux. Celui à moi expédié n'arriva jamais à son destinataire.

Je n'en finirais pas si je voulais énumérer tous les actes de bienveillance et de générosité qui rendirent la situation moins pénible à mes paroissiens et à moi-même.

CHAPITRE SEPTIÈME

Les sacrifiés de la guerre

Inquiétudes au sujet des tombes. — Funèbre statistique : Civils décédés au cours de l'évacuation. Mobilisés du Quesnel tombés au champ d'honneur. Militaires étrangers reposant ici. Nombreux ennemis victimes de leur entreprise. Nos gloires locales.

1. — Personne ne saura comprendre, à moins d'avoir eu la dépouille mortelle de l'un des siens confiée à la terre étrangère, ce qu'il y eut d'angoisses dans le cœur des veuves et des mères lors de l'avance inopinée de l'ennemi dans nos régions récemment évacuées par lui. Aussi dès l'armistice du 11 novembre 1918, les demandes de renseignements pleuvent-elles entre nos mains. C'est de Rive-de-Gier que l'on me demande des nouvelles de la tombe du soldat Peysselon inhumé dans l'un des bois de M. le Vicomte Blin de Bourdon, dans le bois Chaussée. On ne réclame que sa dépouille mortelle, en attendant l'heure de le retrouver au ciel.

C'est de *Bourg* (Ain) que l'ex-colonel Gagnon ayant appris le désastre des cimetières de Moreuil et de Montdidier me demande si la tombe de son gendre, le commandant d'Aussagnel de Labordes, n'a pas été bouleversée. Je le tire de cette inquiétude, aucune tombe du cimetière de chez nous n'ayant été touchée.

C'est de *Bergerac* que m'écrit pour la même raison la veuve du Capitaine Lambert si malheureusement tué le 24 janvier 1915 par l'explosion d'un tube lance grenades dont il faisait les essais.

C'est de la *Flèche* que m'interrogent la veuve et les enfants du si sympathique commandant Nebout. Au sujet de sa tombe son fils aîné m'écrivait :

« Je suis le fils aîné du Capitaine Nebout du 263e

LA CHAPELLE DU CIMETIÈRE

R. I. tué à l'ennemi et dont la tombe a été si pieusement entretenue par vos soins dévoués.

Par votre sollicitude et vos encouragements, vous avez été d'un puissant réconfort pour Maman, et je vous remercie de tout cœur. Le sacrifice de mon Père n'a pas été vain; la Victoire a châtié nos ennemis, et, aux Champs-Elysées où je faisais la haie avec mes camarades de l'Ecole l'autre lundi, j'eus l'émotion de voir défiler le Drapeau défendu par mon pauvre Père, et qu'on venait de déterrer des ruines de Bapaume où les nécessités d'un revers avaient obligé de l'enfouir. » Et il annonce un pèlerinage à la tombe de son père respectée par les obus.

C'est de *Bordeaux* que de braves ouvriers me remercient disant : « Nous sommes heureux que les Barbares aient respecté les tombes de nos morts. Nous remercions Dieu de les avoir protégées. »

C'est enfin des *Collaves de Saint-Pierre de Chartreuse*, puisqu'il faut se borner, qu'on me dit: « Nous avions tant craint que tout soit bouleversé dans le cimetière du Quesnel. Dieu nous a gardé intacte la place de notre enfant, qu'il en soit remercié. Que notre France se retrouve plus belle pour tant de sacrifices. Que nos chères provinces délivrées recouvrent enfin la paix et la tranquillité d'autrefois. »

2. — Ils furent nombreux ceux qui succombèrent aux émotions du voyage ou aux privations pendant nos sept mois d'exil.

Ce furent, parmi les civils :

1. Daigny Pauline, épouse Charles Grené. Rouen 7 avril 1918.
2. Daigny Eugène, épouse Desaintléger, Vernon, (Eure) 11 avril 1918.
3. Thory Marie, Ve Baillet, Hury (Belgique) 8 septembre 1918.
4. Chelay Adolphe, époux Sené Marie, Poitiers, 9 avril 1918.
5. Fichaux Denis, Cambrai, 25 juillet 1918.
6. Pillot Théodore, Cambrai 16 septembre 1918.

7. Desachy Thaïs, Ve Petit. Cambrai 24 juin 1918.
8. Coffin Clérine, Ve Chantrelle, Cambrai 12 juin 1918.
9. Legras Roseline, épouse Douvry, Cambrai 18 mai 1918.
10. Devaux Alzire, Ve Vasseur, Cambrai 14 juin 1918.
11. Demont Joséphine, Ve Dobel, Cambrai 2 août 1918
12. Hacot Léon Emile, époux Sénéchal. Grandvilliers (Oise) 6 mai 1918.
13. Wasse Adéodat, disparu.
14. Dobel Clara, Ve Boissart.
15. Ve Thory Octavie.
16. Maria Legras, épouse Ch. Thory, Beauvais.
17. Pusine Sené.
18. Pillot Octave.
19. Philippine Stravius, femme Douvry
20. Philippine Sené.
21. Daigny Léon.
22. Femme Léon Daigny.
23. Grain Edmond.
24. Daigny Florent.
25. Baillet Arthur.
26. Tourbier Désirée.
27. Warconsin Maria.
29. Quentin Apolline.

§ I. — Mobilisés du Quesnel décédés au cours de la guerre 1914-1918.

1. Baillet Adhémar	12. Flandrin Marcel
2. Baillet Amédée	13. Gens Marcel
3. Baillet Clotaire	14. Gossuin Albert
4. Chautrelle Henri	15. Ledoux Henri
5. Cloputre Ange	16. Lefèvre Moïse
6. Daulé Abel	17. Legras Paul
7. Daigny Jules	18. Lemaire André
8. Defoly Paul	19. Moirez Albert
9. Duflot Edgard	20. Morel Henri
10. Flandrin Elie	21. Mourier André
11. Flandrin Jules	22. Mourier Joseph

23. Perrier Arthur	27. Sené Fernand
24. Pouillet Elisée	28. Sené Ernest
25. Pouillet Robert	29. Sénéchal Abel
26. Rouge Georges	30. Vasseur Henri

Natifs du Quesnel

1. Borgeaud Gaston	4. Gaudefroy Lucien
2. Caron Gustave	5. Petit Charles
3. Feuillette	6. Tramecourt Louis.

Civils Victimes de la guerre

Marc Harlé ; Alphonse Harlé ; Héléna Lemaire.

§. II. — Mobilisés étrangers déposés au cimetière.

Français.

a) Des combats de Fouquescourt, Parvillers, Quesnoy, 6 octobre 1914.

1 Capitaine Martin du 92e Infanterie.
2 Aristide Thomas 278e »
3 Victor Montmaneix 91e »
4 Jean Armingeat 121e »
5 Xavier Carlotte 14e Bon de chasseurs.
6 Henri Simonnet 250e Infanterie
7 Maurice Hamel 251e »
8 Joseph Roux 250e »
9 Antoine Laubuge 338e »
10 Antoine Mercier 121e »
11 Charles Dubois 3e Artillerie
12 Henri Moïse Fois Moris 152e Infanterie
13 François Charbonnel 92e »
14 Caporal Augel Lemaître 6e Génie Cie 12/13
15 Joseph Courage 278e Infanterie
16 Julien Duchiron 278e »
17 Maurice Sicard 308e »
18 Joseph Charrier 251e »
19 Charles Renard 251e »
20 Denis Louis 251e »

b) Des combats du Quesnoy, 2 novembre 1914

21 Com^dant d'Aussagnel de Labordes 263e Infant^ie
22 Commandant Ferdinand Nebout 263e   »
23 Lieutenant Sarmet 278e   »
24 Commandant Valliend 308e   »

c) Victimes sur le front d'Octobre 1914 à Avril 1917

25 Capitaine Lambert, de l'état-major d'artillerie.
26 Jean Gaudry 52e Artillerie.
27 Sous-lieutenant Georges Popule du 250e Inf^ie.
28 Henri Meynard 52e Artillerie.
29 François Pigeassou 250e Infanterie.
30 J.-B. Beysseras 308e   »
31 Alexis Bertrand 250e   »
32 Armand Monturet 250e   »
33 Caporal Boisserie 308e   »
34 Gaston Camberory 308e   »
35 Louis Brocheville, C^al. 308e Infanterie
36 Lafaye 308e   »
37 William Melotte 315e   »
38 Gabriel Goulotte 315e   »
39 François Ruffet 308e   »
40 Pierre Delpech 308e   »
41 Jules Vaussel 315e   »
42 Victor Delbary 308e   »
43 Charles Cotte 140e   »
44 Louis Guillaud 140e   »
45 Louis Frugier 263e   »
46 Albert Roche 664e   »
47 Victor Goutaud, 6e Génie, Cie 12/13
48 Ruffier des Aines 140e Infanterie
49 Yram Maillou 307e   »
50 Nicolas Pouget 250e   »
51 Delobel 250e   »
52 Bècle Berland Théophile 340e   »
53 Michel Pialat 308e   »
54 Henri Midaveine 378e   »
53 Jean Avinat 263e   »
56 C^al. Antoine Laubuge 338e   »
57 Jean Jules Loth 278e   »
58 Edmond Jammy 121e   »
59 Armand Hérard 308e   »

60 Joseph Petit   121e Infanterie
61 Eugène Nadot   52e Artillerie
62 Anatole Bloin, brigad.   34e   »
63 Louis Pialleport   34e   »
64 Camille Pouch   34e   »
65 Alfred Bacle   .   34e   »
66 Noël Champrade   250e Infanterie
67 Edouard Lavialle   230e   »
68 Joseph Marie Heurlin 136e   »
69 Jean Morin   136e   »
70 Louis Chaumonnot 59e Artillerie
71 Henri Allioud .   5e   »
72 Eugène Laîné   5e   »
73 Louis Lefort   136e Infanterie
74 Félix Robert   136e   »
75 Aristide Guyo 136e   »
76 Aristide Claret, brigadier 1er Artillerie
77 Charles Vitel, musicien, 136e Infanterie
78 Maurice Henninot 5e Cuirassiers
79 Lucien Bouillon 22e Infanterie
80 Pierre Dalleraa   2e   »
81 Joseph Clément, sapeur, 4e Génie, 13 /20
82 Henri Varlet,   11e Artillerie
83 Joseph Prétot 11e   »
84 Frédéric Gastoz 28e Infant. Territoriale
85 Gabriel Parent 53e Artillerie
86 Aimé Lemarchand 47e Infanterie
87 Noël Vasseur, Cal. 47e   »
88 Jules Bœuf   308e   »
89 François Lechaut 136e   »
90 Jules Perrin   25c   »
91 Henri Vanderlynden 311e Infanterie Territ.
92 Henri Bozon   48e Artillerie
93 Marcel Lenoir   48e   »
94 Justin Cousin 112e   »
95 Louis Pirello 112e   »
96 Lucien Pierre Rouquette 112e Artillerie
97 Théophile Dupont   47c Infanterie
98 Lucien Gosset   25e   »
99 Alphonse Jouvelet 256e   »
100 Félix Frantz 112e Artillerie
101 Aristide Brunel 2e Infanterie

102 Oscar Pharon, 6ᵉ groupe, Artil. à pied d'Afrique
103 Charles Chaix, sergent, 7ᵉ Génie, Cⁱᵉ 15 /10
104 Maurice Duthoit 29ᵉ Artillerie
105 Edmond Péchard 28ᵉ Infanterie
106 Auguste Chevrier 28ᵉ   »
107 André Berthier Mᵃˡ des logis, 59ᵉ Artillerie.
108 Jean Louis Besson 59ᵉ Artillerie
109 Hector Hareng   47ᵉ Infanterie
116 Hippolyte Richeux 136ᵉ   »
111 Albert Duclos   95ᵉ Infanterie Territ.
112 Martial Richard 28ᵉ   »   »
113 Pierre Candia 1ᵉʳ Artillerie
114 Louis Marcel Caporal 47ᵉ Inf.
115 Georges Guinel, téléphoniste 47ᵉ Inf.
116 Marie Ange Mesnay   47ᵉ Infanterie
117 Mathurin Touzé, serg. 47ᵉ   »
118 Pierre Raguet   47ᶜ   »
119 Alfred Parage 2ᵉ Hussards
120 Geneste 40ᵉ Artillerie
121 Edmond Gilles, brigadier 4ᵉ Hussards
122 Maurice Boiteau 12ᵉ Cuirassiers
123 Auguste Gauthier 2ᵉ Infanterie
124 Pierre Peyrat   47ᵉ   »
125 Pierre Bouillos 295ᵉ   »
126 Jean Marius Demaria 3ᵉ Artillerie Coloniale
127 Alexandre Garnier serg. 7ᵉ Génie
128 Jean Margenot 110ᵉ R. A. L., 22ᵉ batterie
129 Auguste Lavoué 28ᵉ Territorial
130 Quiliens Vineiguera sous-lieut. 121ᵉ Infanterie
131 Jean Mangenest   121ᵉ Infanterie
132 Antoine Rodarie   92ᵉ   »
133 Adrien Treberchon 121ᵉ   »
134 Henri Aufort   92ᵉ   »
135 Jean Sangland   105ᵉ   »
136 Antoine Thevenin, sergent 105ᵉ Infanterie
137 Louis Pierre Brosson, Mᵃˡ· des logis 15ᵉ Artillerie
138 Emile Laporte 209ᵉ Infanterie
139 Marius Bogros 121ᵉ   »
140 Aimé Marre   139ᵉ   »
141 Jean Lepoutre 35ᵉ section autos-canons.
142 Marcel Roland 105ᵉ Infanterie
143 Armand Marcel 139ᵉ   »

144 André Marchaud   105e Infanterie
145 Claude Agathon   105e   »
146 Marcel Cochet 16e Artillerie
147 Henri Chevalier 121e Infanterie
148 Henri Courtine   139e   »
149 Victor Rigaud   121e   »
150 Claude Lecomte 311e Infanterie territoriale
151 Ernest Lamirey maréchal de logis, 16e artillerie
152 Henri Cousin, 105e Infanterie
153 J. B. Sibial 4e Génie, Cie 13 /51
154 Jacques Kony 1er rég. léger
155 Marceau Clique »   »   »
156 Fernand Théolissat 1er rég. léger
157 Joseph Brunel 15e Artillerie
158 Alphonse Loth   121e Infanterie
159 Sylvain Thomas   121e   »
160 Eugène Perrin, serg. 21e   »
161 Georget Mouflette 121e   »
162 Pierre Doissard   105e   »
163 Jean Cabas   1er zouaves
164 Georges Hauchard »   »
165 Marcel Cleyer   »   »
166 Armand Degrave   »   »
167 Darnige   »   »
168 René Heyse   »   »
169 Alphonse Berthier   »   »
170 Gaston Thiemol   »   »
171 Henri Macary 9e tirailleurs
172 Léon Chevalier 1er génie, Cie 4 /2
173 Lieutenant Joseph Gaxet 281e Infanterie
174 Sous-lieutenant Henri Simonet 295e Infanterie
175 Lieut. René Ratisbonne 2e Hussards
176 Comm. Hérambourg 28e Rég. Inf. Terr.
177 Lieut. Guiraudet 10e Artillerie
178 Capitaine Groth 47e Infanterie
179 Capitaine Marc Dubois 47e Infanterie
180 Albert Bignon 29e artillerie
181 Maréch. de logis Degardin Ch. 29 Artillerie
182 Lieut. Girard, 4e génie Cie 13 /2

§ III — Mobilisés français déposés en face du cimetière (champ Paul Warconsin)

183 Etienne Muratiol 57e Infanterie
184 Maurice Dubois » »
185 Robert Ollivier » »
186 Pierre Vincent » »
187 Francisque Besson » »
188 Paul Gauthier » »

§ IV. — Mobilisés français déposés dans le parc du chateau

189 Fernand Fauquet 144e Infanterie
190 Max Pandelé 57e »
191 Edmond Clair » »
192 Jean Massière » »
193 Eugène Moricet » »
194 Louis Rouge » »
195 Marcel Marchaudié » »
196 Pierre Blanceau » »
197 Gabriel Berque » »
198 Simon Mariotte » »
199 Pierre Rocheteau » »
200 Marcel Ferrand 144e »
201 Charles Essenhigh R. G. A. 4e batterie
202 Marcel Prudhomme 59e Infanterie
203 Antoine Leclercq 144e »
204 Ferdinand Brun 57e »
205 Célestin Vincent 57e »
206 René Coquin 125e »
207 Maurice Husser 88e »
208 François Trebucq 57e »
209 Désiré Dejacher 83e »
210 Noël Martin 144e »
211 Eugène Deport 144e »
212 Capitaine Albert Marty 59e Infanterie
213 Paul Galmeau 123e Infanterie
214 Alexandre Gerbeau 88e »
215 Louis Bideau 123e »
216 Louis Laroque 144e »
217 Félix Joly 23e d'artillerie

218	Jean Vincent	88e	Infanterie
219	Xavier Bullier	123e	»
220	Prosper Lacquement	144e	»
221	Adalbert Bulland	123e	»
222	François Briand	123e	»
223	Robert Debytère	144e	»
224	Prosper Alamcesset	57e	»
225	Constant Morandeau	144e	»
226	François Lacotte	59e	»
227	Eugène Sangay Cal.	83e	»
228	André Séret	59e	»
229	Félix Chauchet	57e	»
230	Jules Duprieu	144e	»
231	Gaston Perrein	59e	»
232	Simon Pérotin	125e	»
233	Joseph Dicharry	125e	»
234	Jean Barthe	125c	»
235	Armand Poitevin	135e	»
236	Maurice Hochart	57e	»
237	Laurent Boissy	59e	»
238	Jean Boiron	123e	»
239	Pierre Brulé	59e	»
240	J. Bte Amaré	88e	»

§ V. — Saint Mard et Fresnoy

26 Canadiens transportés ensuite dans le cimetière anglais de Caix furent inhumés près de la remise du Câtet à Saint Mard. Dénomination : Cimetière de Fresnoy.

§ VI. — Patures du Chateau

10 Canadiens furent inhumés dans les pâtures du château, au nord du bois Chaussée, et un autre Canadien à l'Est du même bois. Dans la grande allée du même bois, fut inhumé un français, Georges Peysselon, de Rive-de-Gier, soldat du 112e d'Infanterie, 6e Compagnie. Ces Canadiens tombèrent ainsi que lui, le 9 août 1918, au combat du bois Chaussée démesurément fortifié par l'ennemi

§ VII. — Bois des Prés

Trois Canadiens tombés, un le 9, les autres le 16 août 1918.

§ VIII — Vieux Cimetière

Trois canadiens inhumés dans l'ancien cimetière attenant au jardin du presbytère. Ils tombèrent le 9 août 1918.

§ IX — Bois Jacquin

Cinq Canadiens inhumés dans le bois Jacquin, tombés tous cinq le 9 août 1918.

§ X — Fonds de Caix

Une ambulance canadienne fut installée dans le fonds de Caix, non loin du bois Forêt. 109 Canadiens y furent inhumés. Une inscription portait : Bataillon d'Infanterie Canadienne. Soldats tués à la bataille du 10 août 1918.

§ XI — Cimetière du Quesnel.

Deux Canadiens inhumés dans la grande allée : 1º Le Capitaine Aumônier Davis, tué le 9 avril 1918 et 2º le lieutenant A. D. Magdonald également tué le même jour.

§ XII — Mur Est du Cimetière.

Le long du mur est du cimetière et à l'extrémité de l'enclos furent inhumés 63 Canadiens tombés en face de l'ennemi le 9 août 1918.

§ XIII — Allemands inhumés au Quesnel

1º Dans le cimetière	277
2º Champ Warconsin, en face	55
3º Fonds de Caix, du 20 avril au 5 août 1918	125
4º Dans le parc du château	4
5º Dans la cour d'honneur	3
6º Dans le vieux cimetière	317
7º Entre le Petit Hangest et Saint-Mard	3
Total :	784

3. — Nous ne terminerons pas ce chapitre sans citer le nom des soldats du Quesnel qui se sont illustrés par leur vaillance guerrière au cours des opérations et ont été mis à l'honneur comme il convenait.

Ce sont :   Belin Paul
            Blanchard Gaston
            Cardon André
            Catoire Georges
            Demont Gérard
            Gobin Adolphe
            Normand Anatolie
            Pillot André
            Pingret Oswald
            Sené Abel.....

CHAPITRE HUITIÈME

Souvenirs rétrospectifs

Exemples édifiants. — Conversions marquantes. — Vocations tardives

1. — Sous cette rubrique, il s'agit de mettre en relief certaines physionomies du monde militaire. Les unes en sont dignes pour avoir donné l'exemple de vertus peu communes, pendant leur séjour au Quesnel; d'autres pour s'être rapprochées de Dieu d'une façon digne de l'admiration du ciel et de la terre. Je citerai seulement le nom de ceux qui ne sont plus, couvrant d'un voile discret la personnalité d- plusieurs assez heureux pour avoir échappé aux dane gers de la guerre.

a) Le lieutenant du 6ᵉ d'artillerie, *Marcel Antoine*, de Montceau-les-Mines, élève de l'école Polytechnique, mort décoré de la croix de guerre, arriva au Quesnel en octobre 1914. Il y reparait après l'avoir quitté, à divers reprises. Je résume sa vie en trois mots : piété, charité, zèle pour la gloire de Dieu.

Sa piété n'était pas austère. Il était, tout au contraire, le boute-en-train de son Etat-Major. Mais avec quel profond recueillement il priait à l'église. On eut dit un Séraphin devant le trône de l'Eternel. Il se confessait quand l'occasion lui était donnée de le faire, mais il communiait, à moins de grave empêchement, tous les jours. Ses camarades, même les hauts gradés de l'armée, l'appelaient avec bonhomie saint Antoine. « La paix une fois signée, il se fera trappiste » disaient-ils. J'avais deviné chez lui une autre vocation : celle du séminaire. Comme je m'ouvrais un jour à lui de mes prévisions à ce sujet : « Je ne me sens pas fait pour tuer les corps mais pour sauver les âmes, me dit-il. » Il avait en effet, la charité de l'Apôtre. La vue des misères humaines l'émouvait. A l'arrivée, dans ma paroisse, de centaines d'évacués du front, son cœur sensible s'émut de leurs souffrances morales et physiques. Il proposa au corps d'officiers partageant avec lui une table commune de faire la part de ces infortunés sur leur paie mensuelle. Qu'advint-il de cette proposition ? je ne saurais le dire, je sais seulement que lui, tant au Quesnel qu'en d'autres régions où le hasard de la guerre le conduisit, consacra chaque mois une somme de cent francs au soulagement d'infortunes dont la simple pensée l'émouvait. Si grande encore était sa bonté d'âme et sa serviabilité que lui, avantagé d'un repos facile à distance du front, consacrait deux ou trois nuits chaque semaine au remplacement, près des batteries, de ceux à qui il permettait ainsi de passer la nuit au Quesnel. Atteint un jour par les gaz ennemis, il fut envoyé aux eaux de Cauterets, puis dans sa famille à Lons-le-Saunier, à Valence enfin où il préludait par des œuvres de zèle aux futurs travaux qu'il prévoyait d'un fécond apostolat. « Il s'y adonna tellement pour relever et fortifier l'âme des jeunes soldats, m'écrivit sa mère, qu'il s'y absorbait complètement. Il organisa un cercle catholique, prenant les petits enfants et les amenant jusqu'à l'entrée de la caserne. Il organisa de même un cercle militaire continuant l'œuvre du cercle catholique. Il alla trouver Monseigneur de Gibergues, évêque de Valence, pour obtenir une messe militaire à midi. Comme il n'y avait pas de prêtres pour la dire, il s'ingéniait chaque semaine à recruter un prêtre soldat. Il alla trouver les autorités militaires pour que ses soldats aient quartier libre à 8 h. ½ et puissent faire ainsi la sainte communion à la messe de 9 heures. Rien ne le rebutait. Il faisait les démarches les plus humiliantes et parvenait ainsi au comble de ses désirs. Toutefois, les terribles gaz de l'ennemi le minaient d'autant plus qu'il ne se soignait ni ne se ménageait. En rentrant un jour de sa chère Ecole de Sainte-Geneviève où il était allé faire une conférence aux jeunes polytechniciens, il prit un froid et fut emporté en 4 jours par une broncho-pneumonie. » C'était le 11 décembre 1918. Il demanda auparavant et il reçut les sacrements, fit appeler ses parents par télégramme et rendit son âme à Dieu devant eux en pleine connaissance et résignation. Il avait 25 ans. Sur son carnet de route ces pensées :

« O ma souveraine, ô ma mère, souvenez-vous que je me suis donné tout à vous, gardez-moi, défendez-moi en tant que je suis votre propriété et vous appartiens corps et âme.

Sacrifice : Allons au sacrifice gaiement, Dieu a choisi des victimes parmi les plus belles âmes.

Humilité : Ne cherchons pas le relief, travaillons pour les autres, pour la France.

Pureté : Nous devons l'exemple comme chef, malheur à qui scandalisera un de ces petits soldats.

Cœur de Jésus, j'ai confiance en Vous. !

A sa mémoire, le frère Alain Sergheraert, des Augustins de l'Assomption, consacra un éloge funèbre qui se termine ainsi:

« Seigneur, soupirait-il, je serai prêtre un jour. »
« Tu seras, dit Jésus ma victime d'amour. »
Et l'âme du héros, mystique eucharistie,
Dans l'extase de la suprême Vérité,
De la terre est montée, étincelante hostie,
A l'ostensoir ardent de l'Immortalité.

b) Jean-Marie-Georges-Ernest Fougerat, modèle d'obéissance, de piété et de résignation à la volonté de Dieu naquit, le 17 février 1880. Fidèle à la pratique de ses devoirs religieux, il avait de qui tenir. Sa mère décédée le 7 février 1897 lui avait dit comme dernières paroles : « Je m'abandonne à la sainte volonté de Dieu; qu'il fasse de moi ce qu'il voudra !... Dieu n'abandonnera pas mes enfants. Soyez bons chrétiens, il n'y a que cela d'utile. »

Bon chrétien, son fils mobilisé le fut jusqu'au bout. Eloigné de notre front du Quesnel parce que père de cinq enfants, il fut lancé, je ne sais pourquoi, dans la fournaise de Cappy où il tomba le 19 février 1916. De ses dernières lettres à sa femme ces paroles qui révèlent les sentiments de son âme : « Il ne peut arriver que ce Dieu voudra et c'est cette pensée qui fait ma tranquillité. Aie donc confiance et vivons d'espérance. Si Dieu permet mon retour, nous lui témoignerons notre reconnaissance en nous efforçant de faire de nos cinq enfants de solides chrétiens, car dans le cours de l'existence, l'on a souvent besoin des secours du ciel. Si je suis tué, n'ayez pas trop de chagrin, car Dieu en aura jugé ainsi et pense que ton mari est mort content quand même, puisque c'est en faisant son devoir qu'il sera tombé. Au ciel, je vous attendrai tous, mes chers bien-aimés. »

c) Robert Pouillet était l'un de mes paroissiens. Mobilisé, dès le début des hostilités il écrivait à sa famille, principalement à sa mère : « Je me sens en règle avec ma conscience et ne crains pas la mort. En face du danger, on ne me verra pas reculer et dut-il m'en coûter la vie, ce n'est pas moi qu'on verra tourner le dos à l'ennemi. Si je tombe, vous aurez la consolation de savoir que j'ai fait mon devoir et reporterez sur mon plus jeune frère Elisée les soins affectueux qui ne me firent jamais défaut. »

Il tomba pour la France et pour Dieu et la guerre se prolongeant, son jeune frère lui-même mobilisé tomba à son tour.

d) Le capitaine *Lambert* fut frappé à mort le 24 janvier 1915. « Mon général, je voudrais bien communier à la messe de minuit disait-il en décembre précédent au général Ruault. Cependant, je ne voudrais pas être seul. » A quoi le général répondit : « Je vous tiendrai compagnie et d'autres encore très probablement. » Il y en eut en effet beaucoup d'autres. Ensuite, le brave capitaine disait à son général : « Je suis bien content. Il y avait dix ans que je n'avais pas rempli ce devoir. » Combien d'autres revenus à Dieu de plus loin encore ont tenu le même langage.

e) Le simple soldat dont il et ici question était connu sous le nom de *Maurice*. Il était âgé déjà et donnait parmi ses camarades l'exemple d'une régularité parfaite. Il se confessait souvent et il communiait, autant que faire se pouvait, chaque jour. Il avait formé la résolution, aussitôt la guerre terminée, d'entrer dans un séminaire de vocations tardives. Dieu se contenta de son bon vouloir. Du haut du ciel, il prie pour ceux qu'il aurait plus tard évangélisés. Il tomba aux environs d'Ablaincourt en se portant au secours de soldats blessés.

f) Non moins zélé que lui, un modeste vicaire breton dont le nom m'a depuis longtemps échappé. Il m'édifiait par sa patience et par sa piété. En sa qualité d'ambulancier, il était occupé, au fort d'une des batailles de la Somme, aux environs de Chilly, à secourir un soldat tombé dans la mêlée. Survient un officier Allemand qui lui brûle la cervelle comme récompense sans doute de sa charité.

2. — Je ne dirai pas davantage le nom de soldats qui vinrent me prier de les préparer à leur première communion. Mes notes de guerre prises au jour le jour ont malheureusement disparu au cours de l'évacuation de 1918. Je me borne à citer ce fait propre à démontrer ce qu'il y a de ressources au point de vue spirituel en certaines natures d'élite privées de formation chrétienne. C'était en 1916. Un aspirant au grade d'officier vient me trouver et me dit : « Monsieur le curé, je n'ai pas fait ma première communion. Mon père, mais non ma mère, est hostile à l'idée religieuse. Il me mit au lycée où je ne fus occupé qu'à la préparation de mes examens. Aujourd'hui, devenu plus libre, je voudrais mettre ordre aux affaires de ma conscience. »

Moi : « Qu'en pensera votre père ? — Lui : « Mon père est ici mobilisé comme moi. S'il sait ma détermination, il dira ce qu'il voudra. J'ai l'âge de la réflexion, et, à ce point de vue, de la liberté. » — D'accord, lui dis-je, vous viendrez me revoir et nous causerons ensemble, je vous instruirai de l'essentiel de la religion et vous donnerai satisfaction bientôt. » En même temps que ces paroles, je lui remets un livre et lui demande d'y lire ses prières. Quelques jours après, il se présente au confessionnal. Il n'avait plus besoin de livre. Ses prières, il les savait toutes par cœur de même que le Confiteor. Il communia plusieurs fois avec édification, esprit de foi et piété manifestes.

— Je dois taire le nom de celui dont il est ici question et dont le souvenir est toujours présent à ma pensée. Il m'arrive un jour avec sa confession écrite sur quatre pages de papier grand format et veut me les confier pour que je me rende bien compte de sa situation d'âme. Devant lui j'en fais immédiatement la part du feu et lui déclare qu'il me suffit de s'en rapporter à sa parole. Je reçois l'aveu de ses fautes et son retour à Dieu fut sincère. Depuis cette époque, il me rappelle dans de fréquentes lettres son bonheur. Il m'écrivait naguère encore, m'annonçant son pèlerinage à Lourdes : « Pour moi je crois comprendre ce qu'est mon devoir. Je demande chaque jour à Dieu, avec le don de persévérance, l'accomplissement en toutes choses de sa volonté. Ainsi pourrai-je vivre dans la paix d'une bonne conscience et grande tranquillité d'âme. »

Je n'en finirais pas si je voulais narrer tous les coups de grâce de la Providence relativement à la conversion de grand nombre de militaires au cours des années 1914, 1915, 1916 et 1917 en partie. Deux ou trois exemples :

C'est un major qui la veille d'une bataille rentre en lui-même et vient me trouver. Je suis très éloigné de Dieu et très coupable, me dit-il. Depuis le commencement de la guerre, j'examine, je réfléchis et vois que décidément il y a au-dessus de nous un Etre supérieur à nous, je veux me rendre à lui et revenir à la foi de mon baptême. Croyez-vous, si coupable je suis, que Dieu me pardonnera ? La réponse se devine, je n'ai jamais eu d'exemple de conversion plus franche.

Presque en même temps venait me trouver le directeur ou rédacteur d'un mauvais journal. Je suis dans la mauvaise voie, me dit-il, il y va de mon salut, je me rends et promets de chercher à l'avenir un gagne-pain plus honnête.

C'est enfin un voyageur du midi de la France qui

lui aussi revient à Dieu étapes par étapes. Il assistait à nos sermons, recevait régulièrement de sa femme et de ses enfants des fleurs qu'il me remettait pour l'autel de la Vierge. L'œuvre de Dieu s'opérait en lui lentement. Tout à coup, il fut subjugué par la grâce. Quelques jours après me parvenait une gerbe de fleurs avec une carte ainsi formulée. Je change seulement le nom des personnes : « Marguerite, Jean, Joseph, Marie. Pour la très sainte Vierge et merci, M. le Curé, de la conversion de Papa.

Que de retours à Dieu auxquels la guerre a donné lieu. La Providence qui condamne le mal sait, comme on le voit, tout faire converger à ses fins.

3. — On a beaucoup parlé, au cours des hostilités et depuis la paix rendue à nos pays, de vocations tardives. Ce fut encore un bienfait de la guerre. Un supérieur de grand séminaire abordant naguère cette question disait connaître au moins une douzaine de vocations écloses aux armées, j'en ai déjà cité deux cas. En voici un troisième.

Le soldat dont il est question était sergent au génie. J'avais deviné en sa manière d'être et peut-être avant lui l'appel de Dieu. Par mesure de prudence je n'abordais jamais cette question au cours de mes entretiens avec lui. Cependant je voyais la grâce opérer visiblement en son âme. Il nous quitta et m'écrivit régulièrement. Un jour, je me risquais à lui demander : « Qu'est-ce donc que vous pensez faire après la guerre ? » — Réponse : « Etre semblable à vous » J'étais fixé sur ses sentiments et pouvais lui parler désormais à cœur ouvert. Le 30 décembre 1916, il m'écrivit : « Merci de vos conseils, les livres dont vous m'avez recommandé la lecture m'aideront à poursuivre ma marche vers le but où la volonté de Dieu veut me conduire et, je le crois de plus en plus, vers l'autel où je m'immolerai avec lui. »

Le 6 février 1919: « Ma mère est au courant de mon état d'âme ainsi que ma sœur et elles font déjà leur sacrifice pour Dieu. Mon père ne sait rien encore. Peut-être s'en doute-t-il. »

Le 3 *juin.* « J'ai demandé à l'administration des Ponts et Chaussées, dans laquelle je suis, un congé d'un an sans traitement. Cette demande a été transmise par mon ingénieur avec avis favorable. Dès ma démobilisation, j'espère donc être dégagé de tout lien de ce côté et je compte alors, d'après les sages conseils de M. le Curé de ma paroisse, entrer, dans les Côtes-du-Nord, à Plancoët chez les Eudites qui préparent les vocations tardives. Là je serai sûrement dirigé dans la voie où Dieu voudra bien m'appeler. »

Le 6 *août.* « Demandez à Dieu d'arranger les choses, de m'éclairer afin que je devienne de plus en plus docile, de plus en plus souple pour travailler toujours à la plus grande gloire de Dieu. »

Le 1ᵉʳ *Septembre.* « Je suis démobilisé depuis le 10 août. J'ai été chez les P. Eudites faire une retraite et consulter deux pères au sujet de ma vocation. De tout cela il résulte que je retournerai à Plancoët le 15 septembre prochain et j'y ferai un an de latin. Au bout de cette année là je pourrai entrer dans une école de théologie, soit séminaire, soit noviciat. Je vous remercie de tout ce que vous avez fait pour moi, ainsi que de tous vos bons conseils et bonnes lettres. » .

Le 8 *mars* 1920. — La Corbinais Plancoët, Côtes-du-Nord. « Excusez la brièveté de ma lettre. Les études, les exercices religieux, l'observance du règlement me prennent beaucoup de temps que j'offre le mieux possible à Dieu. Si je ne vous écris pas souvent, en revanche, M. le Curé, soyez persuadé que pas un jour ne se passe, sans que je pense à vous et au grand bien que vous m'avez fait. Les études, grâce à Dieu, vont très bien, le latin rentre assez facilement et je vois s'approcher de plus en plus avec une joie extrême le moment où j'entrerai au noviciat. »

Et le 25 *septembre* 1920 « Je viens vous annoncer mon entrée au noviciat des Pères Eudites. La retraite commencera le 8 octobre et je viens me recommander à vos bonnes prières. »

Dieu soit loué ! A quelque chose malheur est bon. Le fléau de la guerre qui a peuplé le ciel d'élus a également multiplié le nombre des vocations tardives.

CHAPITRE NEUVIÈME

Au jour le jour

Il s'agit ici d'incidents, d'accidents, de souvenirs d'évènements, de difficultés, de faits sans portée considérable pour l'histoire locale. Ces simples notes prises au jour le jour ont cependant leur intérêt. Elles nous démontrent ce que fut la vie des habitants du Quesnel revenus en leur pays.

Novembre et *décembre* 1918. — Il n'est pas une habitation où la pluie ne pénètre, où les vitres des fenêtres ne fassent défaut. On essaye d'y remédier par des moyens de fortune. On est cependant heureux d'habiter de nouveau le sol de la petite patrie.

Janvier 1919. — Dans les premiers jours de janvier, des enfants jouent à l'entrée du village. L'un d'eux saisit et lance une grenade qui éclate. Le jeune Alphonse Rouge est renversé, blessé, conduit à l'Ambulance-Hospice d'Hangest. Là sont sept curés encore mobilisés et plusieurs majors. Pansement ·sommaire. Envoi du blessé à l'Hôtel-Dieu d'Amiens. Pas de suites graves.

Presque en même temps un jeune homme faisait éclater des engins de guerre. Il est blessé à la tête. Heureusement ses mains portées devant ses yeux reçoivent la décharge.

17 *Janvier.* — Mme Baillet Aglaure, rue Blanche, dépose deux morceaux de bois dans son poêle. Pendant qu'elle cause dans la rue avec l'une de ses voisines, formidable détonation. Poêle et marmite volent en éclats. Le mari descend du grenier épouvanté et ayant presque perdu la notion des choses.

Même jour arrivent au Quesnel 150 soldats du génie. Logés dans les rues de Caix et des Quatre Coins, ils se réunissent, le dimanche, dans la maison de M. Charles Thory pour s'y réjouir et danser. Feu de cheminée, bris de glace et du marbre de la cheminée. L'armistice ne change point la mentalité du soldat.

22 février. — Arrivée de 350 prisonniers allemands au Quesnel. But de leur envoi : travaux des champs et déblaiement des ruines du village. Installés en maîtres dans les appartements du château, trois d'entre eux sont immédiatement blessés par explosion d'une grenade. Les 20 Annamites préposés à leur surveillance en rient à gorges chaudes.

28 février. — On trouve dans les dépendances d'une ferme voisine de l'église l'un des côtés de la grande crèche de Noël, une partie du plancher du lutrin et deux banquettes détériorées.

2 mars. — Eclatement dans le parc du château de douze caisses de grenades.

13 avril. — Mise en bon état de la toiture des sacristies, des petites nefs et des deux tiers de la grande nef de l'église. Les deux dernières travées sont trop endommagées pour qu'on puisse y remédier par des moyens ordinaires.

14 avril. — Construction sur la place de l'église d'une chapelle-église provisoire. Le tout est en planches. 18 mètres de longueur, 8 de large.

15 avril. — Départ des prisonniers allemands pour Beaufort.

20 avril. — Bénédiction de l'église provisoire.

30 avril. — Cinquante turcs prisonniers de guerre, du camp d'Arvillers, viennent combler les tranchées du terroir du Quesnel.

5 mai. — Découverte, dans la cave de la maison Bruniaux-Breucq, d'une mine destinée à faire sauter en cet endroit la rue de Beaufort. L'engin non éclaté est enlevé avec précaution par les soldats du génie.

10 mai. — Des soldats du génie aidés de prisonniers Turcs font exploser des obus à 200 mètres du cimetière. Résultat : les vitraux de la Chapelle et ce qui reste de ceux de l'église sont endommagés, les papiers-vitres des habitations volent en lambeaux, les obus non éclatés lancés en l'air par la déflagration de ceux qui explosent retombent jusque dans les rues du village. Extrême danger pour les habitants qui se plaignent. Le Curé en écrit à la Préfecture.

14 *mai*. — Réponse de la Préfecture : « Transmis au Chef de service départemental des travaux de première urgence pour la suite à donner, la requête signalant que les soldats du génie font exploser des obus à proximité du village et du cimetière. » On les fait désormais exploser à plus grande distance du village et près du bois des Prés. Malgré les recommandations d'agir avec mesure, les soldats du génie prennent plaisir à en faire exploser des milliers en même temps. Résultats aussi fâcheux que ceux précédemment signalés : Grave dommage aux arbres épargnés par le cantonnement des troupes.

20 *mai*. — Mariage-Wibaut Barthe. Des jeunes gens pour faire honneur aux jeunes époux déchargent leurs fusils du haut du clocher. Trois prisonniers turcs faisant la méridienne dans le voisinage sont atteints. L'un d'eux a trois doigts de la main sectionnés et cette dernière est mise en bouillie. Un autre reçoit une balle en pleine figure. Enquêtes contre-enquêtes. Résultat final : l'affaire est classée et les fusils confisqués.

25 *mai*. — En la fête de N. D. Auxiliatrice la statue de N. D. est reconduite processionnellement en sa chapelle à la grande joie de la partie saine de la population, comme l'on disait au 18e siècle.

Même jour, explosion d'un engin de guerre dissimulé dans le bois du foyer de Mme Desenlis Sophie, absente heureusement.

28 *mai*. — Lors de la prise du Quesnel par le 75e bataillon d'Infanterie Canadienne, un tank atteint par un obus était resté en détresse à proximité du village, sur le chemin de Beaucourt. Les 8 soldats périrent qui y étaient attachés. Le 28 mai, un bruit assourdissant appelait dans la rue les habitants du pays intrigués. Il s'agit d'un énorme tank conduit par les Anglais. Il s'en vient s'enchaîner à celui-là et il l'entraîne à sa suite vers Beaufort et Rosières.

12 *juin*. — Projet de restauration de l'église dont la remise en état d'habitabilité est estimée à 400.000

francs. La municipalité confie à M. le Curé l'intiative de cette restauration, lui abandonnant à cet effet la somme prévue pour les dégats du monument.

27 juillet. — Arrivée des vases sacrés confiés aux soins des frères de Momignies (Belgique) par l'aumônier allemand dont il fut parlé.

3 août. — Journée de reconnaissance nationale. Dans le programme figure un office à l'église et une visite au cimetière. Conseil municipal au grand complet. Toute la population valide prend part à cette démonstration religieuse et patriotique. L'après-midi, des discours à la Mairie. Le lendemain, office funèbre à l'église, comme la veille, pour les soldats décédés au cours de la campagne.

4 août. — La Préfecture de la Somme offre de confier à l'équipe des travaux de première urgence le soin de la restauration de l'église.

6 août. — Le Conseil municipal, sur l'avis de M. le Curé qui assiste à la séance, maintient sa décision. C'est l'unique moyen actuel de sauver le monument.

11 août. — Depuis plusieurs semaines, les Anglais font exploser les monceaux d'obus bordant routes et chemins des environs. Vitres et fermetures en papier huilé volent de nouveau en éclats ou en lambeaux.

29 août et *11 septembre.* — Lettres de M. le Curé à M. Klotz, député de l'arrondissement de Montdidier et et Ministre des finances, pour l'intéresser à la restauration de l'église du Quesnel, monument presque seul ménagé par les obus à lui destinés.

18 septembre. — Demande d'avances en espèces à cet effet.

28 septembre. — Réponse de la Préfecture à M. Klotz qui nous la communique. Vingt pour cent sont accordés comme première avance sur la totalité des dépenses prévues. On conseille de commencer de suite les travaux; les fonds nécessaires seront déposés entre les mains du Percepteur d'Hangest. A partir de là, visite sur visite de M. Dupont, architecte départemental, expertises sur expertises d'entrepreneurs qui se succèdent. Résultat : rien ne se fait !

4 *octobre*. — On caressait ici l'espoir de voir rentrer bientôt les sœurs gardes-malades de la communauté de N. D. des-Sept-Douleurs de la rue Martin-Bleu-Dieu, à Amiens. Réponse défavorable. Mme la Supérieure manque actuellement de sujets, parait-il.

14 *novembre*. — Un dépôt d'obus asphyxiants se trouvant non loin de la gare d'Hangest est transporté sur le bord de la route, à l'arrêt de Bouchoir. Peu de temps après, le feu est mis aux herbes sèches et se propage aux environs du tas d'obus, faisant ainsi courir un grand danger aux habitants des pays voisins Heureusement l'incendie est circonscrit.

30 *novembre*. — Elections municipales.

26 *décembre*. — On voit, le matin, de la fumée sortir par les ouvertures du souterrain. Vive inquiétude. On s'y hasarde. Qu'y trouve-t-on ? Quelques prisonniers turcs qui s'y sont réfugiés, refusant de regagner leur pays.

12 *février* 1920. — Départ des prisonniers allemands de Beaufort et de ceux de Beaucourt qui ont incendié l'aile gauche du château du lieu.

20 *février*. — Nomination de M. l'abbé Leroy, curé du Quesnel, à la cure du doyenné de Moreuil laissée libre par le déplacement de M. l'abbé Accart curé-doyen du lieu.

16 *mars*. — Nomination de M. l'abbé Colart, en qualité de curé du Quesnel.

22 *juin*. — Lettre de M. Dupont architecte, à M. le Doyen de Moreuil. Il lui annonce que les travaux de reconstitution définitive de sa chère ex-paroisse du Quesnel entrent dès ce jour dans la voie active. Il espère commencer la réfection de l'église le 20 juillet au plus tard.

6 *septembre*. — M. le Vicomte Blin de Bourdon, châtelain du Quesnel, s'est rendu à la Préfecture dans le but de hâter les travaux de restauration de l'église. Il croit trouver les dispositions de l'architecte modifiées ou flottantes. Le maire du Quesnel y est allé parler dans le sens de M. le Vicomte. Une autre autorité de l'endroit l'y aurait suivi et parlé en sens contraire. Elle aurait objecté la trop grande importance de l'église pour la population et demandé qu'on s'occupe avant tout des écoles. Comme si le tout ne pouvait pas se faire en même temps. Et les choses en sont là à la date du 10 septembre 1920. Très consolant et très encourageant...!

15 *août* 1922. — L'église est couverte enfin; la flèche du clocher et le clocher lui même réparés. Le monument est sauvé. *Deo Gratias!*

TABLE DES MATIÈRES

PREMIÈRE PARTIE

Les Origines

DEUXIÈME PARTIE

La Châtellenie

TROISIÈME PARTIE

Seigneurs du Quesnel & Seigneurs de Saint-Mard

QUATRIÈME PARTIE

Fiefs et Fieffés indépendants de la Châtellenie

Principaux propriétaires du sol

CINQUIÈME PARTIE

La Paroisse

SIXIÈME PARTIE

La Vie paroissiale

SEPTIÈME PARTIE

Souvenirs de guerré

Données relatives au Quesnel